看不见的教育

李小

浙江教育出版社·杭州

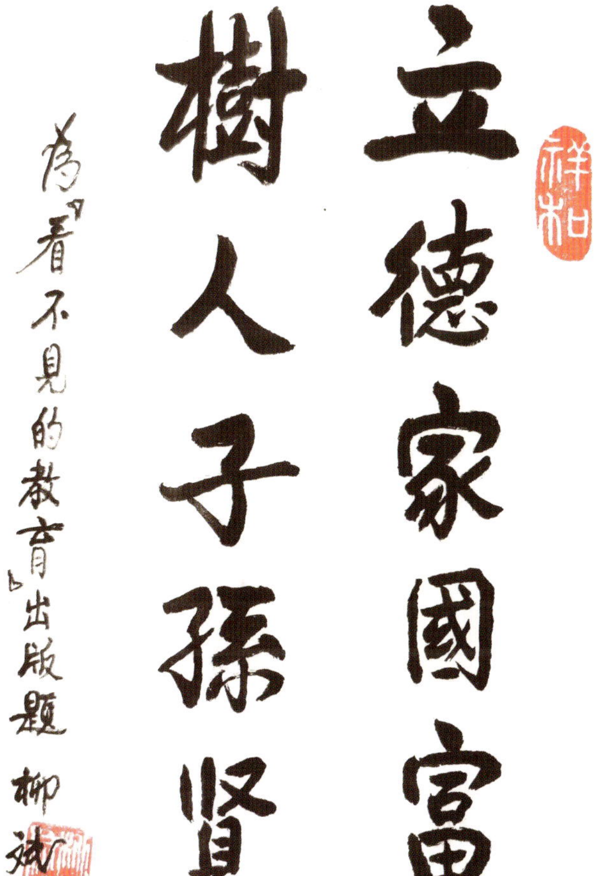

柳　斌

著名教育家、国家教育委员会原副主任、教育部原总督学

看不见的教育

顾明远题签

书名题字：顾明远

著名教育家、中国教育学会名誉会长、国家教育咨询委员会委员

序：根植仁厚中原、灵秀江南的杏坛之花

一

爆竹辞旧，东风送暖。远在杭州的李小军将他的书稿《看不见的教育》发来，让我于节日中又平添了几分快慰。

李小军，是网名“太行过客”的语文教师、班主任。2006年，我到河南省焦作市许衡中学讲学，与这位淳朴上进的典型中原后生初次相识，十七八年来又交往甚密。我赏识小军的人品：不乏太行山崖柏扎实坚韧的品质，愚公般勤苦果决的素质，古今中原文人淡雅睿智的气质。

我认识他，起于读到小军同事崔民的文章《大山的儿子》，文中描述了小军应聘许衡中学之前，在太行山区悉心施教、精心育人的动人故事。与教师座谈时，我特意约小军交谈。继而他写来几封长信，说启迪，谈学习，讲困惑，抒心志，言突破，我被他的仁厚心脉、勃发神韵、苦学态度、谦恭习性及儒雅情怀所感动，于是有了后来的关注和交往。

2014年4月22日，小军的人生开启新篇章。

那天，我在四川康定接到他的电话。小军说，杭州文海学校招聘教师，但只招一名语文教师，他为是否应聘而犹疑。骤见他胸中涌动的闯劲，倍感惊喜，便加以激发：时代洪流，跻身方堪造就；转瞬即逝，机遇不可错过！

我为他有走出北方山城的宏愿而大加称道，并断言在此人生节点，小军完全可以凭自身实力“出山”了。

于是，从太行山区的教师、县优秀教师、校长，继而应聘做许衡中学普通教师，成长为市、省骨干教师，全国优秀语文教师，全国百名中学班主任之星，一路跋涉精进的小军，又开始了南进杭州的再出发之旅。

二

上面，简述了我与小军的交往，粗略勾勒了他的人生轨迹，及宽厚、善良、坚卓的人品底色。我再概说他的师品特征——真学、大爱、善教。

1989年他身许教育以来，自知涉教浅、底子薄，难承“传道授业解惑”的使命，便摒弃了一些教书人却不读书的致命弱点，智海竞渡日夜兼程，手不释卷成了他最基本的日常。正如他博客首页那句话：“行者，不惧沧桑，志在天涯；寻者，不重得失，但求广大。”他以教育、人生、社会、成长的经典书籍为切入点，泛舟于书海。

翻开本书第一辑，立马可见他与爱书的深情约会，对魏书生《班主任工作漫谈》、李镇西《爱心与教育》、简·尼尔森《教室里的正面管教》、阿德勒《儿童的人格教育》的痴迷。他通常带着疑问读，读为解决疑难。当然也读一些似乎“无用”，却能铺垫精神底色、奠定人格基调的书，如《射雕英雄传》《平凡的世界》之类。

青灯黄卷，子夜书香。他沉迷地精读钱梦龙、魏书生、李镇西、王尚文、余映潮、孙绍振、李元昌等大家的一部部语文教学论著，以“真实的语文、真实的课堂”为研究方向，探索自己关于“听说读写和谐、课内课外和谐、感性理性和谐、传统现代和谐、师生教学和谐”的“和谐语文教学法”。他沉醉在教育学、心理学、脑科学的书海，努力用自己的实践和反思观照理论和规律，从而得出自己的独特见解。近年来，他所带班级沉淀出“自强自善自尊”的班级文化品牌，“爱趣培育、科民管理”的治班方略业已完善成熟。

久而久之，宽宏深广的知识背景丰盈了头脑，强壮了心灵。他不曾读过一堂高中课，却给高中教师做讲座；他曾将上大学视为遥不可及的梦想，如今却被请上浙江大学的讲坛，聘入杭州师范大学的课堂。

他的大爱，基于真善美的高境，志在做“有情怀”“有温度”的人与事，因此爱得博大，爱得深沉，爱得恒久。

班上男生小宣严重违反校规，犯错误屡教不改。大家都说没救了，他力排众议，找德育处求情，找校长立军令状。他对小宣真心信任，赋予责任，无微不至地观照他的细微变化，孩子渐渐萌生自信，有了进步，并顺利毕业。班里一女孩家庭贫困，交不上学费，他悄悄替女孩交了，并希望女孩永远不知道。

他与每一届学生，共勉三句箴言："做最好的自己""让人们因我的存在而感到幸福""我们和他们不一样"。这是在践行"自强""自善""自尊"三大班级核心文化。现在，他的学生，在河南焦作市也做了老师的雒敏，将小军老师的"三自"文化在班级传递。春风化雨，修为心、行善心、自尊心在一届届学子的心田落地生根。

善教是智慧型教师的一大特色。刚进外地一间教室，面对乍接触的学生，他能让旁听的同行惊呼：教者形神俱佳，将课文解析得如此优美动听，学生们在欣赏中积累，在陈述中陶醉；学生踊跃发言的"动"和沉思缅想的"静"形成了语文课特有的和谐美……在广东、浙江、辽宁、河南等省市，这样的好评迭起。不少同仁觉得，在小军面前，似乎没有不懂的知识、难解的疑窦，他总能化问号于无形！本书中，这样授课、管班、育人、家教的事例比比皆是，不胜枚举。

小军曾在《教育时报》发表《树坑与理想》一文，令我感触颇深。

文中说，学校布置每个班挖四个树坑。不少班主任抱怨：学生都初三了，还让干活？小军却眉飞色舞地进行动员："我们生命中三年的岁月已在这里度过，多少年后回想我们在一起的日子，相信大家一定会感到温馨和难忘。正好学校给我们布置了挖树坑的任务，那么我们就来开展一项有意义的活动'挖树坑，种理想'。每一组同学认领一棵树，你们要为自己的树想一个与众不同、响亮的名字。……把我们的理想种进去，再栽上树，让理想和小树一起成长。多少年后，我们相聚在亲手栽的树下，再次畅谈我们的理想，那该多有意思呀！"

一席话让孩子们沸腾起来，一张张小脸涨得通红，掩饰不住内心的激动和兴奋。无须赘述，小军班上的孩子们干得又快又好，“神舟八号”等树名留下了他们珍贵的记忆。孩子们把装有树名、个人留言的塑料盒埋进去踩实时，脚步轻盈满怀憧憬……

读罢此文，我不禁为小军点赞：“你在一件寻常小事里，点燃孩子心灵深处的火光；从司空见惯的劳动中，激活学生生命昂扬的价值。这是十分成功的教例，加之教育故事的语言朴实精准，很有魏书生育人的科学内涵、李镇西理班的民主灵光。”

三

下面，透视《看不见的教育》一书，侧重剖析小军扎实、平实、简实的文品神韵。

实话实说，当我从头到尾一字一句读完书稿，掩卷长思，忽然感到，三十几年孜孜矻矻躬耕于教坛一线的李小军，凝集其学识、践行、智慧、反思结晶而成的处女作，确是一本沉甸甸的文思俱佳的好书，一本很适合教师、校长等教育工作者和家长阅读的佳作。这是根植仁厚中原、灵秀江南的杏坛之花。

阅览全书，那么多教与学突破的典型教例，师与生共同成长的美妙故事，教育学与心理学相互交融的科学阐释，班风与家风彼此支持的精彩场景，短期进步与终身成才一脉相承的睿智启迪，会让读者眼界大开，心气高扬，智能精进。

文品折射的是师品，展示的是人品。

《看不见的教育》一书彰显的文品有三大特点。

一是哲理的思辨性——扎实。扎实贯穿在小军全部的教育活动里：思考、比较、鉴别、剖析。这里有正反双向齐论，理据两方同析，古今时空穿插，道术宏微融合。书中每一篇文章，都讲述着为师育人之道。作者极力做到有名家理论，有自己阐释，还有结合教学实际的个人发挥，读者会感觉论述不虚不玄，真实可信。

如《教育从来都是一把钥匙开一把锁》一文，他说：“孔老先生的‘因材施教’，言简意赅，微言大义——不同的学生要用不同的教育方法。我甚至觉得，‘因材施教’中的‘材’也可以指‘老师的材’，每一位老师都可以用自己擅长的方法‘施教’，只要能让学生健康成长，只要能让学生变得优秀……适合的教育才是最好的教育，有效的教育才是最好的教育。”论述对象的理性迁移，表现了扎实思辨中的灵动性，新奇而适切。

又如在《无为而治》一文中，小军说：“不要给自己贴标签，当然也不要给学生贴标签。贴标签是关注结果、在乎名利——得失心是做事情的大敌。而给学生贴上不好的标签，就会看不到他们的点滴变化，就会有憎恶心，就很难施加有效的影响，让学生发生正向改变。”这让我想起顾明远教授曾对我讲起的一个例子：一名小学一年级教师，开学两周后就在班上命名了“一号、二号种子选手”，第一学期下来，则排出了“一号、二号……八号笨蛋”。这个反面教例恰好印证了小军的论述。

二是辨理的朴素性——平实。平实，主要指全书文辞朴实无华，说实话，说针对性的实话，说独立思考的实话，全无废话，杜绝空话、大话。在《这些年，那些激励孩子刻苦学习的话，哪句最有用》一文中，小军分别分析了家长鼓励孩子常用的四句话：“一定要好好学习，考上一个好高中”“一定要好好学习，考上一所好大学”“一定要好好学习，找到一个好工作”“一定要好好学习，光宗耀祖”。无一字句是高谈阔论，隔靴搔痒，而是句句贴心，字字关情，用学生、家长看得见、摸得着的具象目标，揭示了对学习目的和意义的理解，引导一个个鲜活生命昂扬前行。

当然，用语的平实并不意味缺失精彩文辞、新潮语汇、独到观念。恰恰相反，此书字里行间金句迭出，俯拾皆是，让人欣享。

放眼看去，全书三辑的标题——读书不觉已春深、何事居穷道不穷、我闻此艺在专攻，就将读书、悟道、探术言说得分寸恰好。微观细瞧，精彩论断更不鲜见。谈“北魏南李”时写道：“读魏书生，如果读到的是技艺是民主的话，那么读李镇西，读到的就是爱心，是情怀。”断语何其精准！

关于孩子“优秀潜质”的有无，小军辩证地写道：“未发现叫无，发现了便称有。”“我发现的有，在你看来可能就是无；而你眼中的无价之宝，在我看来可能一文不值。”

他谈到卢梭及很多专家认为最没用的施教中的“刻意感动”。小军以一次次精心设计的主题活动打动学生，并如期望那样引起了共鸣。由此他联想到：“学校所有的主题教育活动不都是刻意为之吗？班级所有的微班会、班会不都是刻意为之吗？‘以理服人’的同时不都是要‘以情动人’吗？‘以情动人’不也是‘刻意感动’吗？”他从践行中得出新结论：“不着痕迹的最好教育，大多是教育者刻意为之。”“没有什么道理放之四海而皆准。没有绝对的完美，更没有永远的权威。”人云亦云，不值分文；独立思考，无价之宝。小军即是有独立精神、自主思想的智者。

三是文理的精粹性——简实。全书每一篇文章的用字、遣词、造句，最大特点是简洁洗练。作者的语言像面筋，如压缩饼干，通篇作品如水洗了一样干净，不见杂质。不妨从中拈出几句：

> 教书育人，要着眼每一个孩子的发展和成长，而不是为了荣誉职称而努力；教育研究，要聚焦探究规律和方法，而不是为了发表获奖而努力。
>
> 每个孩子都是一朵花，花期不同而已，我们需要做的是根据其生长规律悉心耕耘、精心呵护，在默默守护中静待花开。
>
> 人在江湖，身不由己。但，人在江湖，心须由己。
>
> ……

四

一个典型的中原人，在仁爱厚重的中原文化熏陶下长大；转到杭州，再受江南文化的十载陶冶，省思开悟，厚重的底蕴得以转化升华，觅得南国诗情，沉潜水乡画境，愈发灵秀而通透。

身处余杭，情牵太行。故乡松涛与钱塘波浪激起他的澎湃心潮。太行风骨，江南神韵，融汇于这名肯于并乐于改进自己的思想者。中原文化与江南文化在小军的身心合流，终于成就了一位卓有特色的教育专家型名师。

中国近现代历史学家、国学大师钱穆在《中国文化史导论》中指出，中国文化到秦、汉时代，开始走上新环境、新气象的另一进程，渐渐由黄河流域扩展至长江流域。

小军何其有幸，在人才强国战略照耀下，在“孔雀东南飞”的大势里，其人生轨迹暗合中国文化的发展路径，接受黄河文明和长江文明的双重塑造。也正是在此机遇的推动下，小军的事业迎来天高地阔、一路生花的新境地。

然而，岭峻多险要，峰高无坦途。只有攀过一道道岭、越过一座座峰，才能拥抱那轮最新最美的太阳。

我如是希冀着行者小军。

傅东缨

2023.2.6 底稿，2.12 改于辽宁铁岭日知书斋

目录

MULU

第一辑 读书不觉已春深

第二辑 何事居穷道不穷

第三辑 我闻此艺在专攻

第一辑
DIYIJI

读书
不觉
已 春深

风轻云淡岁月长，青春作伴读书郎

又到读书日，看到与之相关的活动、文章，我竟也不能免俗，想到了自己读过的书。

当然，因为工作的缘故，每天都须读书，但这些书不得不读，没有多谈的必要。倒是那些“无用之书”，在生命长河中如珍珠般熠熠闪光，令人永远不能遗忘。

朱永新说，一个人的精神发育史，就是他的阅读史。我想，他说的阅读大概指的就是读“无用之书”吧。我认为，“无用之书”并非无用，反而异常重要，它能绘制精神的底色，奠定人格的基调。

格外怀念我最初的阅读时光，那是一段非功利阅读的岁月，也是我最快乐的阅读时光。

我的少年时期，是在物质匮乏中度过的。小山村的日子，连白面馒头都不够吃，哪里会有书读。但就是这样，很多时候，再沉重的枷锁也锁不住人类对精神的追求。

有一年春节，去二姨家拜年，竟然发现一本厚厚的《岳飞传》，我捧上手就放不下来，吃饭也不撒手，直到二姨说让我带走。“岳母刺字”“精忠报国”给了我浩然正气的最初模样，当年的小小人儿深受影响。不过，也就是从那时起，我有了一个不太好的习惯，去亲戚家总爱乱翻，渴望能发现一两本我钟意的书。若能遂愿，就跟现在买彩票中奖一样，狂喜不已。

直到现在我还觉得神奇，某年的生日，小伙伴竟然送我一本《吴氏太极拳》。虽然这本书破旧不堪，但那时刚看过《少林寺》，在对武侠极度崇拜的日子里，这本书带给我莫大兴奋。曾幻想凭这一本武功秘籍成一代侠客，遂在无数个清晨，在隐秘的地方按图操练，竟一年有余。虽未修成正果，但为日后痴迷金庸成为“金丝”埋下重要伏笔。

现在回老家，见到当年送我书的儿时玩伴。我们之间的隔膜经常让我想起“少年心事当拿云”的纯真童年。看着日益沧桑的我们，我恍若隔世，经常问自己，我和那个小伙伴哪里去了?

初中时迷上了“小画书”，第一次煞有介事地组织了一个“团队”，我和两个同学凑钱一起购书，由我保存。依稀记得大都是连载的“四大名著”，图画传神，文字洗练。我曾非常平等地在每本“小画书”封面认真写下我们团队的标记——“李陈赵”“陈赵李”“赵李陈”，曾经让很多借阅的同学诧异和艳羡。

“小画书”有大作用。

彼时，入迷地一遍遍咀嚼最初的精神食粮，任我的魂魄徜徉在《西游记》的魔幻神奇、《三国演义》的铁马冰河、《红楼梦》的迷情柔美、《水浒传》的肝胆相照中。我知道，是它们推开了我了解中国古典四大名著的那扇窗户，是它们打下了我少年时期文学精神的底色，是它们慰藉了我和小伙伴们渴求探寻的幼小心灵。

现在的孩子们已不能想象那时的“小画书”对我们的吸引，而我至今回望还保持着对它们的绝对垂涎。

但现在，书店里没有了它们，孩子们不知道它们，对此我竟耿耿于怀。

读师范时，收音机里播《平凡的世界》，孙少平在苦难中的高贵不屈以及自己书写命运的笃定坚强一下子击中了我的心房。

他对田晓霞说：我常常觉得，我应该是那个坐在火车上的人，不管它下一站开去何方，总有一天，我会扒上火车，它开到哪里，我就去哪里。

这段文字，从此刻在了我的生命中，时常让我在寒冷的无眠夜晚睁开双眸，望向窗外的璀璨星空。

我想，读到《平凡的世界》的那一天，我不断离开家乡走向他乡，不断在路上流浪奔忙的人生剧本就已确定。

突然有一天，福建兄变魔术般拿出他自己购买的《平凡的世界》

（我记得很清楚，是三部三本），整个宿舍为之倾倒，排着队央求福建兄借阅。随后，嘈杂的宿舍安静了一段时间。

我相信，在20世纪80年代末期北方小城的那间宿舍，孙少平、田晓霞们如春水一般，汩汩流过我们荒芜贫瘠的心田，青年们的荒寒岁月，有了温暖的坚定，有了骄傲的倔强。

当然，那样的时代，怎能缺少顾城和汪国真。

“黑夜给了我黑色的眼睛，我却用它来寻找光明”“我不去想是否能够成功，既然选择了远方，便只顾风雨兼程”……

毕业前夕，我和上铺的老三，用发烫的笔尖写下炽热的诗行，作为临别赠言送给对方，也送给我们无限憧憬的、有广阔天地、大有可为的远方。

的确，就读师范后，在大家都认为学习任务不太重的情况下，我疯狂地爱上了“无用之书”，想方设法节省下来的生活费几乎全用来买书。很怀念那一段读书生活，尽管有点“不务正业”，以至于一位师范的女同桌在给我的毕业留言中写道——清楚地记得，当严谨的数学老师把严厉的目光投向我们时，你还在慷慨激昂地给我讲《多情的泥淖》。

师范毕业，回老家教书。

彼时，风轻云淡岁月长，青春作伴读书郎，对书籍的热爱与日俱增。

我的藏书从那时起就开始编号，曾豪情万丈给自己一个问答题：我这一辈子能读多少书？想起来惭愧至极，依稀记得我的藏书编号到150左右就没有了下文，而现在，我编过号的书亦不知流落到了何方，真的好想念它们。

好在，《平凡的世界》没有丢失。尽管师范期间已读过，但没有属于自己的一本就好像没有精神依靠，没有人生底气。于是，在家乡小县城的路边摊，我用十元钱买到了它。我曾经把这本书读了四五遍，以至于读到四分五裂破烂不堪的地步。这本书至今还躺在老家的书橱里。每次回老家看到它，就像邂逅我的故人，很亲切，又感慨万分。

也曾用十元钱买到过《池莉文集》，错别字太多，就边读边改，读完了，书也便面目全非了。

当然，谈到我的“无用之书”，一定不能绕过的是金庸。

《射雕英雄传》，是17岁的一个晚上，借宿在煤矿上班的同村国庆哥工友家时在他的床上发现的。然后，我用整整一个晚上，徜徉在金庸的江湖，彻夜未眠。

第一次读《天龙八部》，是师范读书期间向福建兄借阅的。是的，还是福建兄——可见福建兄也是好读之人。那时候，很羡慕福建兄，心里想，他家一定很有钱，不然怎么可能想读什么书就买什么书，一点也不犹豫呢？后来到福建兄家里，才知他家也是普通清寒之家，但我对福建兄的羡慕之心丝毫不减，而且还多了份敬佩。

记得从书店取回《天龙八部》——也是分好几本的，福建兄豪气干云，大手一挥，说，来，开始看吧——那个姿势真帅！宿舍的哥儿们几个几乎人手一册，个个卧床夜读。很多时候大家为书中某人物何时故去而争论不休，吵了半天，才知道看的顺序不一样。嗨，才各自安好！

多年前，我得以下载《金庸全集》的电子书。好多年的暑假，那都是我必看的读物。我毫不怀疑，它就是我的童话。

安徒生在其自传中说：“人生就是一个童话。充满了流浪的艰辛和执着追求的曲折，我的一生居无定所，我的心灵漂泊无依，童话是我流浪一生的阿拉丁神灯。”

是的，金庸笔下的江湖就是我一生的阿拉丁神灯。

《人世间》作者梁晓声说：“这个时代太喧嚣了，喧嚣到我们无处可逃，有时候我读书就是为了逃到书里去。灵魂是喜欢独处，而不喜欢热闹的喧嚣。”

深以为然。

我确认自己没有一颗强大的心脏，也没有过人的手段，应付不了眼前的红尘名利喧嚣，便只有退缩，逃到金大侠的江湖，做一个看客罢了。

所以，我是如此地喜欢金大侠，以至于2018年10月30日，金先生驾鹤西游时，我无限悲楚地写下“笑书射雕孤灯黄，江湖已绝神侠肠。飞雪连天悲白鹿，碧鸳无倚永寒凉”，来缅怀我永远的偶像。

走笔至此，发现回忆“无用之书”，我是快乐的，我是安然的。

是呀，那是一段多么美妙的时光！

而看看现在的少年，有打不完的电子游戏，刷不完的手机短视频，他们会喜欢读书吗？

即使他们喜欢读书，也会有做不完的模拟试题，上不完的辅导课程，对了，还有秀不完的读书活动，他们会有时间读书吗？

真替他们难过。不开心。

和阿德勒一起思考

——《儿童的人格教育》启示录

阿德勒的《儿童的人格教育》，有很多内容让我眼前一亮相见恨晚，有很多内容让我欣喜不已如遇故人。现把阿德勒的经典语言和我的思考对应记录，希望于人于己有所帮助。

一、社会情感是儿童是否健康成长的晴雨表。家长和监护人一定不能让儿童只跟一个人密切接触，一旦放任儿童的这种唯一性接触，将会发现儿童对于以后的生活准备不好或准备不足。

——在孩子的成长过程中，一定要教育孩子如何在社会中生活，如何与周围的人打交道。教孩子善良，克制自私的欲望，与人为乐，自得其乐。孩子的心理健康比什么都重要。

二、一个好的教育者应该能够读懂这种软弱，并用同情和理解根除儿童这种潜在的心理问题。

——因为懂得，所以慈悲。我们应该透过孩子的表面现象探究他的内心，从而寻找问题的根本所在——孩子成长过程中必有的怯懦和软弱。在善意的前提下给予孩子最大的帮助。

三、所谓的权威教育使儿童和教育者之间渐渐疏远。

——缺乏关爱的儿童一生都会缺乏安全感，成为冷漠、懦弱或残暴、逃避现实、善妒和怨恨他人的人。不管是老师还是家长，给予孩子理解和关爱是第一位的。

四、我们心理活动中最显著的一点，是我们对于事实的看法决定了我们行动的方向，而不是事实本身。

——范文正公也有“不以物喜，不以己悲”之说。要着力培养孩子健康的心态，事件的发生不受我们的意志控制，但我们可以始终保持积极的心理暗示和坚韧向上的品质。如果我们的孩子有坚强的意志、积极的心态、卓越的解决问题的能力，那么，在他独自行走江湖的岁月里，我们还担心什么?

五、这种自卑感刺激那些遭遇挫折和体验失望的人寻找现实之外的、精神和心理上的自我满足和自我陶醉。

——让孩子变得自信是形成健康心态的基础，让孩子有存在感是健康发展的基础。缺乏存在感的孩子更容易出现网瘾、早恋、暴力等行为，如果我们不想让孩子进入堕落的层面，那就给予孩子自信的品质吧。

六、这种过度的野心，使儿童产生无法快速达到目标的紧张感，一段时间内他暂且可以忍受，但如果持续的时间过长，这种紧张感就不可避免地会成为孩子过重的负担。

——我们已经习惯鼓励孩子树立目标并努力实现，但我们可能忽略了孩子确定目标的科学性。孩子应该有理性的目标、长远的目标，更应该有阶段性的目标，这些目标对孩子来说应该有绝对的信心来实现。将大目标分解成小目标，一步一步来，孩子就容易实现。要始终让孩子享受到阶段性成功的快乐。人们说，失败是成功之母，其实，成功更是成功之母。

七、一个被迫变得野心过度的小孩并不会了解这些，他只觉得没有了别人对自己的仰慕和认可就无法生活下去。结果，他只能依赖于别人的意见而活，而且这样的小孩比比皆是。

——我们的教育有可能进入到了一种虚假繁荣的局面。一些甚至为数不少的孩子勤奋努力的目的并不在学问本身，他并不是真的想知道宇宙的奥秘、人生的意义、介词的用法，他只是想得到一个高分、家长的满意、别人的认可。这真的很危险，如果有一天，没有了分数和别人的评价，他会不会不知所措和恣意放纵？

八、野心过度的孩子之所以会处于一个艰难的环境中，是因为人们总是习惯于通过他们所取得的成就来判断他们，而不是通过他们迎接和战胜困难的准备情况来判断他们。

——周围的人可能是功利的，社会可能是功利的，但作为父母和教育者的我们一定不能是功利的。在培养孩子的过程中，我们始终应该关注的是孩子的人格，是孩子在事件当中的心理发展状况，而不是事件的完成程度。也就是说，在培养孩子的过程中，我们关注的应是过程而不是结果，关注的应是人而不是事件。

九、学校处于家庭和社会生活之间，因此学校有机会纠正孩子在家庭教育中所培养的错误的生活方式，有责任使孩子为了适应社会生活而做好准备，也有责任确保孩子在社会这个大管弦乐队中和谐地扮演好自己的个人角色。

——教育工作者要明白自己身上的责任，必须牢记，我们是为社会培养人，培养孩子适应社会而需要的品质，培养社会发展所需要的品质。校长的目标、学校的目标也许并不是我们教育的最终目的，当然，分数更不是。

十、如果这样的孩子不能在生活中的有用方面为自己寻得一处容身之所、一展所长时，他便会转向生活中无用的一面。

——不管是家长还是老师，一定要给予孩子在正能量事务上的参与机会，并想方设法让孩子获得成就感和存在感，否则，你便会发现孩子正在堕落。

十一、我们都知道，本应自动运转的身体机能，在有意识控制后会导致部分功能受限。

——我们要明确孩子在什么时候需要我们帮助，然后再打断他。当然这很艰难，但我们必须去研究。否则，我们看似善意的帮助会成为孩子健康成长的绊脚石。在孩子成长的过程中，我们要尽可能放手让孩子独立去做，以便获得真实的经验和教训，让克服困难的技能成为孩子自动运转的身体机能。请记住，我们有一个缺点是“好为人师”。

十二、永远不要去相信，我们羞辱或奚落一个孩子就可以影响他真的改善自身的行为，尽管有时候我们会看到孩子似乎改变了，但其实是因为他们害怕被嘲笑。

——羞辱性教育不可取。尽管有时候会让我们觉得效果明显，但那可能是表面现象。孩子是惧怕羞辱才被迫听从我们的建议，我们不是在改变他的认知，而是在摧毁他的尊严。孩子会因此变得懦弱或暴戾，尽管我们常常得意于我们“高明”的手段。

十三、此时，那些未曾意识到但潜伏很久的雄心，与失去信心的现实之间的冲突会瞬间爆发，这表现为他们完全不知所措，神经焦虑。我们将会发现，所有的问题都源于儿童缺乏自信，而不是我们之前所低估的缺乏能力。

——我们始终要相信孩子，认可孩子在过程中表现出来的可贵品质，而不是凭借事件的失败结果来否定他们的价值。永远给予孩子信任和激励，禁用道德宣判和能力否定。我们始终要和孩子站在一起，朝着我们的前方一起奔跑。

十四、那些让他们得到更多乐趣的人远比那些说最爱他们的人更重要。我们期望一场谈话就会改变他的生活方式是非常不可能的。因此，教育者必须要有耐心。如果一个儿童努力在提升自己，但是偶尔会出现后退的情况，那么一个明智的办法就是教育者向儿童解释，成功并非一日之功。

——教育孩子是一件实实在在的事情，夸夸其谈和漂亮文章可能会让不明真相的人崇拜赞扬，但作为教育对象的孩子最清楚他们需要什么。对于教育，应远离喧嚣，弯下身子走进孩子的心灵世界和现实世界，关注他们的一颦一笑，研究规律，在互动交流中给予他们成长的快乐。这更真实，也更可贵。教育是一个系统，不是一个工具，那些吹嘘高效绝妙、一招制胜、包治百病的论者只不过是在名利的道路上太心急罢了。教育需要绝对的耐心，这很困难，因为耐心需要真正的乐趣和热爱。

十五、这种心存怨念的儿童，通常会培养喜欢毒害别人生活的性格特征。他们没有足够的勇气去克服困难，因此，为了补偿自己的勇气缺乏，他们会去欺负比自己更弱的儿童，或者通过向这些弱小儿童表面上示好来体现自己的优越感。

——老师和家长要明确，我们不是在为学校和家庭培养人，我们是在为社会培养人。社会需要的人应成为我们的教育目标。乔一在《我不喜欢这世界，我只喜欢你》中说："有些人充满戾气和恶意，是因为他们从未被人温柔相待过。我相信自己能始终温柔，因为年少时遇到了善良的人。"希望我们善待孩子，始终关爱每一个孩子，孩子善良了，世界才会美好。

十六、祖父母同样也在儿童的成长中扮演了一个重要角色，一个常常会纵容小孩的角色。老人们之所以会纵容孩子，是因为他们害怕自己将不再被需要，由此而产生了过度的自卑感，结果这种自卑感使他们充当了一个或絮絮叨叨或心慈手软的角色。这些温厚和善的老人，为了使自己成为儿童生活中很重要的人，而从不拒绝孩子的任何事情。

——我们应当理性看待"隔代教育"，尽管从综合考量看，"隔代教育"弊大于利，但是"隔代教育"也是形成孩子社会性的一种必不可少的教育。作为父母应当和爷爷奶奶、姥姥姥爷沟通和交流，多讨论教育孩子的原则和方法。特别是随着我们国家老龄化趋势的形成，"隔代教育"不可避免，为人父母特别要注意。

十七、个体心理学家的教育理念是，他们不主张对儿童采取严厉式的或温和式的。他们认为教育儿童所需的是理解，要避免儿童犯错以及不断地鼓励他们去面对和解决自己的问题，并培养他们的社会情感。对此，父母应该避免以溺爱的方式美化现实，也应该避免以悲观消极的方式向他们描摹现实和世界。

——中国传统文化中的"和"特别适用于孩子的教育。教育者和受教育者应形成一种"和谐"的关系，既不能过于严厉挑剔，也不能过于温和溺爱，过于严厉挑剔容易导致暴戾或懦弱，过于温和溺爱则容易导致依赖和任性。如何合理地掌握这个度是一个艰难的课题。我们需要做的是关爱理解、陪伴引导，当然，说起来容易做起来难。但我们必须艰难地在这条道路上走下去，因为，我们别无选择。

十八、社会情感所涉及的判定是，认为人类在一定程度上必须依赖集体才能取得成就。所有我们用于儿童教育的规则和方法中，我们要常常有群体意识，以及个人适应社会的意识。

——独生子女时代的教育使一些人踏入“尽力张扬个性”的美化自私的教育误区，但不少父母后来自食恶果，我们真的应该警醒和反思。人是群居动物，是社会中的个体，一个家庭就是一个集体，更不要说其他的组织了。所以一定要培养孩子在集体中行动的人格和能力，使他们有团队意识，善于合作，自律、宽容、善良这些品质尤为重要。凡是教孩子“占便宜”的家长最终都是“贪小便宜吃大亏”。着眼于孩子一生的发展，群体意识是基本。

十九、孩子的生活风格通常形成于他四五岁时。在这段时间，必须培养他的社会情感以及适应社会所必要的灵活性。在他五岁时，他对自己生活环境的态度通常已经成形固定，而且在他余下的生命中几乎保持相同的态度和方向；他对外部世界的感知仍然保持不变，他会陷入自己感知的范围内而无法自拔，不断重复他最初的心理机制，重复这种心理机制所导致的行为。

——以上理论具有重要的意义和价值。孩子五岁之前，许多父母正当事业的打拼期，顾不上耐心地教育孩子。而到了孩子上初中的时候，很多家长的事业到了一个稳定期。很多家长认为初中阶段是孩子最为关键的时期，才重视起来，而“熊孩子”们出现的问题也到了不教育不行的地步了。其实，到了这个时期，很多的教育已经难以进行了。教育的艰难与教育的急躁又形成了恶性循环。一般来讲，到这个时期才开始重视孩子教育的家长很难改变孩子什么。所以，教育的关键期在五岁之前。我们中国有句古话，“三岁看大，七岁看老”，就是这个道理。

二十、我们最好要记住，我们决不能粗暴、盲目地对待孩子，我们应该总是鼓励他们，试图向他们解释现实生活的意义，这样，在他们的自我幻想和现实世界之间，就再也不会存在巨大的鸿沟。

——我们可以以最努力的姿态为孩子提供有利的成长环境，但周围的很多事物是我们无力改变的。虽其如此，我们也不能任其给孩子造成不好的影响，我们要关注孩子对周围环境的心理反应，然后做出相应的合理引导，要在孩子与他的理想世界之间搭一座坚固的桥梁，让孩子相信他一定可以到达，尽管目前的环境不够理想。

二十一、我们经常听到家长说：“我们对孩子已经尝试了一切方式，软硬兼施，但都没什么用。”其实善待本身并不足够。有的孩子会对这种善待好意回应，但我们不能因此就认为他们已经改变。因为他们认为这种善待并不会长久，自己只是短时间内处于一个有利位置，而环境并没有发生实质性的变化，因此，一旦这种善意消失，他们就会立即退回到以前的环境。关键是要了解儿童的所感和所想，即他如何理解自己的处境，而不是父母如何理解。所有孩子的错误都可以理解为他对抗环境的结果，理解为他还没有准备充分时就要面对一个新环境的结果。

——在教育孩子的过程中，一定要给予孩子尊重和理解，要倾听孩子的心声，不要把我们的感受强加给孩子。我们感受到的世界和孩子感受到的世界不一定是一个样子，只有了解孩子真实的内心世界，你才能做出相对合理的判断和决策。不要小看孩子，轻视或忽略他的感受，不要认为他不懂，否则，我们就难以理解他为什么是那个样子。因为懂得，所以懂得。

二十二、老师的首要任务就是博得孩子的喜爱，并以此培养孩子的勇气。孩子对所学科目是否专心，在很大程度上依赖于他对老师的兴趣。

——我们一直强调师爱，一直提倡爱学生，但是我们单方面的爱有时会对孩子造成伤害，我们的爱有时会让孩子恐惧，然后远离我们。因为我们是在以我们的方式理解孩子。那么，为什么不能换个思路呢？老师的首要任务不是爱学生，而是让所有的孩子爱上自己。努力做一个让所有学生热爱的老师。家长也是同样的，做一个值得孩子热爱的家长。让孩子爱上我们，这在教育中是一件很奇妙的事情，如果你能做到，你就会惊奇地发现，教育是件轻松的事情。

二十三、对于我们是应该教育孩子学习科目和客观事实，还是应该教育发展孩子的人格，目前这个问题颇有分歧。但在个体心理学上，我们认为这两者可以结合起来教育儿童。

——提高学习成绩与发展人格不是两件对立的事情，恰恰相反，它们应该成为一件事情。一个有坚强的意志、积极的心态、卓越的解决问题能力的孩子，学习成绩一定也不会差。只是在当前的教育环境中，学习成绩被放到了极其重要的地位，家庭、学校、社会对学习成绩的追求几乎让所有的教育工作者都如临大敌，我们绕不过，躲不开。那么，我们积极面对，努力做到“没有成绩过不了今天，只有成绩过不了明天”。

二十四、老师当然对学校制度没有责任，但是，如果老师在和学生的接触过程中以富有同情心和理解的心理尽可能地缓和学校的清规戒律，那么这对于儿童的教育将会非常有效。

——当然，不能一味责怪学校和领导者，他们有他们的苦衷，他们要面对考核他们的评价标准。但是在学校的清规戒律与孩子的身心健康发展之间，我们应该找到建立在教育工作者良知之上的某种平衡，一切为了孩子的发展。有时，你可能不以学校的职务角色被认可，但一定会以学校教育人的角色被赞同。所以，只要站在孩子健康发展的角度去做事情，你简直可以“为所欲为”。

假话全不说，真话不全说

读陀思妥耶夫斯基的《罪与罚》，看到这样一句话：“世界上没有比说真心话更困难的事，但也没有比阿谀奉承更容易的事。”

想想也没错。人性总是趋利避害，阿谀奉承常常会给自己带来意料中的收获，而真心话很多时候却让你面临艰难的处境。

但有些人偏偏不这样做。

在《万历十五年》中读到海瑞。1565年阳历11月，海瑞向嘉靖递上了著名的奏疏。在奏疏中，海瑞说嘉靖是一个虚荣、残忍、自私、多疑和愚蠢的君主，举凡官吏贪污、役重税多、宫廷的无限浪费和各地的盗匪滋炽，嘉靖都应该直接负责。

尽管古代有诤谏制度，但这种直接斥责皇帝的行为简直就是冒天下之大不韪。但海瑞就是这样做了，想必已将生死置之度外。

接下来我们倒要“感谢”阿谀奉承之人了。海瑞这样做，无疑是“作死”，且必死无疑。好在关键时刻，宦官站了出来。书中记载，一名宦官为了平息皇帝的怒气，跪奏说，万岁不必动怒，海瑞早已知道这样做会死的，在奏本之前他就买好了棺材，皇上千金之体跟这样一个人生什么气。

真的要感谢这位宦官，他是要效忠皇上、讨好皇上，但无意中也挽救了海瑞。

一笔两写，一事两人，一位替天下讲真话，一人为逢迎献媚语，而“真”竟然因“假”得以保存性命，也算很讽刺的一段故事了。

然狷介之士，古今有之。

《吴组缃先生纪念集》有记，组缃先生曾参加北京曹雪芹研究会成立大会，会上群贤毕至、名流如云。他在会上听说有关部门要将香山附近一处民房当成曹雪芹的故居，并将之开发成旅游景点，当即公开表示反对，但反对无效。

丰盛的午宴后，大会组织大家前去参观这处“故居”，组缃先生愤然拒绝以示抗议。归途车中，当着那么多与会者，他说：“明明靠不住，却偏要弄假成真，自欺欺人，煞有介事，这哪里是实事求是！”车中有人插话：“先生少说两句吧，您连人家的酒席都吃了，就不要再揭短了。”组缃先生答道：“吃饭归吃饭，真理还是要坚持的。”

“磊落坦诚讲真话，冰心玉骨著文章”，好一个“吃饭归吃饭”，好一个可爱又可敬的组缃先生。

“说真话”多为性情所至，不爱利益爱真理，自然可以坚持原则。但某个时候，“吃人嘴软，拿人手短”，是利益在先，是为利益折腰。更为关键的是，你已经是利益共同体的一分子，再讲真话不但是不给人家面子，而且会惹怒同伴，有“卖直沽名”“卖友求荣”之嫌。你会成为团队眼中的“另类”，成为“猪队友”，你会破坏整个行业的潜规则。这个时候，你还会坚持真理讲真话吗?

会的。不但旧时有之，而且现在也有之；不但书中有之，而且身边就有之。

某年，我曾到某省参加一次关于校园文学的活动，会场周围，铺天盖地的标语口号宣扬着主办方的活动特色、丰功伟绩，置身那个磁场，好像如果你没有狂热的认同感，就真的对不起那些巨幅照片、猎猎彩旗似的。

然而，这个世界永远有清醒冷峻的智者、践行真理的勇士。

活动主办方邀请到了该省特级教师Z老师，我想，在Z老师发言的第一分钟，主办方的肠子可能就悔青了。

几乎所有的发言者都极尽语言之所能，赞赏主办方在写作育人方面的成就，强调写作在学生学习中不可替代的重要性，号召所有的老师都拿起笔进行文学创作，努力成为优秀作家。

是呀，主办方请你来这里，管你吃喝住行，要讲什么你心里能没点数吗？然而，就是会有“另类”出现。

当Z老师在台上大讲特讲“教师的职业是教书育人而不是写作，书都教不好却狂热写作，应该去当作家而不是当老师”时，讲“让学生疯狂地写作而学不好其他学科是对学生的不负责任”时，我简直惊呆了！那时的Z老师简直帅呆了！

又不是几个好友在包厢吃饭，怎么可以讲有悖主题的真话呢？

其实，像这种在规定时间到规定地点讲规定捧场话的活动很多，大家心知肚明、相知默契，互相赞许、惺惺相惜，一团和气、皆大欢喜，多好！但Z老师显然破坏了和谐团结的气氛。我看到，Z老师讲话一结束，就匆匆离开了会场，也许是急事缠身，也许是自觉隐身。

受世俗影响，“逢人只说三分话，未可全抛一片心”始终是当下很多人明哲保身的护身符，但总是有一些人，尚实尚真，他们逆行的身影是这个世界的稀缺资源，弥足珍贵，就像一束束幽光照亮人性。

在他们看来，就像索尔仁尼琴所说：“一句真话比整个世界的分量还重。”

在我看来，不仅知识分子有这样的风骨，市井俗人也有这样的底线。

我的一位农村朋友，正直又热心，在他们村里威信很高，这两年他离开村子到城市做起了生意。他们村选举，想要连任的村主任专门开车接他回村投票，向他示好并想借他的威信影响整个家族。我的朋友告诉我：“这个村主任没有为老百姓办好事，不能再选他的！”在接他回去的车上，他对原村主任说：你来接我，我非常感谢你，但我告诉你，我不一定选你。

投票结束，原村主任又开车送他回去。在路上，他又一次说：这一次我真的没有选你。

诚实无私、光明磊落。他对我说，是啥就是啥，咱不骗人。

当然，趋利避害是人之常情，我们不能进行道德上的绑架和要求。语言中 “讲真”“说实在的”“那我就说了”之类口头禅的存在无疑说明——讲真话的确是一件很难的事情。

梭罗在《在康科德河与梅里马克河上的一周》中说：讲真话需要有两个人在场，一个人讲，另一个人听。我觉得这是在讲说真话的环境。如果说真话总是不见其利只见其害，那怎么提倡所有人都来讲真话呢？可见环境的重要性。

但是，环境又是谁？我认为，环境应该是我们每一个人。伏尔泰说：雪崩时，没有一片雪花是无辜的。当然，我们都是俗人，在俗世中，追逐利益不可怕，可怕的是在利益面前丧失做人的品德与底线。

疫情期间，某地名师抄袭门事件不该引起所有教育人反思吗？我们的教育研究、成果论文究竟是为了和同行共享经验一起造福孩子，还是为了晋升职称获得名利？我们的海量课题究竟解决了多少教育教学的实际问题，有多少“真课题”？为人师者若不能胸怀坦荡、务实求真，我们的未来如何公平正义、美好纯真？

人性固然是趋利避害的，但对于利害，每个人的认识不一样，价值观亦不一样。哈维尔说：“我们坚持一件事情，并不是因为这样做了会有效果，而是坚信，这样做是对的。”希尔弗斯坦说：“它们看起来灰蒙蒙，总得有人去擦亮星星。”是的，既然有人为了利益可以掩盖事实、假语妄言，那就一定也有人为了道义恪守底线、坚持真理。

《道德经》云“信言不美，美言不信”，真话虽然不美，但它是存在，是真实，而真实才有价值和意义。

我想，我们可能没有足够的勇气永远讲真话，但我们至少可以做到默默赞许那些讲真话的人，在道义上和他们站在一起。

我们至少可以记住季羡林先生对我们的叮嘱：假话全不说，真话不全说。

在金庸的江湖，看我们的成长

金庸先生用一支笔写下满江刀光剑影，满湖爱恨情仇，他的笔下，有江湖。

而金庸的江湖，就是我们的人生。

扫地僧

《天龙八部》中有一群绝顶高手，前期出现的高手都是在为后面做铺垫。当我们为乔峰的降龙十八掌和慕容复的“斗转星移”啧啧赞叹之时，真的没想到，他们父辈的人生竟然如此波诡云谲。

而当萧远山与慕容博再一次颠覆了我们对高手的认知后，一位殿堂级的人物出现了，他就是扫地僧。

在《天龙八部》第四十三章，扫地僧的几段话引起了我的注意。

> 老僧又道：“居士（萧远山）第二次来借走的，是一本《般若掌法》。当时老僧暗暗叹息，知道居士由此入魔，愈陷愈深，心中不忍，在居士惯常取书之处，放了一部《法华经》、一部《杂阿含经》，只盼居士能借了去，研读参悟。不料居士沉迷于武功，于正宗佛法却置之不理，将这两部经书撇在一旁，找到一册《伏魔杖法》，却欢喜鼓舞而去。唉，沉迷苦海，不知何日方能回头？”
>
> “岂知居士（慕容博）来到藏经阁中，将我祖师的微言法语、历代高僧的语录心得，一概弃如敝屣，挑到一本《拈花指法》，却便如获至宝。”

沉迷武功、拿到《拈花指法》如获至宝，像不像我们迷恋“治班兵法”“名家教案”？有时候，我们就像书中的萧远山和慕容博一样急功近利，特别想得到一些能够完全解决问题的模式和招数。因为容易学，因为不用我们自己下苦功夫。

实际上，这种万能的模式和招数是不存在的。

教育是一个复杂的系统，影响教育的因素很多，只在一点上用力是没有效果的；即使有，效果也不会长久，还会带来副作用。就像萧远山和慕容博，会走火入魔，伤及自身。

扫地僧简直就是一位哲学大师：

> “本寺七十二项绝技，每一项功夫都能伤人要害、取人性命，凌厉狠辣，是以每一项绝技，均须有相应的慈悲佛法为之化解。……须知佛法在求渡世，武功在求杀生，两者背道而驰，相互克制。只有佛法越高，慈悲之念越盛，武功绝技才能练得越多，但修为上到了如此境界的高僧，却又不屑去多学各种厉害的杀人法门了。”

这里谈到了终极目标。“武功”的目的是什么？是杀人？是炫技？

“武”字有“止戈”之义。《左传》曰：“非尔所知也。夫文，止戈为武。”

武功的目的是制暴、止战，是守护和平。

那教育的目的是什么？是分数？是成绩？如果是这样，那就有市场上的“高分宝典”“提分妙招”。

但是，我始终认为——只要人做好了，成绩就会好。反过来说，人做不好，即使成绩再好，也没有什么用。

所以，教育的目的是和孩子一起成长，是培养孩子的核心素养，是塑造孩子的品格，成绩只是这个过程带来的副产品。

小宝与虚竹

金庸的江湖中，在我看来，有两个人最有福气。

一位是《鹿鼎记》中的韦小宝，他原是从妓院走出来的一个小无赖，最后竟然成为神龙教的白龙使、天地会青木堂的韦香主、一等伯爵鹿鼎公，竟然成为皇上身边的大红人。文武百官奉承他，天地会兄弟敬佩他，神龙教教徒也听命于他。

说到他的武功，海大富教了他“大擒拿手”“大慈大悲千叶手”；天地会总舵主陈近南把武林一绝“凝血神爪”传授给他；“独臂神尼”教给他“神行百变”的神功；洪大教主传他“英雄三招”救命功夫，教主夫人苏荃传他“美人三招”。

可以这样说，《鹿鼎记》中一半的武林高手都把绝招教给了他，他真的拥有江湖最妙的“招式”“兵法”。但韦小宝不愿下苦功练内功，有招式无内功，可惜了这些绝妙之术，充其量韦小宝只能算作武林的二流角色。

另一位是《天龙八部》中的虚竹小和尚。一天之内，他莫名其妙得了无崖子修炼了七十余年的内力，并成为逍遥派掌门。

要知道无崖子是谁，是当世绝顶高手，虚竹竟然得了他七十年的内功。但虚竹空有骇人的内功，不会一招半式，不知道如何运用，竟然被李秋水等人追得四散奔逃，狼狈不堪。

你看，有招式无内功只能虚晃一招，一般问题能解决，短时间内可抵挡。有内功无招式，空有满腹经纶，为理论而理论，纸上谈兵，不去实践或经不起实践，理论有何用？

例如目前很流行的《正面管教》，简・尼尔森介绍的一些教育方法和策略很实用。然而在我看来，要想做得更好，只读《正面管教》是不够的。

《正面管教》是术，是招式。我们不仅要学会术，更要明“道”。简・尼尔森《正面管教》“术”的背后是阿德勒和鲁道夫・德雷克斯的心理学理论。如果我们想做得更好，那就还需要学习这两位心理学家的著作。

既要习术，亦要修道。

令狐冲

堪称专业成长榜样的，我认为是《笑傲江湖》中的令狐冲。

修道方面，他修炼华山内功、任我行的吸星大法、少林寺的易筋经；习术方面，他不但学习华山气宗剑法，而且学习剑宗的独孤九剑。可谓术道兼具，内外兼修。

要知道华山气宗和剑宗有门户之见，老死不相往来，但令狐冲不拘门派之别，不受门派影响，不像我们现在有的教学流派拼命贬低他人，唯我独尊。

令狐冲不但破除门户之见，而且极具包容力。少林寺可谓天下武学正宗，但任我行确系魔教教主，而令狐冲正邪相容，皆化而用之，易筋经与吸星大法在他身上得到了高度的融合。

学院派的精要之气与人间一线的烟火之气形成了令狐冲身上的巍巍大气。

“海纳百川，有容乃大。”

不过，这些还不是最重要的。最重要的是令狐冲与岳灵珊“冲灵剑法”给我们的启示。

如果一味地吸收，一味地模仿，而没有自己的研究，没有自己的创造，不过是“鹦鹉学舌”“邯郸学步”。

令狐冲显然不是这样。他先学后用，学为所用，他有自己的想法，有自己的研究，有自己的创造。

就像我们，如果不能凭借修来的“道”、习得的“术”，不能结合我们自己的特点，不能根据工作实际情况走出我们自己的一条路，那么，我们就不会有真正的成长。

悟空得道功行满，原来唐僧是老班

——《西游记》启示一

又到暑假，照理说辛辛苦苦忙碌了一学期，所有老师都应该惬意欢喜、身心放松才对。但每到这个时刻，总会有一些老师，或纠结或无奈或忐忑不安。

学年结束，陪伴孩子三年的老班们如释重负，但又会失落惆怅。毕竟陪伴了孩子们三年，而今他们就要展翅高飞，各种情感交织，复杂无比。

紧接着，一个现实的问题摆在面前，我还要做班主任吗？

因为晋升职称的需要，部分老师不得不做班主任。

因为学校班主任奇缺，部分老师要救场不得不做班主任。

有时候，闪着光的理想总是会被现实撕成一地鸡毛。本来很有价值、很有意义的班主任被很多老师做得黯淡无光。

为什么不愿做班主任？众所周知，铁定有一百条理由。

为什么要做班主任？我扳着指头认真数了数，最有说服力的理由是——情怀。

苏联教育家阿莫纳什维利在《孩子们，你们好》中说："谁爱儿童的叽叽喳喳声，谁就愿意从事教育工作，而谁爱儿童的叽叽喳喳声已经爱得入迷，谁就能获得自己的职业幸福。"

夏丏尊先生在《爱的教育》中强调："教育之没有情感，没有爱，如同池塘没有水一样。没有水，就不成其池塘，没有爱就没有教育。"

我觉得，他们说的是兴趣，是情感，好像有点虚幻。

而对我来说，我更着迷于教育或者班主任岗位的创造功能。

就像一棵小苗，在你的看护下成长（辛苦是一定的），你或许感觉不到它每天的变化，但突然有一天，你看到了可爱的楚楚动人的新芽；突然有一天，你感到了让你欣慰的茁壮；突然有一天，你发现了傲人的浓绿和茂盛。你想，你该有多么欣喜啊！

忽然就想到了《西游记》中的孙悟空，由一个顽劣石猴华丽转身成为斗战胜佛，《西游记》完全可以叫作《猴佛是怎样炼成的》。

如果要问到孙悟空的师父，相信大家会异口同声——唐僧。

其实，所有人都忽略掉了另一位重要人物。

想想，是谁教会了大圣筋斗云、七十二变等看家本领，助他艺高胆大，一路斩妖除魔？

对呀，是……是……是——菩提老祖！

传授大圣通天本领的菩提老祖竟然被我们所有人忽略，而那个唯唯诺诺、犹豫不决、手无缚鸡之力的唐僧竟然被人铭记在心，理所应当地被认定为孙悟空的师父。

为什么呢？

“经师易得，人师难求。”在我看来，所谓经师，是教各种知识学问的老师。而人师呢，用自己的行为、言语、品行影响学生、改变学生。经师负责知识技能，人师要负责人生观、世界观、价值观。如果经师是学科老师的话，人师就是班主任啦。

就像毕业多年的学生，如果有人问他老师是谁，他说出来的第一个人一定是班主任（魅力无穷的学科老师们除外，哈哈）。

所以，如果菩提老祖是经师的话，那么唐僧就是大圣的班主任啊！

你看，是唐僧给予了孙悟空价值观的引领。《西游记》第十四回《心猿归正　六贼无踪》中，唐僧初收悟空，有六强盗劫道被悟空打死，唐僧说：“只因你没收没管，暴横人间，欺天诳上，才受这五百年前之难。今既入了沙门，若是还像当时行凶，一味伤生，去不得西天，做不得和尚！忒恶！忒恶！”从此开始了对悟空的教导。类似的情节在《西游记》中多处可见。

你看，是唐僧陪伴了孙悟空关键期的成长。孙悟空与唐僧初次邂逅，乃一顽猴。而在九九八十一难的渡劫中，他完成了从猴到佛的自我救赎。从第十四回五行山下到第一百回径回东土，在孙悟空成长的关键期，唐僧一直陪伴在他的身边，时时教导，处处指点。

每次想到师徒的情分，我总会想起1986年版《西游记》电视剧中的一个镜头——在收服孙悟空后，由于他没衣服穿，唐僧在油灯下给孙悟空缝虎皮裙。

在降妖除魔、上天入地的奇幻剧情中，这样温馨而颇具烟火气的画面是一股清流。画风的突转让人心中充满温暖。后来我想，唐僧不就是活脱脱的班主任吗？事无巨细，事必躬亲，大事小事，难事易事，事事关心。一路陪伴，一路操心。

你看，是唐僧影响了孙悟空的修行之路。当年看《西游记》，总是不明白：孙悟空为什么不可以用筋斗云取真经，不是方便快捷吗？随着年龄增长、阅历增加，才逐渐明白：人生之路必须一步一步走，快与慢，悲与喜，难与易，顺与逆，所有过程都是一种自我觉察，所有体验都是一种自我积累，慢即快，难即易，若无悲亦无喜，若无逆亦无顺。

《西游记》中的唐僧不仅影响了孙悟空的修行之路，更影响了我。你看，一个笨拙、孱弱、呆滞的唐僧同时也是一个坚忍不拔、舍身忘我、矢志不渝、百折不移的英雄，这种反差突显的是大勇与大智。

孙悟空就跟在唐僧的身边，耳濡目染，潜移默化，由猴性而人性，从神性至佛性。

同样，1986年版《西游记》电视剧中还有一个镜头也给我留下了深刻印象。在《扫塔辨奇冤》一集中，孙悟空端着油灯照明，唐僧握着扫帚一层层扫塔。悟空要帮师父扫，唐僧不让，就那样一帚一帚地扫，一层一层地扫。

在暖人的背景音乐中，师徒二人相依相牵，情真意切。而且，层层扫塔即修行，悟空也一定会了悟于心。

你看，正是一心向佛的情怀使得唐僧以凡人之躯带领神猴走上修行之路，虽磨难多多、艰辛多多，但他殚精竭虑、苦心孤诣，他含辛茹苦、九死不悔。

你说，他是不是有情怀、有爱心的班主任呀！

除了取经，唐老师还做了哪些事情

——《西游记》启示二

《西游记》家喻户晓，承载了无数人的童年回忆。这本小说以西天取经为线索，讲述了唐僧师徒四人历经磨难，最终取得真经的故事。

这是一部神魔小说，多少人爱它的奇幻意境、曲折情节，而我总是希望从工作的角度切入，读出一些教育的价值和意义。比如，“唐僧取经”就有着教育的三重境界。

第一重境界：立功

《西游记》第十二回《玄奘秉诚建大会　观音显像化金蝉》中，观音菩萨现原身，留帖“西方有妙文……求正果金身”。唐太宗招募使者西行，玄奘帝前施礼领命。从此，唐老师重任在肩、使命加身。至第一百回《径回东土　五圣成真》，唐老师虽磨难千重，然不负使命，交出完美答卷。

《左传・襄公二十四年》有“太上有立德，其次有立功，其次有立言，虽久不废，此之谓不朽”之说。“立功”指建树功绩，建立功劳；指完成任务，业绩优秀。唐老师成功将经书从西方带回，完成唐太宗交给的任务，功勋卓著。他做好了“将经书带回到东土大唐”这件事。

就像老师完成“教书”的任务，分析解题技巧，研究提分妙招，传授技能和方法，让学生获得满意的分数。就像班主任按照学校的要求组织活动，在各项评比中取得完美数据，获奖多多。

“立功”的境界是做事的层面，有明确的量化评价标准，多以分数和各项评比数据为指标，呈现出显性化特点。

在这个层面上评价老师，就拿“学生考的分数高不高”“各项数据好不好”说事。

不可否认，“取得高分”“获得奖项”是所有老师应该做的事情，但如果把教育的意义仅仅限定在这样的层面，那我们的教育就只停留在世俗的功利境界，就会有学校不遵循教育规律，不顾孩子的身心健康，片面追求“升学成绩”“好看数据”，为了“暂时性领先”切断孩子“可持续发展之路”，为了迎合上级获得奖励做表面文章、说大话说假话。其害甚矣！

第二重境界：树人

唐老师西天取经路上，班级学生人数不断增加，孙悟空、猪八戒、沙和尚、白龙马组成了奇幻的“唐家班”。唐老师带领他的这个班“踏平坎坷成大道，斗罢艰险又出发”，最终取得真经，获得成功。

有人说“取得真经”是“唐家班”最优秀的成绩，是完美的结果。但我不以为然。“取得真经”固然值得骄傲和赞美，但最应该值得肯定的是唐老师的学生们健康成长，华丽转身，完成了身心的“自我救赎”。

《西游记》第一百回，当唐老师将真经奉上，献给唐太宗时，半空中八大金刚现身，指引长老四众，连马五口，复转灵山受职。于是，孙悟空受封斗战胜佛，猪悟能成为净坛使者，沙悟净成为金身罗汉，白龙马成为八部天龙。皆大欢喜。

以孙悟空为例，初入班时乃一顽劣石猴，取经路上，在唐老师的潜移默化、谆谆教导下，他由猴性而人性，从神性至佛性，完成了“斗战胜佛”的正果修行。一个猴子的成长就可以彰显教育真谛，何况是整个“唐家班”的弟兄呢？当然，在这里不得不提到唐老师个人，取经结束，他也功德圆满，受封“旃檀功德佛”。唐老师在教育的道路上，成就了学生，也成就了自己。“渡人如渡己，渡己亦渡人”呀！

人们一直讲“教书育人”，其实应该是“育人教书”。

2012年11月，党的十八大明确提出“立德树人”的根本任务，强调教育的育人功能。

让孩子以满意的成绩升入满意的学校，顺利完成学校交给的任务，只是我们工作的一部分。而孩子是否有良好的品质、健康的人格，是否有持续发展的动力和能力，更需要我们关注。

当然，“树人”不是不要“成绩”，不是不考虑孩子的升学，“立德树人”与“获得好成绩”并不矛盾。我坚信，只要人做好了，孩子成绩一定不会差。

只是，“立德树人”的评价不能量化，不好操作，没有一个明确的评价体系，很难完美落实。教育终究还是一个“良心活”。

对此，我曾供职的焦作市许衡中学有一则校训：没有成绩过不了今天，只有成绩过不了明天。它既关注当下，又着眼未来，虽素朴但颇具深邃的现实意义。

第三重境界：济世

毋庸置疑，“立德树人”是教育的根本任务，教育的任务就是培养人。

但我总是在想，我们培养人的目的是什么呢？

最近跟一位朋友聊天，谈到他的高中同学。他说当时班里学习成绩最好的两名同学是班主任眼中的成功者，为了激励他们，班主任总是说要是大家都像他俩一样该有多好。后来，那两名同学考上了名牌大学，毕业后做了公务员，一路攀爬，前两年都做到了一定的职位。可惜其中一名因贪腐被判刑，另外一名除了在同学聚会时拿拿架子、摆摆谱子外，基本不与同学交往，据说在单位尸位素餐、冷漠自私。朋友说，现在想想班主任的话，如果大家真的都像他们俩，那这个世界岂不是很糟糕！

朋友又讲了一个当年被班主任骂得狗血喷头的同学，说当年班主任认为这个同学一无是处，经常骂这个同学是班级最没出息的人。而这个同学现在的确“出息也不大”，自己创业，收入中等，但热心肠有爱心，同学中谁有困难他都主动伸手，在村里捐款修路、照顾孤寡老人，提起他，谁都伸大拇指。朋友说，不知道当年的班主任现在怎么看这个“最没有出息”的学生呢？

蒋梦麟先生说，《礼记·大学》有“修身，齐家，治国，平天下”，是中国教育的宗旨。

许衡中学还有一则校训：以天下为己任。这就是一种济世情怀。

是的，我们培养人的目的是什么？我想，是让面前的世界变得更美好，让我们的生活变得更幸福。

钱理群先生曾说过这样的话：我们的大学，包括北京大学，正在培养一群“精致的利己主义者”，他们拥有更高的智商，善于表演，并且懂得怎样配合，看起来更为老到，这样的人更善于利用自己的优势达到自己的目的，这种人一旦掌握权力，比一般贪官污吏危害更大。

而我们目前义务教育阶段中的过度竞争、片面追求高分是不是也在培养“精致的利己主义者”呢？“精英教育”中的“精英”将来会不会像我朋友讲的那样，因为他们的存在，这个世界变得糟糕？

所以，“立德树人”中的“德”太重要了，我们培养的人应该是和谐社会、美好生活的建设者。我们“树人”的目的是“济世”，而不是“树人”本身，当然这里实际上讲的是我们要培养什么样的人。

唐老师取回的经书，唐太宗将它传布天下，以此教化天下。

如果唐老师取回的仅仅是一本普通的书，不具有“济世”的功用，那么意义便大打折扣了。

书山有路向“书生”，学海无涯学“魏经”

毫不夸张地说，在班级管理的初级阶段，魏书生是对我影响最大的教育家，没有之一。他的教育思想奠定了我班级管理的底色，直到现在，我还在用他教我的“让学生写说明书”“用做好事来惩戒犯错误学生”等教育方法。

《班主任工作漫谈》是魏老师的经典著作，影响巨大。我第一次读到这本书到现在已经二十多年了，但那本蓝色封面的书样却一直清晰地驻留在我的记忆深处，可惜后来不知道借给了谁，终于找不到了，那里边还有很多我的批注呢。

一个月前，我和工作室的伙伴们讨论集体阅读，想到了这本书。于是便有了这个月“重温经典，致敬大师”的读书活动。我又一次虔诚地打开这本书，有魏氏独特风格的文字在我眼前流过，既熟悉又陌生。

魏老师的这本书很“土”，绝不像现在流行的“抽象高端术语堆砌的伪技术方案”一样，而像魏老师站在你面前，用有趣的东北方言跟你聊天。你能听进去，听后也能按照他说的去做一些什么。当然，二十多年的时间，时代已经发生了很多变化，学生的群体特征也发生了变化。但教育是人学，只要人性不变，一些教育思想和原则就永远实用。

一

读这本书，我能想到的第一个关键词是“科学管理”。对此，魏老师在他的日记中曾写道：教育学是一门既古老又年轻的科学。说它古老，是因为古代一些教育家已总结出了教育学一些基本的规律性的东西。说它年轻，是因为它是体系欠严密的一门才独立生长三百来岁的科学。魏老师特别能够洞察学生心理，看清事情本质，探寻规律性，运用科学方法开展活动，并取得良好效果。

例如《一分钟全班调好座位》，他们班换座位有专门程序，谁搬桌子谁搬椅子，哪个方向的同学先行动，哪个方向的同学后移动，都有严格规定。再如《两分半钟收好书费》，指定收钱的组长和小组，用竞赛的方式收。《选举“闲话能手”》中统计票数的方法很是高妙，70人的班级80秒就能把选举票数统计清楚。

体现科学性的魏氏活动很多，这里不再一一列举。教育是艺术，也是科学，有着极强的规律性，运用规律做事往往事半功倍。而我们很多班主任忙得不可开交，没有静下心来去探究规律，形成稳定的科学方案。班级管理活动大多是常规性工作，在每年的某个固定时间会如约而至，一般情况下工作内容变化不大。我们需要思考两个方面，一个是人，一个是事。在这件事中学生的心理是什么样的，这件事有什么规律。根据人、事的特点规律，我们尝试进行方案设定，再通过活动的效果和出现的问题不断修订，就会形成相对科学的活动方案。有了这个方案，就可以从容应对同样的事情，既不忙乱，效果又相对较好。

在魏老师科学管理思想的影响下，我也进行了一些思考和探索。像排座位的方法、早读的启动模式、学生极端情绪中的沟通策略等，都得益于魏老师对我的启发。

二

在班级管理中，魏老师特别注重“学生的自我管理”。十几年来，他不断向学生宣传分权制的好处，提出班级管理的一个原则：干部能做的事，老师不做；普通同学能做的事，干部不做。

在《写日记——道德长跑》中，当许东辉同学犯错时，魏老师命他写《假如我是许东辉的班主任》，让学生换位思考，进行自我管理。这本书用一章的内容来写“日常管理自主化”，有《选好常务班长》《设立值周班长》《设立值日班长》等多个案例，具体有力地阐述了魏老师的管理思想。他说：人都潜藏着组织领导能力，之所以有的人显示不出来，是因为没有后盾，唯恐做错了事，自己承担不了责任。

“学生的自我管理”能够锻炼学生的组织能力和人际交往能力，让学生有大局观、同理心等，这种管理对提高学生的综合素养有极大益处。

魏老师1979年就开始了班级管理自动化实验，而四十多年后的今天，我们还在为早到校晚守班、事无巨细事必躬亲的“老黄牛班主任”点赞，鼓励所有的老师勤看严守、无缝化监管。这种看似严谨的班级管理方法实质上是对学生主体人格的不尊重，是对学生自主能力培养的漠视，是教育科学的倒退。

当然，我无意责备疲惫不堪的我的同行们。教育的世俗化、功利性和教育环境的不宽容让所有的班主任举步维艰，注重表面现象、注重数据结果的教育评价让班主任们始终“压力山大”，不敢放松每时每刻的同时，自然也就不敢越雷池半步。

不离半步的看管和细致严苛的指令倒是让我们的孩子们看起来规矩听话、懂事乖巧，但谁来为他们未来人生中的隐患买单?

最近也在读黄灯的《我的二本学生》，有一段话振聋发聩：中学时期的老师、家长，总认为通过各种手段，将孩子送到大学就万事大吉，但中学教育的后果，大学老师才有更直接的感知。我在具体的课堂中，充分感受到教育像一场慢性炎症，中小学时代服下的猛药、抗生素、激素，到大学时代，终于结下了漠然、无所谓、不思考、不主动的恶果。学生内心的疲惫和大学时代的严苛压力，成为他们精神生活的底色。作为中学教育后续阶段的见证者，我目睹孩子们被牵引成长过程中的状态，对此有着深切感受。

在这个意义上讲，如何在魏老师的启发下进行“学生自我管理”就显得意义重大。

如何戴着镣铐跳出足够轻盈的舞步，是教育现实中的重要考量。

三

魏老师在教育中特别能够激发学生自我反思的力量。他说：“当教师的一定要善于发现后进学生心灵深处藏着的那个先进的自我，发现打架学生脑子背后躲着的那个不想打架的自我，发现自私学生偶尔表现出的关心别人的自我。发现了把他请出来，研究他受压抑的原因，帮助他成长起来，健壮起来。这样做看起来费点脑筋，其实是最省力气的方法，是从根本上解决问题的方法。用学生心灵深处的能源，照亮学生的精神世界，是最节省能源的方法。”

《有三部分内容的座右铭》提醒每个孩子激励自我；《治病救人周》让每位同学找出自己心灵中的一种主要病症，然后写出症状、发病时间、治疗方法和疗程；《控制三闲》让每个孩子反思自己的闲话、闲事、闲思，从而改变自我。

我觉得，魏书生老师挑动学生与自己斗，和弗洛伊德的“三我理论”有异曲同工之妙。每个人的人格结构中都有本我、自我、超我，挑动学生与自己斗就是调节本我与超我的矛盾，形成最好的自我。

苏霍姆林斯基说：我十分坚信，能激发出自我教育的教育，才是真正的教育。魏书生老师用他的实际行动为这句话写下了最好的注解。他不但在说，而且始终在做。

魏老师的教育思想是一座藏品丰富的宝库，比如我还读到了他的“民主原则”“坚持原则”“人性化原则”等，太多太多。

虽然他娓娓道来的那些事例年代久远，但历史长河的冲刷与时光刻刀的雕琢，反而让他教育思想的钻石更加熠熠生辉，光彩照人。

我的专业阅读

我曾参加过一个班主任项目培训，导师要求每人分享一本对自己专业成长影响最大的书籍。

我思索了很久，似乎找不到可以绝对排在第一位的书籍。但在思索的过程中，那些在专业成长中给我震撼、给我帮助的书籍，就像暮色渐浓的夜空中升起的星星，逐渐清晰起来。

技术

在学习班级管理的道路上，最早遇到的让我获益匪浅的书，是魏书生老师的《班主任工作漫谈》。尽管后来，许多人对魏书生老师提出质疑，认为他是纯技术主义代表。但直到今天，我还是坚持我的看法——对刚参加工作的一线教师来说，能给他们技术示范，给他们工作抓手，让他们有可以“邯郸学步”的具体操作的措施和方案，这比高谈阔论宏观道理要珍贵一百倍。

因为，他们是一线教师，需要先做起来，然后在做中思悟，在做中修正。

读魏书生老师的书籍就是这样。他有很多让人拍案叫绝的“妙计”和“招数”，例如“两分半钟收好书费”，例如“犯错误，写心理病历”等。这些方法和措施，你读过就可以运用，就可以收到很好的效果。

当然，更重要的，是体会魏老师“术”背后的教育思想。

如果只是迷恋魏老师或技术类书籍的招数，而不去思考和领悟其背后的原理和思想，那么就不可能把这种技术运用到极致，更不可能举一反三，创造出适合自己的“技术”。

魏书生老师是一位追求民主和平等的教育家。他说，一个当班主任的，如果凡事都和学生商量，一定容易成功。

他尊重学生，总是把学生看作具有主观能动性的人来对待，然后激发学生自我成长的积极性，善于让学生告别昨日之我、落后之我，走向今日之我、卓越之我。

跟着魏老师，我学会了与学生商量，学会了挑动学生“自己斗自己”。

这一类书籍很多，“宝典”“兵法”比比皆是，我也读过一些，但良莠不齐，精品甚少。

读技术类书籍，可以习得直接运用的技术招数，可以直接在班级管理实践中运用。但是，读这一类书籍，我们不能止于技术，不能眼中只有技术没有人。

经验

很早的时候，教育界就有一句话，叫“北有魏书生，南有李镇西”。

读魏书生，如果读到的是技艺是民主的话，那么读李镇西，读到的就是爱心，是情怀。

我最早读到的李镇西老师的书，是《心灵写诗》和《爱心与教育》。

他说，一个真诚的教育者同时必定是一位真诚的人道主义者。一个受孩子衷心爱戴的老师，一定是一位最富有人情味的人。只有童心能够唤醒爱心，只有爱心能够滋润童心。教师真正的尊严是学生给的！

他是这样说的，也是这样做的。

在此之前，我从未感觉到师爱竟然可以这样炽烈，可以这样纯粹，可以这样真诚。

我固执地认为，人的品性，有天生的成分，也有后天学习的成分。而李镇西老师对学生的赤子之心一定是与生俱来的，没有半点虚伪和做作。他不是想凭借这样的做法来获得什么利益，他就是这样的人，是自然流露，是真性情。

读《心灵写诗》和《爱心与教育》的时候，我是被李镇西老师的爱心与情怀深深震撼着的，我似乎触摸到了教育的崇高和神圣，我的内心升腾着一种情愫，它的名字叫“社会责任感”，我的内心生长着一种力量，它的名字叫“无私奉献”。

平等地对待关爱每一个孩子，精心地引导助力每一个孩子健康成长，不是为了获得什么荣誉，也不是为了晋升什么职称，而是对教育的爱，是纯粹的热爱和奉献。

华东师范大学李政涛教授读完德国哲学家雅斯贝尔斯的《什么是教育》后，写下了一句流传甚广、堪称经典的话：教育的本质意味着一棵树摇动另一棵树，一朵云推动另一朵云，一个灵魂唤醒另一个灵魂。

而我们的专业成长，也需要有人来唤醒，来推动，来助力。

在经验类书籍中，优秀教育者的人格魅力与精神力量特别能消除我们的职业倦怠，能激励我们向美而行，走向卓越。

但，教育是一门科学，仅有激情是不够的。

就像读李镇西，我们不仅要读出李老师的情怀和人道主义，更要读出他的教育智慧。

理论

说实话，感觉很惭愧也很遗憾，我接触这一类书籍很晚。

尽管上学的时候也读过教育学和心理学，尽管工作初期也试着读过苏霍姆林斯基的《给教师的建议》，但它们都没有引起我的重视和阅读兴趣。

简·尼尔森的《教室里的正面管教》应该是第一本引起我重视和思考的理论书籍。它涉及很多行为、认知、心理、教育的理论知识，但又丝毫不枯燥，有案例，有分析。

这本书激发我阅读兴趣的同时，也给我带来了有益的思考。

现象的背后是原因，原因的背后是规律。很多时候我们凭借经验做事情，而经验不一定是科学，只有遵循科学规律的方法才是真正有效的方法。这就要求我们去学习与教育有关的心理学、脑科学等科学理论。

不过，《教室里的正面管教》只是一种分析类书籍，而并非原理性书籍。它在致谢页提到了一位重要的心理学家阿德勒，它的很多理论都建立在阿德勒理论的基础上。于是，我又找来阿德勒的《儿童的人格教育》《自卑与超越》来读。

在实证基础上形成结论的心理学著作给了我非常大的诱惑，我不再满足于那些逻辑性欠缺、鸡汤味十足的道德说教类书籍。

读过罗伊·鲍迈斯特的《意志力》和大卫·苏泽的《教育与脑神经科学》后，我坚决不拖堂，并且在孩子们下午两场考试的中间，会让他们吃点东西补充葡萄糖，而不是一味地和他们一起喊“加油加油，你是最棒的”！

詹姆斯·克利尔的《掌控习惯》教会我无人看管的早读模式，斯蒂芬妮·斯塔尔的《认同自己》告诉我孩子低自律的原因很可能是低自尊。

这些严谨的理论书籍对我的明示和点拨让我越来越愉悦，就像在一团团迷雾中从谷底逐渐走向高地，眼前也逐渐清晰。

当然，理论书籍可能有点枯燥无趣，但它们就像一杯咖啡，需要你去尝试，咽下之前的苦，才可能苦尽甘来。

人文

纪伯伦说：生命的意义在于人与人的相互照亮。

陆游说：汝果欲学诗，功夫在诗外。

所以，我始终认为，教师特别是班主任，作为直接影响孩子人生观、价值观、世界观的重要他人，一定要读一些“无用之书”。

只有“无用之书”，才能滋养心灵，才能陶冶情操，才能培养一个人丰盈而高贵的灵魂。如果教育者俗不可耐，如果教育者精神猥琐，怎么塑造出浩然正气和华美气概？

教育者的温度来自人的悲悯情怀。“为什么我的眼里常含泪水？因为我对这土地爱得深沉。”

我不相信，一个不懂人情世故的教育者，一个不懂人间疾苦的教育者，能热爱每一个孩子，能体谅每一个孩子，并且让每一个孩子尽可能享受到他生命中的每一缕阳光。

培根说，读诗使人灵秀，数学使人周密，科学使人深刻，伦理学使人庄重，逻辑修辞之学使人善辩：凡有所学，皆成性格。教育者不读书，不读“无用之书”，没有健全的人格，如何培养出具有健全人格的学生？

我最喜欢的文学作品之一是《平凡的世界》，它让我懂得：磨难是一笔财富。什么是人生？人生就是不休止的奋斗！只有选定了目标并在奋斗中感到自己的努力没有虚掷，这样的生活才是充实的，精神也会永远年轻！

“在满地都是六便士的街上，他抬起头看到了月亮”，《月亮与六便士》告诉我不媚世俗，勇于追求自己的理想。

马克思17岁时在他的论文《青年在选择职业时的考虑》中写道：如果我们选择了最能为人类幸福而劳动的职业，那么，重担就不能把我们压倒，因为这是为人类而献身。那时，我们所感到的就不是可怜的、有限的、自私的乐趣，我们的幸福将属于千百万人。我们的事业是默默的，但她将永恒地存在，并发挥作用。面对我们的骨灰，高尚的人们将洒下热泪。

当你读到这样的文字，你是不是会为自己的生命感到自豪，为自己的使命感到骄傲，然后乐此不疲地生活和工作？

如果是这样，你教的孩子们怎么可能不热爱生命，不热爱生活？

乐善有恒，大爱无疆

每次捧起傅东缨先生《极目新教育》这本书，我的眼前总是浮现出先生伏案书庐、笔耕不辍的身影，耳边总是响起彼时傅先生嘱我校对时甚为严肃的话语。我知道，这是先生生命中又一部重要书稿。

回首望向书橱，先生的数十部著作赫然在列。这些书有他自己教育思想的结晶，也有他为他校、他人的著述所精心写作的序文。无论是自己的教育思索，还是为他人教育知行的深入阐释，先生都投入了全部的精力和心血，从不吝啬自己的一分一毫，是春蚕吐丝，是蜡炬焚身。

写作《极目新教育》尤甚。

2014年深秋，得知傅先生一家突遭车祸，先生身受重创，我万分焦急，极为担忧。好在天佑良善，先生一家终无大碍。我万万没有想到的是，先生尚在伤痛未消之时就已清晰地对我讲——“新教育”这本书是一定要写下去的。

他说：“朱永新先生对我这样信任，新教育人做得这样出色，中国教坛在世纪之交出现这样一批深化教育改革的探路尖兵，利师利生利民，是国之大幸、民族之大幸啊！我必须调研，必须思索，必须写好，要为中国教育的未来和历史留下一段清晰的坐标，一行闪光的足迹。”

他还对我说，单就是为了写好这本书，他也必须配合医生，静养大脑，积极锻炼，早日好起来。

他是这样说的，更是这样做的。

车祸之伤还未痊愈，他就已经在病房中悄悄行动起来。有时他会将点滴灵感记录在病房中的化验单、药品说明书上，不顾家人的劝止；有时他会将深邃的目光投射在病房的天花板上，那里有他的写作提纲；有时他会抑制不住对书稿的念想，与人通话短信交流探讨。

是啊，他是无畏的战士、罕见的强者。哪怕几个月后凶险的开颅手术都没有让他停止构创《极目新教育》的步伐。他是在用生命回答人生，回答历史的叩问。

2015年12月，先生不顾南方湿冷的寒风，到新教育重地江苏海门采访新教育理事会理事长许新海先生时，曾邀我前往一叙。先生在那次就餐后双腿突然失去知觉不能站起，在众人的惊慌失措中，先生镇定地对我说："没事，扶我起来，走两步就没事了。"

在搀扶先生下楼时，我分明感到先生双腿无力，整个身体几乎都靠在我身上，但我还是捕捉到了先生坚毅的面容——那是经渡多次潮浪后的宽厚，是历经几多磨难后的勇毅和平静。

后来，有人送来暖贴让他裹在腿上疗伤，他竟忍受着难忍的高温熬过一夜，以至于大腿上被烫起大水疱。在他爱人樊老师的责怪声中，先生孩子般地对我笑："我想着越烫可能会好得越快，我还要采访呀！"

2016年10月，先生到温州采访新教育研究院院长、翔宇教育集团总校长卢志文时，顺道被我邀来杭州讲学。在杭州的两天时间里，除了作报告，先生和我谈的全部是新教育。我问先生："电话采访不是可以省却舟车劳顿，不用这样辛苦吗？"他坚定地告诉我："不可以的，那不一样！感觉不一样，写起来一定不一样！"先生可能不知道，那几个"不一样"时时响在我的耳边，时时提醒我严谨笃实。

现在，《极目新教育》早已由人民文学出版社出版，原中国教育学会会长顾明远说是"用心灵和智慧为新教育建筑了一座巍峨大厦"，著名教育家、原武汉大学校长刘道玉称其为"新教育之史记"。我由衷为先生感到高兴。

其实不仅仅是《极目新教育》，值得他写的书、需要他写的书，每一部他都不厌其烦地求证采访，孜孜不倦地思索探究，无不砥志研思，无不鞠躬尽瘁；又不仅仅是文，文的背后是人，他对教育同仁一向古道热肠、情深义重，用他特有的人格魅力征服了与他接触的天南海北的教育人和非教育人。

是什么让他孜孜不倦地写作思考？是什么让他对教育的人和事倾心

付出？又是什么让他以年轻人的心灵，朝气蓬勃且锲而不舍地投入对事业的忘我追求？我常常苦思冥想，希望找到解读傅先生和“傅氏现象”的准确密码，然而，我又常常在功利和喧嚣的俗世红尘中茫然自失。

也许，有一类人，对世界对人间怀有一颗赤子之心，洁净纯明，不思回报，不虑得失，哪怕是对世间的一花一草也袒露真情。

也许，有一类人，承担着上天赋予的特殊使命，就是来温暖慰藉世间所有的冷漠凉薄，来润泽消弭世间所有的躁心戾气。

也许，傅先生就是这样的人吧。

真理没有那么复杂，复杂的是人心

暑期回家，先有罕见暴雨，大至瓢泼倾盆，昼夜不休；后遇郑州疫情，村街严防死守，众志成城。虽外出活动骤减，走亲访友受限，然于陪伴父母之际亦多了读书凝思的时光。

在老家的旧纸堆中无意翻出多年前的一本书——中国台湾学者余培林编著的《老子》，当时在书店购买时还意气风发，但回到家又全无阅读的心境。

而今，时过境迁，就像邂逅当年神交但无缘相见的故人，遂烹茗煮茶，于雪夜卧读。

《老子》也称《道德经》，由道家学派创始人老子所著。虽为一家之言，却被称为“万经之王”。它影响了诸子百家中包括儒家在内的众多流派学说，也极大地影响和塑造了后世文人的性格。据联合国教科文组织统计，在世界各国经典名著中，《道德经》是被翻译成最多种语言、发行量最大的传世经典之一。

以前读经，想读出它的本意，往往纠结于字面的理解翻译，特别想搞清楚究竟是什么意思；而现在，会有自己的联想，一些人和事汇集眼前，人生况味萦绕心间。不想也无需揣测原意何为，只是任自己的思绪飞扬罢了。

本文先谈一谈《道德经》首句“道可道，非常道”。

第一个“道”我觉得没有什么争议，就是本源、规则、原理、真理的意思。比较玄妙、可以讨论又能带来新意的是第二个“道”。余培林先生认为是“说”的意思，“道如果可以说出来，就不是道了”，强调了道的神秘性，强调了道的神圣博大难解。罗大伦先生则认为这个道是词类活用，是走道的意思，道是可以遵照执行的。

我觉得都有道理。

首先，我们要承认万物有道。日出东方，万物晴明；月上柳梢，圆缺阴晴。我们生活的宇宙有运行规则，有人不可抗拒的自然力量，我们要敬畏，要与之和谐相处，而不是把主观意愿强加给它，妄自尊大，用欲望来代替思考。

尊重规律和规则，就要求我们去研究发现“道”。因为只有找到“道”，我们才可以顺其自然，顺利通达。这些年来，学习王尚文老师的“语感论”、余映潮老师的“板块教学法”、孙绍振老师的“文本解读法”等语文教学思想，学习心理学、管理学、脑科学等理论，就是想在学习和实践中探寻自己的语文教学之道、班级管理之道。

寻找探寻“道”，可让自己行事平和顺达，造福学生，启发同行。我曾经介绍过我的“早读管理十六字方针”，有了这个“道”，我的早读课很轻松；有了这个道，孩子们收获颇丰。

这样，于人于己，何其福也。

其次，“道是可以道的”，也就是说，道路一定是可以用来走路的，我们研究发现的“规律原理”一定是可以执行落实的。

“道可道，非常道”，某种程度上，是在渲染道的玄幻和神秘，“道”好像说不清道不明，只可意会不可言传，但我觉得那不是老子的本意。

是的，“道”应该让我们敬畏尊重，是神圣的，是不可亵渎不可儿戏的，但它也一定是具体的可触摸的，特别是可以给人带来切实利益和幸福的。对“道”抱有敬畏感是必须的，但对其“神化”大可不必，也是错误的。

当然，由于功利的原因，我们现在还存在一些“假大空虚套之道”，某些论者“坐而论道”，从理论到理论，华而不实；为了荣誉利益，为写而写，为研究而研究，空对空，说做两张皮。这就违背了“道可道”之“道”，乃“不可道之道”。

“实践是检验真理的唯一标准”，“行动是知识特有的果实”，如果不够真实，不能落实，不与生活实际联系，再美的理论都是空谈。尤其要警惕外表华艳、形式华丽、言辞华美而无逻辑无实质无操作性的内容。《道德经》还言“万物之始，大道至简，衍化至繁”，是的，深刻的道理其实没有那么复杂，复杂的是人心。

再者，道虽然可道，然而“非常道”，意思是“道不是恒久不变的道”。

怀特海说，我们没有全真理，所有的真理都是半真理。

世界上有没有放之四海而皆准的真理？老子说“大道至简”，那么究竟有没有大道？

我非常想说“有”。因为，只有我们相信世界上有最好的真理，才不会停下追寻的脚步，只有相信在本我之外还有优秀的超我，才会长成“做最好自己”的自我。

我们的航天飞机一次次升空就是在探寻人类幸福的多种可能，我们的疫苗药物不断更新就是想让人类远离病痛。为了人类的自由平等幸福，无数仁人志士孜孜不倦奋斗，苦心孤诣探索。

将“道可道，非常道”理解为“道是可以执行落实的，但没有恒定不变的道”，符合老子“有无相生”的思想。有和无永远是相对的，也是可以统一的。正是因为世上有最好的自己和放之四海皆准的真理，所以我们才可以永远保持谦逊，永远保持质疑和批判，反思现在，才有更好的未来，才有不断的追求。这是西方心理学中的成长型思维，同时也是精妙无比的东方智慧。

那么，为什么人世间没有恒定不变的道呢？

第一，囿于人类有限的认知。

应该承认人在宇宙中的渺小。人与万物平等，只是万物中的一分子，人类存在的时间与宇宙相比，只是一瞬。这样的环境和客观地位决定了我们的认知。认知匮乏是我们的常态，所以，我们的发现和得出的结论，在茫茫宇宙中，在漫长的历史长河中真的只是暂时性正确。曾经一千多年中，没有人怀疑过“地球是宇宙的中心”，但是现在，如果去嘲笑彼时人们的笃定，那就是嘲笑我们自己的无知。

我曾读到过浙江大学王立铭先生的一段话：启蒙时代以来，人类总觉得所有事物都能在人类已知的框架里得到解释。这当然是人类智慧的胜利，但是其实从某种程度上说，也是人类的一种傲慢。

第二，时代在变。

我们的原则原理、方法措施面对的是当下，是在当下背景下研究发现、遵循使用的，但如果，时代变了呢?

手机的崛起导致相机的式微，多少年了，朋友从国外捎回来的相机被束之高阁，落满了寂寞的灰尘；一夜间，手机支付盛行全国，你又有多久没有打开过原来心爱的皮夹。

有关独生子女教育方法的研究还未成熟，我们已然迎来了三孩政策的落地开花。

时代永远在变，道亦要变。

第三，对象在变。

不同的群体有不同的情况，自然要具体情况具体分析。

同样是上火，中医就是要分出肝火上炎、胃火炽盛、心火旺盛等多种类型，须对症下药，才能药到病除。

教育孩子也要细心。男孩子和女孩子教育方式不一样；安全感不一样的孩子教育方式不一样；孩子进入青春期，我们教育的方式可能也不一样。

是的，道可道，非常道。

亘古不变的是对真理的追求，而变化才是永恒的真理。

名可名，非常名

多年前，听魏书生老师讲座，有一段话给我留下了深刻印象。

他说自己是获得荣誉比较多的老师，曾经多次和领导人合影，多次出席中南海、人民大会堂的会议，并且主席台上也坐过四五次，有几次正部长级干部还坐在自己后面。坐在主席台上，他就是优秀教师代表，有至高无上的荣誉。但自己不能老想着这个名分。

他说，去外地作报告赶时间，买了火车的站票，一会儿车晃一下，左边的人撞我，一会儿右边的人又踩我一脚，这时候，一定不能生气。不能老想着人民大会堂主席台上还有我的座位，怎么坐火车反倒连个座位都没有了呢？

去人民大会堂开会，魏老师是“优秀教师”，请他坐主席台是对他的尊重和认可；赶火车买了站票，他就是没有座位的普通乘客，挤在车厢里左晃右倒也是人间烟火。

人还是这个人，不同场合和情景，角色不一样，自我定位的名分也就不一样。

明白这个道理，我们就会平和很多。

我想，这也是《道德经》里“名可名，非常名”给我们的启示。

“名可名，非常名”，第一个“名”是名词，是指世间万物的称谓，是宇宙事物消长变化的道理，是名称。第二个“名”是动词，是命名，是说出来、说明的意思。第三个“名”和第一个“名”的意思一致。这句话的大概意思是，“世间万物，如果一定要命一个名，那就一定不是它的本质了”。

真的玄妙至极。

一

小时候看电影，特别想早一点知道哪个是好人，哪个是坏人。如果看完电影还不能够明确判断，那就是一件很懊恼的事情了，会让我郁郁寡欢。有时候，还会为心中认定的好人做了一件自己不认可的事情耿耿于怀，好多天都想不明白，他怎么可以这样呢？

其实，哪有什么界限清晰的判断标准，每个人都是复杂的个体，不同的场合和时间他的表现可能会不一样，何况我们也在变，不同年龄的我们判断标准也不一样呀。很多时候，我们无法为一个人写下“好人”或“坏人”的名片。渐渐地，我们的指向变得具体而不再概括，变得多样而不再唯一。

有人说，未来社会是一个充满不确定性、多元化的社会，深以为然。

就说班里的孩子吧。我们常常仅仅根据孩子们的文化课考试成绩，将他们分为优生和差生，而“差生”就成为某些孩子的标签。你一旦将他判定为“差生”，他的全部就成为“不优秀”的形体。

但有一天，你发现，田径场上的他风驰电掣一路领奔，他的倔强和张扬，让他成了赛场上的王；你也会发现，联欢会舞台上的她，舞姿轻灵，身轻似燕，如空中飞旋的天鹅，又像地面翩舞的孔雀，美得绚丽夺目；你更会发现，多年前被确定为差生的他创业成功，服务员工，造福社会……对此，我们又该如何评价呢？

所以，不要轻易地给孩子们贴上标签，也不要过早写下结论，一切皆有可能，所有的孩子未来都可期。

一旦我们给出笃定的判断，就有了执念，然后就有了束缚和限制，就丧失了诸多可能。

所以，你以为你以为的就是你以为的吗？

二

我读书的时候基本上一直在做班长，跟老师也就有很多接触的机会。

有一次，老师让我一个人在他的办公室里帮忙抄什么东西。当无意中转头的时候，我看到了一刀卷子——是我们第二天要测验的卷子。

那时候，卷子都需要老师铁笔刻写，手工油印，所以考试次数不多，考试内容也不多。看到卷子的时候，世界静得出奇，我的心狂跳不已。在“扑通扑通”的巨响中，我高度紧张地看完了卷子上的考题。

那次测验，我又一次获得了班级的最高分。老师在班里表扬我，同学们用羡慕的眼光看着我，最好的小伙伴像往常一样，在我的身后给了我一拳以示祝贺。

而我，却有了异样的感觉。

往常考到了班级最高分，获得了班级第一名，我是真开心，身体的每一个毛孔都好像浸润着喜悦。但这一次，我只觉得很沉重，整个身体朝一个巨大的黑洞飞速沉坠。

连着几个晚上，我都没有好好睡觉，我始终在想：获得了第一名，我为什么不开心？

现在想来，那是一个少年在人生路上第一次对自我价值的严肃思考，是对真诚与虚假的慎重考量，是对不择手段获得利益方式的艰难拒绝。

从那之后，我明白了，不是所有的“美名”，都能给我带来美好。

而有些美名，也从来没有美丽过。

三

佛家典籍《华严经》里言“不可说”，它是一个极限的概念，指向无穷尽。在我看来，既然不可以说，说不明白，那就不要拘泥于现在，不囿于已有的形名。

《孟子·尽心下》中的“尽信书，则不如无书”是儒家名言，我觉得，和释、道同为一道，都是教人不要执着于“名”。

东京奥运会，国人寄予厚望的中国女排小组未出线，令人扼腕叹息，中国女排甚至遭到了前所未有的批评。当得知中国女排无缘八强时，很多人的心情瞬间到了冰点，痛苦不堪。

为什么会这样？

是因为我们太看重中国女排的赫赫威名了。2013年，郎平二度执教中国女排，用8年的时间率领女排夺得包括世界杯和奥运会在内的多个冠军，重回巅峰。于是，在我们的心中，女排就应该拿冠军，中国女排就是冠军。

所以当女排失利，我们全然不顾女排队员在比赛中的奋不顾身、勇于拼搏，全然不顾女排队员漫长训练中的辛苦付出，全然不顾“更高更快更强更团结”的奥运精神。我们从未越过名分，关注本质，去欣赏比赛中的“运动之美”。

我们班一位家长朋友，在读过卡罗尔·德韦克的《终身成长》后，说：我明白了，对孩子的智力水平进行表扬，只会损害他们学习的动力和表现，只会打击他们的自信心和积极性。如果父母真想送孩子一份礼物，最好的就是教会他们热爱挑战，从错误中吸取教训，享受努力的过程，不断学习。只有这样，孩子们才不会成为赞扬的奴隶。

也就是说，如果表扬他聪明，他就认为不用努力就可以获得，更可怕的是，为了维护自己“聪明”的美名，他有可能会拒绝做难题做难事，有可能会学会找借口为自己开脱；如果表扬他获得的第一名，他会认为考不到第一就都是失败，从而没有信心没有积极性。所以，表扬孩子做事的过程比结果要重要得多。

看来，像成人一样，孩子也会沽名钓誉，孩子也会爱惜自己的羽毛呀。

有无相生

与朋友聊天，聊到很久之前教过的一个学生。

这个孩子当时学习成绩一般，各方面表现都不是很积极，如果有综合排名的话，在我的印象中，他应该排到后四分之一了。

但就是这个孩子，朋友说，现在可了不得，据说后来读了博士，现在开了一家培训公司，事业做得风生水起。

世事难料，不禁感慨万分。

在当时的人们看来，这个孩子没有表现出“优秀的迹象”，不可能有现在的成就。

然而，现在的情况证明，那时的我们都想错了。

《道德经》第一章中说：“无名，天地之始；有名，万物之母。故常无欲，以观其妙；常有欲，以观其徼。此两者，同出而异名，同谓之玄，玄之又玄，众妙之门。”

它的大概意思是：天地万物的原始是没有任何名相，是一片混沌；然而，当万物开始产生开始运行，就有了发展的规律。所以，我们要经常保持清净无欲的状态，来感知世间万物运行的奥妙；也要有自己的思考，从自己的角度来发现规律和道理。有和无都是世间存在的现象和法则，虽然名字不同，但都是符合道的，都是非常微妙的，是一切微妙的根源。

这一段话在讲有和无。在《道德经》中，“有”和“无”常常携手出镜。第二章中有“故有无相生，难易相成，长短相形，高下相倾，音声相和，前后相随”；第十一章中有“故有之以为利，无之以为用”；第四十章中有“天下万物生于有，有生于无”；等等。

有和无，是道家对世间万物运行之道的重要认识。我们经常说“事物存在两面性”，或“任何事物都是相对的”，我想都是受此影响。

一

“无”让我们永葆生活的激情，永葆探寻的渴望，永葆奋进的动力。万物开始之时都是混沌一片，都有无数发展的方向，都有无限发展的可能，呈现出多种不可预知的未来，这是一定的。

然而，什么才是万物开始的时刻呢？

时间是一个相对概念。我见到你之前，你已经存在一定时间了，但我见到你的第一时间，是我和你之间的刚刚开始；一件事情，你从开始就参与其中，你认为这件事情你掌握第一手资料，你根据你的信息和判断来行动，而我中途加入，我加入的时刻，这件事情对我来说也是刚开始的时刻，已经运行一段时间的各种信息对我来说也是崭新的第一手资料。

事件的任何时间节点都可以成为新的开始，新的开始都会有多种可能。

所以，请允许我们处事不惊，让我们在生命中的任何时刻都保持淡定，以积极的心态寻求圆满解决的最大可能。

二

“无”让我们静下心来，有效探寻万物的运行之道。

“故常无欲，以观其妙”要求我们，远离“世俗喧嚣”，与“利益”保持距离，摈弃个人得失，来观察世间万物的生发消亡、变化流转，来思悟人事的真谛，探寻物象的奥妙。

自己的孩子与同学发生矛盾，你可能会忽略孩子在事件中的错误点而无限放大其正确性，因为那是你的孩子，你对孩子的爱让你对一些不利因素视而不见。

孩子们课间在走廊上叽叽喳喳，领导走过时跟你讲秩序不好，你也就会认为讲话的孩子面目可憎。其实，你可能没有真正去思考孩子课间在走廊上嬉戏这件事本身的合理性，只是因为怕领导批评而盲从。

旁观者清，当局者迷。事不关己，关己则乱。

所以，静能生慧。能够以一种客观的视角、冷静的状态来观察思悟身边的人事，是一种智慧，更是一种境界。

三

“有”让我们尊重科学，追寻规律。

“有名，万物之母”，老子说，道是生养万物、推动万物运行的本源。“道”与“科学”的概念是一致的。

《现代汉语词典》对“科学”的解释是“反映自然、社会、思维等的客观规律的分科的知识体系”。科学是在人们社会实践的基础上产生和发展的，是实践经验的总结。

明白了这两个概念的一致，我们就要更加敬畏科学，用科学的理论来指导我们的实践，而不是随心所欲，用情绪解决问题。

例如孩子经常违纪，不自律，我们当然要有惩戒，要让孩子明白底线，但更要尊重科学。心理学研究表明“低自尊会带来低自律，带来不自律”，面对这样的孩子，我们就要和家长一起解决孩子的成就感和价值感问题。

依据科尔伯格“道德发展三水平六阶段理论”，孩子在初中阶段的道德判断标准由单方面服从变为以相互尊重为特征，并以是否公平来判断行为的好坏。因此，我们不能仅凭压制和命令教育孩子，而要追求公平，形成和谐的师生关系。

四

“有”让我们处处留心，做有心人。

“故常无欲，以观其妙，常有欲，以观其徼。”老子教导我们，很多时候要以清静无我的状态来体察世界的奥妙；但很多时候，也要有发现探寻规律的个人角度，有主动探寻的欲望和兴趣。

《红楼梦》中讲“世事洞明皆学问，人情练达即文章”，说的就是这个道理。

自习课，经常有课代表的任务布置让安静止步，喧闹迭起。一天，路过一个班级，见一小女孩在黑板上写某某某去办公室找王老师，遂悟，返回班级，宣布规定：自习课不允许口头通知，若必须有通知，均要在黑板上书写告知。

外出游览，看到景区入口处的铁栅栏通道，看到寺庙里香客的静谧无声，便联想到班级管理。努力探究实践，班级管理便会有很大进步。

五

文章开头那个“了不得的孩子”当年是不是有“优秀的潜质”？一定是有的，只不过当时的我们没有发现而已。

这个孩子的成功一定是有其道理的，只不过我们只去艳羡他的“功成名就”，而忽略了他走过的每一步。

当然，“有财富”“有地位”是我们的理解，我们只是在“有”的角度去猜想。

也许，他在这个过程中失去了什么，例如他是不是幸福？在“无”的方向，这个孩子一定有自己的主张。

所以，有和无是相对的，是可以转化的，是对立的也是统一的。

无不是无，是没有显示出来罢了。

有不是有，有了这部分就没有那部分。

而有了利就一定会有弊。

未发现叫无，发现了便称有。

每个人的理解也不一样，我发现的有，在你看来可能就是无；而你眼中的无价之宝，在我看来可能一文不值。

无为而治

那天开会，和董老师坐一起聊了两句，她说，刚刚结束的合唱比赛中，又发现了几个闪闪发光的孩子，他们虽然学习成绩不好，但在合唱比赛中表现优异，光彩照人，看来还是我们没有发现他们的亮点呀！

董老师是善于理解、鼓励孩子的老师，看来名不虚传。

学生成绩不好不代表其他方面也不好，但可悲的是，孩子常会因学习成绩不好而背上“差生”的恶名。

《道德经》第二章言：“天下皆知美之为美，斯恶已；皆知善之为善，斯不善已。故有无相生，难易相成，长短相形，高下相倾，音声相和，前后相随。是以圣人处无为之事，行不言之教；万物作焉而不辞，生而不有，为而不恃，功成而弗居。夫惟弗居，是以不去。”

一

“天下皆知美之为美，斯恶已；皆知善之为善，斯不善已。”

一般的解释认为：天下人都知道美之所以为美，是由于丑陋的存在；善之所以为善，是因为有恶的存在。

其实，世界有它自己的“道”，无所谓美丑，无所谓善恶。

四季轮回，昼夜交替，是自然规律。如果人为地喜欢春天的生机勃勃，自然就会厌恶冬天的冷寂无趣；如果一定要畏惧黑夜，那就会希望天地永为白昼。

我们遇到的人，胖的高的瘦的矮的，活泼的内向的，会让这个世界五彩缤纷丰富多彩。如果我们一定要喜欢某种类型，就会有爱憎产生，就会有烦恼产生。但“环肥燕瘦”，不同的时代不同的人又有不同的标准。

经常听同事讲一句话：如果不谈学习成绩，所有的孩子都是可爱的。

是的，每一个孩子都是独特的个体，都有自己的优点和擅长的领域，只要遵守社会公德和法律，都应该得到认可和鼓励。

但是，在“成绩好才是好孩子”的评价标准下，他们便被划分为“好学生”和“差学生”。

我更认同对老子这句话的另一种解释：如果天下人都认为一件事美得无与伦比，都认为一个人绝对正确，就是不美好的时刻，这件事和这个人都值得我们再思考和再认识。

老子在说什么呢?

我觉得老子在教我们认识世界——永远不要用固定的眼光看问题。

《淮南子》中有“塞翁失马”的故事，同样的一件事在不同的人看来有不同的意义和价值，这是因为人们评价的标准不一样，是因为很多人没有用发展的眼光看问题。

一个孩子学习成绩差，在纸笔测试中没有优势，但有可能他的动手操作能力很强；一个孩子考试分数不高，可能他的逻辑智能、内省智能欠缺，但他的语言智能、人际智能有可能优秀。成年后，他同样可以为社会做出巨大贡献，同样可以实现自我的价值，做最好的自己。

何况，他目前发展的情况不太好并不代表他始终会不好。

所以，作为教育工作者，要接纳、善待每一个孩子，特别是学习成绩落后、有明显缺陷的孩子。每一个孩子，都值得我们用心对待，都值得我们付出百分百努力。

老子这句话教我们谦虚谨慎，教我们勇于质疑，教我们善于反思。世界上从来就没有完美的事情，“没有绝对的真理”才是“绝对的真理”。

对于所有人都认为极好的事情，我们要思考来龙去脉，思考动机过程结论，要保持清醒，要有自己的判断。

对于别人对自己的称赞，要谦虚谨慎，要反思自己的问题，思考存在的不足，要“百尺竿头，更进一步”。

对于美与丑、善与恶，莫要沽名钓誉，莫要被名利蒙蔽双眼。要思考事物的本质，而不是迷恋事物带来的副产品。

教书育人，要着眼每一个孩子的发展和成长，而不是为了荣誉职称而努力；教育研究，要聚焦探究规律和方法，而不是为了发表获奖而努力。

二

“故有无相生，难易相成，长短相形，高下相倾，音声相和，前后相随。”

这句话的意思是：所以，有和无互相转化，难和易互相形成，长和短互相显现，高和下互相充实，音与声互相谐和，前和后互相接随。

这是老子思想中的精华部分，有极强的思辨性。

老子认为，世界万物和人类社会不停运动，万物相互依存，相互转化。老子的思想是符合马克思主义矛盾观的——任何事物以及事物之间都包含着矛盾性，事物矛盾双方既统一又斗争，推动事物的运动、变化和发展。

我经常这样跟学生讲，对于分数和名次，如果跟别人比，永远会有满足和不足。如果你比别人考得好，不一定证明你就是优秀的，因为别人可能是退步了；如果你比别人考得差，也不一定说明你不优秀，因为别人可能进步得太多。一个班级总有第一名和最后一名，但一个班级的学生也可能全部是优秀的，因为大家都很努力，都有进步。

所以，跟别人比是不可靠的，名次只不过是衡量指标中的一项而已。

最可靠的是跟自己比，有没有进步自己应该最清楚——学期制订的计划有没有执行，行动措施有没有坚持和落实，自己的缺点有没有改正，知识和技能的空白有没有补充……

另外，不要轻易否定自己——你学习成绩的暂时落后不代表永远落后，你学习成绩的下降不代表你不优秀。

在人类的智慧领域，东西方文化总是惊人的相似。

思考老子这段话时，我经常想到斯坦福大学心理学教授卡罗尔·德韦克博士在《终身成长》一书中提到的“成长型思维”。他同样教人放弃非好即坏、非弱即强的固定型思维。他说，决定你成长的第一步不是你是否努力，而是你是否相信努力。

所以，不要给自己贴标签，当然也不要给学生贴标签。贴标签是关注结果、在乎名利——得失心是做事情的大敌。而给学生贴上不好的标签，就会看不到他们的点滴变化，就会有憎恶心，就很难施加有效的影响，让学生发生正向改变。

老子从来就不相信有什么事情是一成不变的，我们也要如此。

三

“是以圣人处无为之事，行不言之教；万物作焉而不辞，生而不有，为而不恃，功成而弗居。夫惟弗居，是以不去。”

它的意思是：因此圣人用无为的观点对待世事，用不言的方式施行教化；万物兴起而不造作事端，生养万物而不据为己有，作育万物而不自恃己能，功业成就而不自我夸耀。正由于不居功，就无谓失去。

理解这段话的重点是“无为”。

不少人认为道家的“无为而治”是“清虚无为”，是没有任何欲望想法，不主动施加任何影响，不干预，顺其自然。

而我觉得一定不是这样。老子非常喜欢自然状态，善讲自然规律。而大自然可不是无所作为，你看日月同辉，光照大地，有亮度有温度。太阳提供光和热，万物生长靠太阳。

可见，“无为”不是“什么也不做”。在我看来，“无为”有三层意思。

首先，“无为”是“不妄为”。

哲学中有“主观必须符合客观”的说法，一切从实际出发，客观存在的事实决定我们的思想和行动。

天地开创万物，万物皆有本性；事物起承转合，万事皆有定律。做事情要按照事物本性，符合事物的规律才行。

教育教学也是这样，不同年龄阶段的孩子有其独特的身心特点，孩子的成长自有其客观规律，教育教学活动自应建立在科学规律之上。

可见，功利主义的拍脑袋决策、命令式口号、炫耀性展示都不是真正的教育。

“不妄为”要求我们积极“有为”，要求我们认认真真学习教育教学理论，踏踏实实进行教育教学研究，勤勤恳恳开展教育教学实践。

其次，“无为”是“不为己”。

“功成而弗居。夫惟弗居，是以不去”意思是，做好了事情不认为是自己的功劳，从来不会居功自傲。因为不居功自傲，默默为大家做事情，反而他的功劳永远存在，人们会永远记着他。

我觉得老子不仅仅是教人“淡泊名利”，而且揭示了“成事”的原因。

如果做事情是为了名利，是为了回报，就会有很多与事情无关的算计——会揣测领导的意图，会利用规则的漏洞，会追求形式化表面化，会计算自己利益的最大化。

如果这样，对于事物本身则没有精力投入，不尊重本质规律，怎么把事情做好？

可见，“不为己”才是“真有为”的前提。

最后，“无为”强调“等待而为”。

“无为”是“不妄为”，就是要符合事物发展的规律。而很多情况下，事物“欲速则不达”，要求我们“学会等待”。

孩子的成长、孩子的改变往往需要一个过程。孩子有问题，我们分析原因，找到对策，有效施加影响。孩子有向好的转变，但很有可能会出现反复，这是客观规律。

所以，在教育教学中，我们要有耐心，积极施加影响，静观其变。

每个孩子都是一朵花，花期不同而已，我们需要做的是根据其生长规律悉心耕耘、精心呵护，在默默守护中静待花开。

我小学时期的“好人好事本”

上小学时，我经常眼巴巴地望向教室讲台旁边挂着的那个本子，深棕色有点皱皱的封皮上写着——“好人好事本”。

老师有时会表扬小中帮张大爷把牛从玉米田里赶出来，会表扬小见帮王奶奶背粮食，但“好人好事本”记录最多的还是“我在马路边捡到一分钱”等拾金不昧的光荣事迹。

看到小伙伴的名字一个个登上了“好人好事本”，听到老师一次次表扬他们后同学们的掌声，我很着急。以至于很多时候，我都渴望有牛冲到田里啃玉米，渴望遇到背不动粮食的大爷和大妈，但总是不能如愿。

我也曾在上学、放学路上紧盯路面，希望奇迹出现——有那么一角两角钱躺在路边，但总是运气欠佳。

所以，小学期间，我的名字好像一次也没有出现在那个本子上，我很郁闷。

后来长大了，几个小伙伴在一起聊天：那时候真傻，为了让老师表扬做好人好事，硬是从家里偷出来一角两角钱上交，说是自己捡的。

我发现，我笑得很开心，甚至有点幸灾乐祸。

《道德经》第三章：“不尚贤，使民不争；不贵难得之货，使民不为盗；不见可欲，使民不乱。是以圣人之治也，虚其心，实其腹，弱其志，强其骨，恒使民无知、无欲也。使夫知不敢、弗为而已，则无不治矣。”

一

“不尚贤，使民不争；不贵难得之货，使民不为盗；不见可欲，使民不乱。”

这句话的大概意思是：不推崇有才德的人，让老百姓不互相争夺名声；不珍爱难得的财物，让老百姓不去偷窃；不显耀足以引起贪心的事物，使民心不被迷乱。

为什么不推崇有才德的人呢？不是应该树立榜样示范带动吗？

《道德经》中有很多异于常论的观点，不同的人也有不同的解释，我认为这正是它的妙处。仁者见仁，智者见智，只要对自己有所启悟和帮助，为什么要追求统一答案呢？

联系老子的其他观点来看，老子始终认为“有无相生，难易相成”，任何事情都是运动的、相对的。

何为“贤”？不同的人有不同的标准，而世间万物也各有其妙处。若极力推崇一物一种，则会否定其他众生。若指向错误，便会累及无辜。

如果老师每天都表扬班级少数几个同学，眼里只有这几个同学，时间长了，其他孩子就会感觉被冷落，会生逆反之心，会自我放弃。且师生关系不和谐，学生会认为老师偏心、不公平，教育效能便会降低。

如果老师觉得“分数和名次”最重要，总是喜欢学习成绩好的孩子，那些分数暂时落后的孩子便没有价值感，得不到认可和鼓励，分数会越来越差。

而一个班级，总有第一名和最后一名，分数最后一名的孩子也并非无可取之处。

老子这句话，还让我想到教育学中的“向师性”。

一般来讲，孩子都有“向师性”。“向师性”是指孩子都有模仿、接近、趋向于老师的自然倾向，“向师性”是学生的本质属性。

正因为孩子有“向师性”，所以在教育面前，我们应有敬畏之心，对于自己的一言一行，要格外注意。

教育教学中，要始终把孩子人格的发展作为“难得之货”，不是不要成绩，不是不要竞争，不是不要评比，但成绩、竞争和评比，只是手段和过程，是促进孩子人格发展、健康成长的形式而已，要确信，内容为王。

否则，炫耀“名分”，看重“成绩”，强调“赢”，可能会导致孩子“高分低能”“重智轻德”，会教会孩子“不择手段”，会让部分孩子觉得一无是处，焦虑重、压力大而出现严重的心理问题。

二

“是以圣人之治也，虚其心，实其腹，弱其志，强其骨，恒使民无知、无欲也。使夫知不敢、弗为而已，则无不治矣。”

这段话的大概意思是：所以圣人的治理原则是，排空百姓的心机，填饱百姓的肚腹，减弱百姓的竞争意图，增强百姓的筋骨体魄，经常使老百姓没有智巧，没有杂念。致使那些取巧的人不敢妄为造事，按照“无为”的原则去做，天下不会不太平。

正如认为老子“无为而治”就是“顺其自然什么也不做”一样，有人认为“使民无知无欲”就是“让老百姓愚蠢到什么也不知道、什么也不想的地步”，对于这样的解释，我是断不能同意的。

我认为，老子所说的“无知无欲”指的是“没有获取虚名的技巧，没有满足私欲的手段”。对于老子眼中的“知欲”，我称之为“小聪明”，因为“小聪明”是利己废公，是满足自己的私欲，是“精致利己主义者”的手段。

理解这一点能帮助我们看清名利的本质，这对理解老子思想很有帮助，进而能让我们明白老子智慧在现实世界中的价值和意义。

老子是非常反对“小聪明”的，《道德经》第十八章中说“智慧出，有大伪”，第六十五章中有“民之难治，以其智多”之说。

理解这段话要联系前一段。“心”“志”在这里指“名利之心”“私心杂念”“过多的欲望”。为什么要“虚其心”“弱其志”呢？因为有“贤”，有“难得之货”，有“可欲”。

为了获得“卫生先进班集体”流动红旗，有学生告诉我经验，在学校领导检查之前迅速整理教室，把来不及清理出去的垃圾扫到教室后边书包柜的下边，领导一看教室整洁如新，就会表扬，老师也意满自得。

然而，“流动红旗”常得，美名常有，孩子们的劳动习惯和素养呢？

何为“腹”“骨”？我认为是“根本”是“实质”。“实其腹”“强其骨”是指“有实实在在的获得感”，是指“做应该做的事情”，是指“摈弃浮华，务其根本”。

要善于让孩子们认清事物的本质、活动的目的，不为名利做事情，不为讨好别人做事情。让孩子们有清晰的目标，静下心来，认认真真学习，踏踏实实做事情，不要每天三心二意，朝秦暮楚。让孩子们少说多做，做“行动的巨人”；莫要好高骛远，夸夸其谈。

我曾经给学生推荐马克思中学毕业时写下的一段话，希望能够扶正祛邪，希望他们志虑忠纯，理想远大：“如果我们选择了最能为人类幸福而劳动的职业，那么，重担就不能把我们压倒，因为这是为人类而献身。那时，我们所感到的就不是可怜的、有限的、自私的乐趣，我们的幸福将属于千百万人。我们的事业是默默的，但她将永恒地存在，并发挥作用。面对我们的骨灰，高尚的人们将洒下热泪。”

我在教室里设置了“辩论栏”，培养学生的批判精神和质疑品质，告诉他们要有自己的判断和思考。

我在教室里悬挂“慎独”的条幅，将“慎独”作为班级文化的重要概念。“慎独”，语出《中庸》：“莫见乎隐，莫显乎微，故君子慎其独也。”希望学生思考自身存在的价值，思考自己是怎样一个人，希望学生认识到评判自我的标准来自于自己，而不是他人。

当然，希望学生是这样，我们更是要这样。在充满诱惑的现实世界里，守住我们的初心；在内卷满眼、卷王何求的思考中，坚持自己的清流。

的确，人在江湖，身不由己。

但，人在江湖，心须由己。

令狐冲的“冲”与任盈盈的“盈”

那些年，读金庸的小说，一面为江湖恩怨中的侠客豪情而赞叹，一面为神仙眷侣的侠骨柔情而迷醉。

郭靖和黄蓉，一个朴拙若木，一个粲然如花。郭靖相貌平平笨嘴拙舌憨厚忠诚，黄蓉娇艳可人伶牙俐齿冰雪聪明，两人相得益彰相映成趣。

后来又读到令狐冲、任盈盈，那种两者既相对相立又相和相谐的感觉更强烈了。便明白金大侠是道中妙手。

令狐冲的“冲”与任盈盈的“盈”，便是老子哲学思想中的一种重要关系。

《道德经》第四章：“道冲，而用之又弗盈也。渊兮，似万物之宗。挫其锐，解其纷，和其光，同其尘。湛兮，似或存，吾不知其谁之子，象帝之先。”

这是我在读《道德经》时感到比较困难的一章，查阅资料，有多种版本和理解。它的大致意思是：大“道”空虚无形，但它的作用又是无穷无尽。深远啊，它好像万物的祖宗。消磨它的锋锐，消除它的纷扰，调和它的光辉，混同于尘土。精湛啊，又好像实际存在。我不知道它是谁的后代，似乎是天帝的祖先。

道家认为：道乃万物之宗，世间凡物，无不生其中；而世间之道，亦无穷尽。

本文感悟的重点，在以下两个方面。

一

其一为“冲与盈”。

对于“冲”，我同意“通‘盅’，器物虚空，比喻空虚”的解释，因为只有这样，才能够与“盈”相对。大“道”看起来是空虚无形的，并且无论时光荏苒，始空如一。正因“无”才能“有”，故“无中生有”。

但“道冲，而用之又弗盈也”与“无名，天地之始；有名，万物之母”强调的重点不一样。后者强调的是一种静态的“有无”，揭示两者的关系。阴阳乃世间之道，任何事物都有利弊。

接一个基础较好的班级，管理起来会轻松一些，但有可能会放松警惕麻痹大意，接下来往往会出现退步，因为“有”，所以就可能会失去，成为“无”；而接一个基础不好的班级，刚开始可能会有些伤心失望，但物极必反，接下来往往是令人意想不到的喜悦和多方面的进步，正因为“无”，才自然形成“有”。

而“道冲，而用之又弗盈也”强调的是一种动态的“有无”，告诉人们要善于清空自己，有归零意识，在人生的每一个阶段均可以有新的开始。“道冲”，意思是“大道空虚无形”，就像一个永远中空的器皿，“而用之又弗盈也”，“盈”，本义是盛满、充满，“弗盈”就是不充满。中空的器皿，才可以盛物。盛满了，就停止，不能再盛。

而“道”不是这样，它虽然生万物，但永远显示中空的状态，永远可以运转，可以永生。这是教我们保持谦虚的姿态，教我们以初心面对当下。

刚参加工作的前几年，因为年轻，跟孩子们没有代沟，交流自然顺畅，师生关系自然和谐。因为跟学生关系好，所以感觉教学也不费什么劲儿，不管说什么怎样说，孩子们都会听，于是觉得悟到了教育真谛，以为教育就是如此简单，便飘飘然。

后来，有缘听到余映潮、王荣生老师的学术报告，读到他们的研究成果，才觉得自己乃井底之蛙，便又思考语文教育教学的新方向。

那时，我彻底否定了前期的自己，但又走上了“唯技术流”的教学之路。当时的我认为，“教什么与怎样教”完全决定教学质量，于是开始迷恋“教育教学技术”。拿到一篇名家教案，便欣喜若狂，以为课堂从此变坦途；读懂几个陌生又华丽的术语，便觉功力大涨，自认为有妙招就是高手。

但因为“研究”，无暇亲近学生；因为迷恋理论，无暇反思实践。

直到后来才明白，不关注学生的思想思维，不关注学生的课堂表现作业表现，不与学生谈心聊天，走不进学生的心，一切都是纸上谈兵。

做班主任，研究“班级常规工作考核小组竞赛”，有一段时间，我喜欢让每个小组的女生做小组长，因为女生往往认真负责，并且在教育男孩子做绅士的过程中，小组的整体表现会越来越好。

因为两个学期的实践呈现出较好的效果，我便认为找到了最好的方法，可以凭此一劳永逸。但后来接到一个新班级再用此法，问题层出不穷，我才意识到原来的方法有问题。

所以，现在的我，对教育教学多了敬畏之心。

从来就没有放之四海而皆准的真理，从来也没有一劳永逸的教育教学方法。

以往的研究，只是形成了新的局面。

而新的局面，还需要我们排空自己，再次出发。

二

其二，“挫其锐，解其纷，和其光，同其尘”。

“挫其锐”，就是老子的“不争”，摈除功利之心，没有“锐气”，不觉得自己有什么了不起。

“解其纷”，就是老子的“清静无为”，消除内心世界的纷扰，变得纯净，有赤子之心。

“和其光，同其尘”，这一句更重要。“和”“同”是老子思想的重要部分。他教我们学会与世界和解，接纳自己，接纳别人。

老子始终认为，道是朴素的，是自然产生的。

《道德经》第四十一章有“大方无隅，大器晚成，大音希声，大象无形”的说法，在老子看来，道的境界，是进入自然朴素而没有任何人为痕迹的本真境界。

这让我想起他与孔子的对话。

《史记》中有这样的记载："孔子适周，将问礼于老子，老子曰：'子所言者，其人与骨皆已朽矣，独其言在耳。且君子得其时则驾，不得其时则蓬累而行。吾闻之，良贾深藏若虚，君子盛德，容貌若愚。去子之骄气与多欲、态色与淫志，是皆无益于子之身。吾所以告之，若是而已。'"

孔子到周，请教老子，老子说："你所说的礼，倡导它的人骨头都已经腐烂了，只有他的言论还在。况且君子时运来了就驾着车出去做官，生不逢时，就像蓬草一样随风飘转。我听说，善于经商的人把货物隐藏起来，好像什么东西也没有；君子具有高尚的品德，他的容貌好像很愚钝。抛弃您的骄气和过多的欲望，抛弃您做作的情态神色和过大的志向，这些对于您自身都是没有好处的。我能告诉您的，就这些罢了。"

看来，老子很不客气，在教训孔子，在教他低调做人。

那么，为什么要"和其光，同其尘"，为什么要低到尘埃里？

我觉得，这是做事情应有的态度和方法。

不与孩子们聊天谈心，怎么知道孩子们有什么问题？

不把方法和理论用到实践中，怎么知道这些方法和理论是不是远离实际坐而论道、纸上谈兵？即使有了好的理论和方法，不去说平易的话，大家又怎么能懂，怎么能运用和推广？

现在，有些教研培训，大家为什么不愿参加？有些理论文章，大家为什么不愿去学习？

除了事务繁忙心太累，除了次数过多审美疲劳外，恐怕是觉得培训太假，理论文章华而不实。如果能让自己的工作变得轻松高效，能让自己心神愉悦、幸福感提升，谁不愿参加培训、学习理论呢？

只是太多的培训在走过场，太多的论者有自己的功利私心，太多的教研培训、太多的理论文章与一线脱节，不接地气。

雾里看花，水中望月，看起来很美。很美，而已。

为人当学上善水

最近读到游宇明先生的一篇文章《没有学者，只有学术活动家》，他说："这些年，我们的科研投入在全世界的排名节节上升，科研绩效却不明显，就是由于长于交际的学术活动家太多，认真做科学研究的学者太少。"

是的，长于交际的学术活动家频频现身喧嚣的舞台，追求的是"聚光灯"和"活动红利"，而真正的科学研究需要学者寂寂埋头隅地，苦心探索，远离名利。

老子《道德经》第八章有："上善若水。水善利万物而有静，处众人之所恶，故几于道。居善地，心善渊，与善仁，言善信，政善治，事善能，动善时。夫唯不争，故无尤。"

一

"水"是中华文化非常重要的一个意象，被赋予深厚而多元的意义。"上善若水"，恐怕是我们传统文化中最为大家熟知的名言之一。

在老子眼中，"水善利万物而有静，处众人之所恶，故几于道"。水善利万物，滋养万物；水低调安静，不争不抢，专心做自己的事；"水往低处流"，她心甘情愿到达并居于人们讨厌嫌弃的处所。所以说，水的品性接近"道"，是人生最好的修为。

90岁的浙大退休教师王坤森，自2012年起拾荒攒钱，资助多个孩子圆梦大学。他持续输出自己的光热，默默将能量和美好赠予世界。浙大教师与深夜拾荒人形成的反差，是王老师心怀大爱、平凡至伟最好的注脚，也是上善若水在世俗中的绝佳例证。

身边很多伙伴，坚守岗位，平凡普通，虽少名乏利，但始终以学生为本，以孩子的成长为追求，把自己的时间奉献给孩子，把自己的精力奋力播撒到日常“备讲批辅”的责任中。

他们像水，善利万物，又不喧嚣不浮躁，低到尘埃里去；而不像游先生文中的“学术活动家”，制造着喧嚣，疯狂地推销自己，精致利己，卖力演戏。

有些人“折腾”自己，是为了成就有良知的学术；而有些人折腾学术，是为了成就获名利的自己。

二

“居善地”，从这句开始的七个“善”，逐条阐释水性，实际上在说人的修为。

“居善地”最难理解。很多版本解释为“善于选择去的地方”，我觉得不是这样。从老子一贯的“道法自然”来看，“居善地”指的是处在最适合的地方。那什么地方适合呢?

“什么地方都适合”，无所谓好，无所谓不好，该到什么地方就到什么地方，不讲条件，不讲环境，到哪里都能奉献和有为；“到最低的地方去”，当然，水总是向低处流，就是要把自己的位置放低。

“海纳百川，有容乃大”，以谦卑的姿态做人，要想到比自己优秀的人很多，要想到人与自然比起来的渺小，心存敬畏。

三

“心善渊”，“渊”为深水，渊深则清明。这让我想到了“静水深流”。越是有丰厚的积淀，越是看起来波澜不惊；越是洞察世事，越是举重若轻。

水性虚空。此“虚”非“虚伪”，此“虚”乃“虚心”，始终保有虚空的状态，才可有新知新得进来；“空”则“少欲”，学会放下，放下则“静”，“静”则专心，“静”则生“慧”。

中国传统文化讲究“内敛”。

我上小学时，老师批评部分同学，说他们“一瓶不响，半瓶晃荡”。彼时的我偷偷查过成语词典，解释为：瓶中装满水晃不响，装半瓶水时一晃就响。比喻充实的人谦虚寡言，而浅薄的人偏偏爱显示夸耀自己。

小学老师当时厌嫌的眼神，我至今印象深刻，也会终生铭记。

四

“与善仁”，“与”是“施与”，水润泽万物，与日、月相同，带给人间万利但从不求回报。

这是仁慈，是善良。

有一次，跟民间爱心人士一起捐助家庭困难的学生，我当时跟负责人提意见：我们能不能不让孩子和我们合影？能不能不发朋友圈？

那位负责人想了一下说：我们发个朋友圈可以让更多的爱心人士参加捐助活动。

我没有说话，只是在心里想：难道没有更好的方法吗？一定要孩子出镜吗？

带班十多年，我始终坚持把“让人们因我的存在而感到幸福”作为班级文化的核心价值观，也始终把哈维尔的话推荐给孩子们：我们坚持一件事情，并不是因为这样做了会有效果，而是坚信，这样做是对的。

五

“言善信”，好理解。

水不会骗人，你在水中的影子就是你的样子。你的面容身形，是美是丑，是胖是瘦，水都会如实告诉你，这就是信。

未来杭州时，只是听说钱塘江“八月十八潮，壮观天下无”；来到这里才知道，不是只有八月十八才有潮，而是一天两潮，雷打不动。

才知道，《水浒传》中“潮信”的“信”便是“诚信”的“信”。于是就想，倘若鲁智深知道钱塘江一天两潮，可能就不会误认为是擂响的战鼓，可能就不会圆寂——这当然是不可能的。

做人当然要讲诚信，“靠谱”是最高境界。

老家村里的三哥好酒，酒量不大，一喝就高，一沾酒就吹牛。三哥说，我就是这人，喝酒前还知道“我是郑州的”，可一喝酒就变成“郑州是我的”了。大家笑他。他又说，我不行，我比不上恁二哥，恁二哥不喝酒就成天嚷嚷“郑州是他的”。

六

“政善治，事善能”，我觉得可以放到一起来说。

“政”是管理的意思，“能”是能力、才干，“政善治，事善能”的意思是“擅长管理自己分内的事，有处理事情的本领”。就像水一样，能洗涤、灌溉、载舟，甚至发电，有它独特的功能和用处。

我的理解是，世间万物，各有其用，每人擅长的不一样，但每个人都可以发挥自己的特长，努力为社会做出自己的贡献。

我们不能站在“道德制高点”要求所有人都把自己的工作当成事业来做，但我们至少要有职业精神。有职业精神，就需要学习和钻研，就需要成为专业工作者。

就像教育工作者，我们至少要学习和研究孩子成长的规律和学科教学的规律，可能我们做不到“政善治，事善能”，但至少要成为“政能治，事有能”的“专业人士”。

当然，每个老师的特点不一样，我们也不必追求一致。我认为，每个老师的不同正是孩子们需要的不同教育资源。我坚信，差异性的存在反而让孩子们获得更多。

七

“动善时”，“时”是“时势”的意思，水的动静缓急，都能够顺应时势，与自然完美结合。你看，险峻地湍急，平坦处缓静，夏雨霖，冬冰雪。

一个人呢？不循规蹈矩，不因循守旧，当顺其自然，具体情况具体分析。

例如，对于七年级孩子，他们心性尚稚嫩，拿到一根棒棒糖便高兴万分，因此可用小奖品激励孩子，正面引导养成好习惯；孩子慢慢长大，进入青春期，便要更加重视和谐的师生关系，尊重孩子，用真挚的情感来引导孩子成长；倘若发现孩子在班级里有榜样同学和好朋友，有时候，不妨让他的好朋友替我们去沟通和交流。

八

“夫唯不争，故无尤”，我觉得，这是最容易引起误解的一句。

很多人都认为老子“清静无为”，“无为”是什么也不做，“不争”是“躺平”，不负责任，任其发展。

其实不是的，老子是以无为求有为，是少折腾、不折腾，是遵循规律办事。

这个句子中的“不争”，不是“不关注事情的结果”，不是“不做事便不会错”。

老子说的“不争”，是不为自己“争”，不争私利，不存私心。

心底无私天地宽，自然就光明磊落、心胸坦荡了；本来就没有想着“立功”“成名”，自然就“无尤”了。

我想，如果有一天，李白遇到了老子。

李白可能会说，“事了拂衣去，深藏身与名”。

老子呢，可能只是笑而不语，云淡风轻。

头悬梁，锥刺股，不如喝奶糊

有什么方法能让一个孩子的意志变得顽强？

我和很多人一样，认为榜样示范、精神鼓励、挫折磨炼都是好方法。我也会跟孩子们讲“头悬梁、锥刺股”的故事，我也会要求孩子们写下贝多芬的那句名言“我要扼住命运的咽喉，它决不能让我屈服”，我也会在需要意志力的时刻和孩子们一起举起拳头喊：“加油加油！”我从来都认为，意志顽强属于精神范畴的内容。

直到有一天，我读到了一本书——罗伊·鲍迈斯特的《意志力》。

这是一本通过实验来解读意志力，在实验结论的基础上给人提出建议的心理学读物。罗伊·鲍迈斯特是美国杰出的社会心理学家，他以实证主义的态度，以科学的方式有理有据地给出了许多实用性观点。其中格外让我感到震撼的是“没有葡萄糖就没有意志力”。

他认为：自控力资源与血糖水平密不可分。他的研究团队在一次实验中看到，当志愿者们在完成一些耗费精力的任务后（比如数学题、拼字游戏、压抑自己的情绪等）服用了一些含糖的奶糊，他们在后续任务中的表现会好于那些没有喝奶糊的参与者。需要注意的是，这些奶制品并不好喝，甚至有些恶心，它们并不会让人产生“吃了点好的，接下来应该努力”的心理效应。难喝的奶糊之所以能提升人的自控力，是因为它们为消耗了卡路里的身体补充了葡萄糖。他所做的大量实验都说明了这一点。当人的糖耐受能力受损时，他们更难将食物中的葡萄糖转化为能量，进而更有可能失去自我控制。

同样的结论，我在大卫·苏泽的《教育与脑神经科学》中也读到过。“脑细胞把氧与葡萄糖作为燃料消耗，脑中处理的事务越艰难，燃料就消耗得越多。因此，要使脑发挥出最佳功能，就必须拥有足以致用的这些物质。血液中缺糖少氧会使人无精打采，昏昏欲睡。适当吃一些含葡萄糖的食物可以大幅提升操作记忆、注意、运动机能的效能与精确性，以及改善长期认知记忆。”

读到这些结论，我们就理解了孩子们对于拖堂的痛恨（特别是吃饭前的那节课）。因为意志力也是消耗品，他们一节课已经在努力使用意志力了，下课铃响的时候，是他们自控力最弱的时候了，而我们还要强调让他们集中注意力再听下去，那个时候，他们会觉得烦人的事情更加烦人，于是更控制不住自己的厌恶了。

很多时候，我们要关注一下孩子是不是倦了累了饿了，是不是身体不舒服，而不是一味地鼓励加油、打鸡血、举拳头，一味地认为孩子不够努力、没有意志力。

在刚刚结束的运动会上，我们给即将参加比赛的运动员喝功能饮料补充能量。其实，学习工作到一定时候也需要补充能量，高损耗背景下的意志力缺失与精神关系不太大。

应该这样说，这些确切的实证研究逐渐改变了我的教育观和阅读方向。

很多时候，我们的教育特别是德育中，有太多命令式的道德说教，注重精神的力量而忽视生理现象。我们总是喜欢灌输心灵鸡汤而不去尝试科学理性的行动措施。

诺贝尔奖获得者丁肇中先生在《应有格物致知精神》中举的王阳明的例子已经说得很清楚了。他说，儒家的传统看法认为天下有不变的真理，而真理是“圣人”从内心领悟的。圣人知道真理以后，就传给一般人。所以经书上的道理是可“推之于四海，传之于万世”的。

所以我们传统的教育重说教，重要求，重告知，不太重视科学规律，不太重视实验研究。

我越来越喜欢有实证研究的社会学、心理学、脑科学著作。我觉得，有科学理论支撑的教育行为才有可能有效。

可能每个学校的语文老师和英语老师都有早读安排。对于早读课，原来我也是很早赶到学校，看着孩子一起早读。三年前，当接到欧丹老师教过的班级时，我才有机会思考早读课的开启模式。

那天，我像往常一样很早来到学校，急匆匆往教室赶，想督促孩子们早读。但当我走到教室的时候，我发现语文课代表在教室里不停地走来走去督促，而孩子们已经开始读背了。我很惊奇，问语文课代表，她说，欧老师每天都会告诉我任务，让我督促大家一进教室就开始早读。

急匆匆赶到教室的我反倒没什么事了，我就那样坐在讲台上静静地看着他们早读。当时我想，欧老师太聪明了！多么有智慧的老师啊！

然后，我开始思考如何开启每天的早读课。当时的我完全凭借经验，想把这件事情做得更好。后来，我的早读课有了比较固定的模式。

我会设置两名语文课代表负责早读课。课代表到校后先带着大家大声齐读，早读铃声响起我到教室后，她再布置任务让大家各自背读。在我未到教室之前，课代表负责巡视教室，将不认真早读同学的名字写在黑板上（不提醒不批评）。

现在，这个模式已经经历了两届学生，依然在实施，且非常有效。

在思考实践早读课开启模式期间，我刚好读到了詹姆斯·克利尔的《掌控习惯》。我发现，我的做法大多符合他发现的规律，我也始终在用詹姆斯的结论修正我的行为。

詹姆斯·克利尔认为，要培养一个好习惯有四大定律：第一定律（提示）——让它显而易见；第二定律（渴求）——让它有吸引力；第三定律（反应）——让它简便易行；第四定律（奖励）——让它令人愉悦。

第一，当孩子走进教室，他会看到课代表已经带着早到的孩子在齐读了，他需要做什么事是显而易见的。他不会忘记和迷茫。

第二，詹姆斯认为，人类倾向于模仿，并且最容易模仿三个社会群体的习惯：亲近的人（家人和朋友）、所在群体（我们所归属的部落）和有权势的人（有地位和威望的）。所以走进教室的同学看到自己所属的部落（班级）在读书，并且有权势的人（课代表）也在早读，他很容易也愿意去模仿这种行为（大声读）。詹姆斯还说，部落的正常行为往往压倒个人期望的行为。很多时候，我们宁愿跟众人一起犯错，也不愿特立独行坚持真理。如果一个行为能为我们赢得认可、尊重和赞扬，我们就会认为它很有吸引力。我认为，齐读是团体行为，并且跟着大家一起读会受到同学和老师的认可、尊重和赞扬，所以，它是具有吸引力的行为。

第三，我为什么一直强调刚开始的时候一定是齐读，而不是各自背读？因为齐读是一件容易的事情，各自背读相对于齐读来说是困难的，在没有外力推动的情况下不容易持续。如果老师不在场，课代表布置任务让大家各自背读，就会有很多同学不能进入状态从而发生违纪现象。让大家齐读，符合第三定律“简便易行”。老师到了之后再让各自背读就不容易出现违纪情况。

第四，詹姆斯说，如果你不能让希望坚持的行为令人愉悦，你就让不良习惯附加上令人痛苦或不愉快的感受。所以，在课代表带领大家齐读的过程中，如果有同学违反纪律，就让课代表把他的名字写在黑板上。老师到教室之后一定要批评教育违纪的同学，让他感觉不舒服，时间长了，违纪的同学就会减少。至于为什么只让课代表记下名字而不去提醒和管理，那是因为如果课代表去提醒和批评违纪同学，早读的整体秩序就会被破坏。

当然，这样的早读启动模式也存在一定问题，还需要我继续改进。但实践过程中的理论学习的确给了我很大帮助。

一个好的教育行为之所以有效，是因为它符合孩子的身心发展规律，符合科学规律。科学规律在教育活动中应扮演重要角色，应成为我们学习的主要内容。

在继承和发扬中华优秀传统文化教育的同时，也应多学习世界先进教育理论和成果，只有这样，我们的教育才会发展得更好。

很多时候，孩子因为消耗太大，注意力不集中、坚持不下去，我们与其苦口婆心给孩子讲“头悬梁，锥刺股”，还真不如让孩子喝点含糖的奶糊。

心理暗示下的“超我”，如何成就优秀的“自我”

读德国弗莱堡大学神经生物学教授尤阿希姆·鲍尔的《棉花糖的诱惑——我们为何失控，又如何自控》一书，颇有收获。我发现，我越来越喜欢关于脑科学、神经科学的实证研究了，因为它在为心理学、教育学提供科学依据，提供严密的推理论证。它让我们不但“知其然”，而且“知其所以然”。

鲍尔教授提到的前额叶皮质，通常被称为大脑的命令和控制中心，是人类进行决策和自控的器官。最关键的，这不是猜想和虚构，而是可以通过解剖学进行实证的。

鲍尔说：“由于我们的大脑会将沟通内容转化为生物功能，因此语言能够如药剂般影响同样的生物受体，这一点早已毫无争议地获得科学证实。”

在一项实验里，医生给患者进行完智齿手术后，给患者开了一些安慰剂，却对患者谎称所开的是止疼药。实验结果显示，医生的话所发挥的止痛效果，足以媲美6～8毫克的吗啡。鲍尔提供的实验案例举不胜举。

我欣喜地发现，这为心理暗示提供了有力的科学支撑，这也应该成为皮格马利翁效应的科学依据。

许衡中学

河南省焦作市许衡中学是我原来就职的学校，她是全国初中教育改革和创新示范学校，被评为“河南省最具变革价值的榜样学校”，被教育部原总督学、国家教育委员会原副主任柳斌先生称为“全国素质教育最好的学校之一”。

在学校校园最醒目的位置，写着这样一段话：

一个预言家预测：在不远的将来，许衡中学将会出一个世界领袖及一批影响中国的人。

一个世界领袖不仅要有丰富的知识，还要有丰富的阅历与经验；不仅要有极强的独立思考的能力，还要能广泛地听取他人的意见；不仅要有领导众人的能力，还要有与他人进行团队合作的能力；他应该对历史有着深刻的认识与理解，也应该对未来充满乐观向上的精神；他应该对生活充满热情，对生命有着极高的尊重；他应该有着创造性的思维，有着先进的思想；他应该有着自己做人处世的原则，应该对自己有着严格的要求；最后，他的心中也应该充满仁爱与感恩。

这个人就是你，努力吧！

这段话体现了许衡中学的办学视野和管理智慧。学校创办者张璧宏校长荣休后，接棒的冯志杰校长依然在为这段话持之以恒地努力。

这是一所学校对学子的心理暗示和鼓舞激励，孩子们每天看到这段话都会暗自对号入座，从而有积极向上的动力。就像一个有神奇磁力的大磁场，影响着其中的每一个人。坚持下去，他们怎么会不优秀？

同事女儿

同事家的女儿在我们学校上学。小姑娘明眸皓齿，活泼开朗，有一个高且宽的额头。

一次在餐厅吃饭，同事带着她正好和我坐到了一起，看着这个孩子，我故作惊奇状：“哇！这个孩子不一般呀！”

小姑娘一下子有了兴趣，我接着跟她讲“易经象数”，讲面相，最后断定：你天庭如此饱满，当为高智之人，学习能力应超群，无与伦比。如果努力，定在年级前三十名之列。

后来听同事讲，孩子在家里多次照镜子跟妈妈讲这件事。看来孩子已经受到我这段话的心理暗示，受到了正向激励。

当然，同事也深谙此道。他特意跟孩子夸张地介绍我，说我传统文化功底深厚，教育教学水平超高，带了多届学生，看人很准，使得孩子对我笃信不疑。

“学习能力超群，定在年级前三十名之列”是在帮助孩子强化积极的心理状态，强化她的自身力量和自我控制。

我的学生

近些年，我带的每一届学生，我都会让他们记住三句话：“做最好的自己”“让人们因我的存在而感到幸福”“我们和他们不一样”。其中“我们和他们不一样”是想让孩子们产生高自尊感。

我们知道，生活当中，低自尊感的孩子往往赋予自己较低的价值，过于强调自己的缺点和缺陷，容易自暴自弃、随波逐流，甚至“破罐子破摔”。

而“我们和他们不一样”是一种鲜明的价值认可，帮助孩子明晰自我底线和行为界线。

就像弗洛伊德的“三我理论”一样，让孩子们在“本我”的基础上，有“超我”的追求，从而得到最优秀的“自我”。

家风

一个家的“家风”对人的影响也是这样。

“家风”是世代相传的风尚，是一个家庭在长期发展中的个性或烙印，是家庭成员的自我标签。

老百姓聊天时，有“我们家的人绝不会……”“咱们家的人从来都是……”这样的口头禅，这就是“家风教育”。这种影响是潜移默化的，然而又是至关重要的，这其实也是一种心理暗示。

汉滨谢氏家族，仅清嘉庆二十五年（1820年）至光绪二十一年（1895年）间，族内就先后出了三位进士、十位举人，知府三个、县令九个。族人谢玉珩在四川做官时，更是因清正廉洁，被蜀人赞为“谢青天”。从其族规中不难发现，谢氏家族非常重视品德养成教育，从婚嫁勿索重聘、勿计厚奁，到交友以信、治家尚勤俭等十二个方面，立下了严格的为人处世规矩。身为谢氏人，在潜意识中就会朝着这个方向努力，所以家族中人才辈出。

在《棉花糖的诱惑——我们为何失控，又如何自控》一书中，尤阿希姆·鲍尔说：“如果儿童或青少年愿意在学业上吃苦，那么必定是因为有人让他们见到了未来的前景，许多年轻人在经验上得不到任何关于自己未来的启示，另有一些年轻人则是由于辛苦的付出得不到正面的回报，因而在他们心中粉碎了那些前景。他们会以攻击行为、抑郁症或成瘾倾向来回应在未来这项需求上所遭遇的挫折。”

成功只是副产品，重要的是成为持续努力的人

我是在读其他文章时看到了这样的表述：美国斯坦福大学教授卡罗尔·德韦克的著作中，讲了一个叫“成长型思维”的概念，它是相对固定型思维的一种心智模式，被公认为近几十年里最有影响的心理学研究之一。

“最有影响的心理学研究”引起了我的注意，我迅速查阅了有关资料，发现这个理论跟我倡导的“只要人做好了，成绩就不会差”密切关联，就特别感兴趣。于是买了《终身成长》这本书来读。

该书第二章有《成功的意义：学习的结果还是智力的证明》一节，读后有强烈共鸣。是的，我们学习是为了什么？大多数人学习是为了证明自己的能力，为了高分，为了名校，为了体面的工作、优渥的生活，这种思维下的学习在意结果，在意对自己的评判。一旦分数和结果没有达到预期，便会伤心难过，会有强烈的负面情绪，会有对自己的否定，会有沮丧和挫败感，会产生习得性无助，事经反复便会一蹶不振。

而如果把学习目的指向获得知识和技能，在意学习过程中的点滴收获，相信自己坚持努力就一定会获得更多的乐趣，相信自己的能力会不断增强，不在意阶段性落后和失败，那么，我们就会有积极的心态，将会保持长久的求知欲和行动力。如果真的能够保持这种状态，那么不优秀简直是不可能的事情。

更何况，孩子的成长是一生的事情。太多孩子考上大学便丧失了学习兴趣，太多孩子找到工作便失去了学习动力，碌碌无为，郁郁寡欢。

由此可见，成长型思维该有多么重要。

德韦克把我们的成功与失败、我们的行为习惯、我们与他人的关系、我们的家庭、我们的事业种种要素都归结为两种思维模式：一种叫固定型思维，一种叫成长型思维。

什么是成长型思维？

拥有成长型思维的孩子认为，一个人的智力、能力是可以通过后天努力提升的。他们有目标，乐于学习；勇于挑战，不惧怕困难，反而在困难和挫折中越战越勇；即使失败了也会认真分析失败的原因，从中获取经验和成长。他们往往乐观自信、坚强勇毅、愈挫愈勇，无论是在学校学习、人际交往还是在以后的工作中，都更有可能获得更高的成就和认可。

而拥有固定型思维的孩子则相信，一个人的智力和能力从出生就已经决定了，一个人的智力和能力有限并且无法改变。他们虽然也有目标，但是不愿意为此付出太多努力；害怕失败，不愿意挑战新事物；很容易受到外部因素的影响，在有奖励的时候表现得很好，但遇到了困难很容易放弃；一旦遭到失败，就会用能力有限或者客观不利的条件来宽慰自己。他们往往消极、不自信、胆小，在学习、人际交往和工作中的表现也会更加普通，很难有进步。

相信没有一个家长愿意让自己的孩子成为拥有固定型思维的孩子。但是，已经拥有固定型思维的孩子能不能改变？对此，德韦克说，思维模式是个性中一个很重要的部分，但你是可以改变它的。在知道存在两种思维模式后，你就可以开始考虑用一种新的方式应对问题。

当然，这里主要指自我的改变意识。那么，父母和老师应当如何去培养孩子的成长型思维呢？我认为，要做好以下几点。

第一，对待孩子的错误，要“对事不对人”。

父母和老师在孩子的错误面前，很容易进行道德评判，由孩子的一件错事上纲上线到给孩子定性。如果我们经常给孩子负面的人格评判，当然就会给孩子心理暗示，他会认为他就是你眼中的他，就会很容易形成固定型思维。由此，他不愿意去尝试重启和努力改变，不愿意接受挑战，甚至可能再也享受不到成功的快乐，进而失去价值感。

对于孩子犯错后的处理，我非常赞同法国教育家卢梭的“自然惩罚法则”。他认为：儿童所受到的惩罚，只应是他的过失所招来的自然后果。自然惩罚法则的基本含义是：当孩子在行为上犯了错误时，不要给孩子过多的指责，而是让孩子自己承受行为过失或者错误直接造成的后果，使孩子在承受后果的同时感受到不愉快甚至是痛苦，从而引起孩子的自我悔恨，自觉弥补过失，纠正错误。

谁都会犯错误，接受应有的惩罚即可。让犯错的孩子认识到，今后类似的错误不再犯即可，而不是让孩子觉得自己的品质能力有问题。

第二，对待表扬，要“既夸结果也夸过程”。

这一点很重要，父母对孩子的称赞方式塑造了孩子的思维模式。

生活中，我们的称赞语往往是：“你太聪明了！”“你真棒！”“你真的很牛！”“你的确很有潜力！”“你真的很能干！”殊不知，仅有这样的称赞对孩子有害无益，会让孩子形成固定型思维。孩子会急于证明自己的优秀和强大，若不能证明，则痛苦沮丧、怀疑人生。孩子会丧失挑战未知领域和难题的勇气，因为他要维护他的“荣耀美名”。这样的称赞多了，孩子便会常常把自己不成功的因素归结为“他力”，常常为自己的失利找借口。

我建议这样做：试着从孩子的表现中找到优秀的细节夸赞他，让他觉得这是一种真诚有力的赞美；表扬他的坚持和努力，让他觉得过程很重要，让他觉得能力会越来越强，增强自信；复述孩子成功的因素和要点，形成心理暗示和强化，让他积累成功的经验和方法，再次成功。

第三，对待做事，要“鼓励迎接挑战，不赞赏原地踏步”。

成长型思维要求孩子不断挑战自我，走出舒适区，接受自己的暂时性失利，勇于分析总结，再次上路。

那我们怎么做？要在孩子成长的过程中善于鼓励孩子尝试新事物，尝试新方法。用一种方法做出了难题，要鼓励孩子探寻另外的方法；这周成功做出了一道菜，下周鼓励孩子做另一道菜，而不是经常让他做拿手菜；孩子在学校最怕数学老师，就鼓励孩子去问数学老师问题。

总之，要鼓励孩子不断增加新技能，拓宽新领域。告诉孩子，在增加新技能、拓宽新领域的过程中会有一些艰难，但这就是黎明前的曙光。

第四，对待失败，要“重分析不重评判”。

孩子在成长的过程中，会经历很多次失败，这时，我们的态度很重要。一般情况下，会有两种表现：一种是批评孩子态度能力有问题，摇摇头，下一个简单的结论；一种是为孩子找一个理由，类似“不是我军无能而是敌军太狡猾”的心理安慰。

我觉得都不太妥当，因为我们没有给出建设性的意见，没有在这件事情上让孩子有持续学习的动力，没有给孩子塑造不断努力不断解决问题的心态。

我们班参加拔河比赛，第一场比赛我们输了。很多孩子说，对方班级个高体壮的同学比我们班多，我们已经尽力了。

我没有说话。

第二场拔河比赛前，我跟孩子们讲：“上一场比赛我观察到，我们拔河时人与人之间的间距太小，并且你们面对面两个人的脚都并在一起，这样的排列方式让很多同学都用不上力。咱们今天改变一下，间距增大，站位自由一些，我们改进一下，再试一试，加油！”

尽管，这一场比赛我们还是以失败而告终，但我已向孩子们传递了一种精神——认真总结和反思，得出经验和教训，积极迎接下一次，永远以成长型思维对待生活。

教育从来都是一把钥匙开一把锁

卡罗尔·德韦克的《终身成长》是我非常推崇的一本书。我曾经和工作室的小伙伴一起研读探讨，也曾推荐给我班级的每一位家长朋友，并组织读后感的交流学习。

德韦克凭借“成长型心态”理论荣获2017年“一丹教育研究奖”。在这本书中，她介绍了两种思维模式——固定型与成长型，它们体现了应对成功与失败、成绩与挑战时的两种基本心态。天赋和努力哪个重要，能力能否通过努力改变，这些观念决定了一个人是会满足于既有成果还是会积极探索新知。德韦克说，只有用正确的思维模式看待问题，才能更好地达成人生和职业目标。

我非常认可她的研究成果。然而，在最近读到的《看不见的力量》一书中，我发现德韦克的研究和荷兰学者的研究成果出现了较大分歧。

德韦克的研究表明，“成长型思维”是决定孩子主动迎接挑战的关键；但荷兰研究者做了一个关于“自我价值感”与“挑战任务”的实验，实验数据表明，“自我价值感”高的孩子，无论受哪种思维的刺激反馈，多数都会选择“挑战性任务”，也就是说，“自我价值感”相对于“思维模式”更重要。

而在我看来，两者的研究都有数据支撑，好像都有道理，所以我的结论是：“是否迎接挑战”与“思维模式”和“自我价值感”都有关系。

也就是说，对于“迎接挑战”，不能只看 “思维模式”，当然也不能只看“自我价值感”。看来，真实情况没有理论描述的那么简单，具体情况要具体分析。

列宁说：没有抽象的真理，真理总是具体的。深以为然。

教育界盛行一句话：“好孩子都是夸出来的。”

这句话源自皮革马利翁效应，由美国著名心理学家罗森塔尔和雅格布森在小学教学中通过验证提出。简单来说，教师对学生的殷切希望能戏剧性地收到预期效果，因此要经常认可、鼓励、赞赏孩子。

既然笃信“好孩子是夸出来的”，就要在教育过程中始终肯定孩子、赞赏孩子，让孩子拥有积极的心态，从而促进孩子突破自我、挑战自我。

但问题来了，那需不需要批评教育和严格要求呢？

孙悟空原是一顽劣石猴，桀骜不驯、好胜斗勇，狂妄自大、贪功冒进。若不是被如来压在五指山下收敛心性、知晓恶业，若不是被观音的紧箍咒克制恶我、磨炼意志，若不是被唐僧的劝诫感化而放下屠刀、一心向佛，哪有后来斗战胜佛的华丽转身、完美蜕变。

那是不是所有的孩子都不需要夸？当然也不是。

沙僧憨厚忠心、循规蹈矩，我觉得就需要多鼓励和赞赏，使其更加自信、有创造力。

所以，多夸还是多要求，什么时候夸什么时候严格要求，完全取决于孩子的性格品质和不同时期的状态和表现。

再比如，在对孩子提要求和要求孩子树立目标时，很多人都会提到唐太宗《帝范》卷四中的一句话：“取法乎上，得乎其中；取法乎中，得乎其下；取法乎下，无所得矣。”

于是，老师和家长给每个孩子都树立了高目标，进行严格要求。

我认为，这同样不科学。

当目标过高、要求过严，努力了一段时间无法完成，或遇到的困难没有人帮助解决时，孩子会逐渐失去乐趣和价值感；而当一个孩子长期没有价值感，自我负面评价集聚，就会产生“我就是不行，我就是笨蛋”的习得性无助，那将是成长中的灾难。

看来，事情不一定就是我们所想的“提一个上等要求，即使达不到完不成，至少也会到达中等水平”，“取法乎上”反而有可能让孩子丧失兴趣和动力，一动也不动，一无所得。

可见，“取法乎下，无所得矣”也并不是绝对的。

实际上，对于很多孩子来说，失败并不是成功之母，成功才是成功之母。

你看，盲孩子海伦·凯勒的老师安妮·莎莉文就懂得尊重孩子的天性，从兴趣出发，循序渐进，哪怕一天教她一个词语，也能让海伦·凯勒成长为著名作家、教育家。

再来说说教学。

新的教学理念和理论始终提倡“自主、合作、探究”的学习方式，这种学习方式有利于学生挖掘潜能和自主建构，这本无可厚非。但不考虑学习内容、教学情况和学生情况，一味地要求学生“自主、合作、探究”和教师少讲甚至不讲，就不科学了。

八年级上册的《唐诗五首》，是学生第一次集中学习律诗。古诗本就是语文学习的难点，何况还是律诗。如果一开始就让学生自己学习探究律诗的特点，品析诗句的妙处，那一定是起点太高，难度不小，效果一定不会好。

所以，第一和第二首诗，以老师讲授为主，以和学生讨论交流为主。学生学好前两首诗，有了律诗的概念，学到了诗歌品析的方法，后边的三首诗放手让学生“自主、合作、探究”，学生才会自主探究，才能自主探究。

所以，课堂上的讲与不讲，讲多讲少，取决于教学内容、教学情况和学生情况。一开始设计让学生自学，但中途发现学生自学难度很大，就变为讲授，这难道不可以吗？

所以，从来就没有最好的教育教学模式和方法。

每个班级、每个学生的情况不同，不同时期的表现也不同；每位老师的情况也不同，各有各的特色，也都有自己所擅长的教育教学方法。而教育从来都是一把钥匙开一把锁，孔老先生的“因材施教”，言简意赅，微言大义——不同的学生要用不同的教育方法。我甚至觉得，“因材施教”中的“材”也可以指“老师的材”，每一位老师都可以用自己擅长的方法“施教”，只要能让学生健康成长，只要能让学生变得优秀，又有什么不可以呢？适合的教育才是最好的教育，有效的教育才是最好的教育。

叶圣陶先生说：“教学有法，教无定法，贵在得法。”也是这个道理。

当然，“教无定法，贵在得法”不是说不去学习先进的优秀的教育教学理念和方法，叶先生说的“教学有法”应是前提。

毕竟，“有多法”才可以“无定法”，才可以“最得法”。

第二辑
DIERJI

何事
居穷
道 不穷

“世界上最没用的教育”真的最没用吗

经常听到、读到一句话——法国思想家卢梭曾说：“世界上最没用的教育方法，就是讲道理、发脾气和刻意感动。”

由于心理学中的权威定式作祟，人们对此不假思索给予信服。更有甚者，一些所谓的专业人士把这句话做成了大棒子，恣意挥舞，好像所向披靡。

我一向对极端化的命题保持警惕。正如怀特海所说的，我们没有全真理，所有的真理都是半真理。

再望向我们四周，所有的教育工作者和为人父母者在教育的过程中都会用到这三种方式。那么，存在就合理吗？

“实践是检验真理的唯一标准。”我想，我们需要思索的不是这三种方式是否正确，而是应该怎样去使用这三种方法。

列宁说：“没有抽象的真理，真理总是具体的。”是呀，具体情况要具体分析。

这一次试着谈谈讲道理。

说到讲道理，我突然想到“新闻六要素——6个W”，即何人（Who）、何时（When）、何地（Where）、何事（What）、为何（Why）、过程如何（How）。

讲道理亦如此。

何人

何人讲道理，其实包括两个问题——谁来讲道理和跟谁讲道理。有人可能觉得很奇怪，谁来讲道理，不是自己给孩子讲道理吗？

其实不一定。

比如有些道理适合爸爸跟孩子讲，有些道理适合妈妈跟孩子讲，有些道理需要爸爸和妈妈男女混双一起讲。

不是所有的道理自己都能讲，因为孩子可能不听呀。教育有一个原则叫“无关系，不教育”，如果施教者和孩子的关系不正确，教育则无效，讲道理一定无用。

这个时候就需要“借力”。比如幼儿园孩子的家长经常会对孩子讲老师说要怎么样，这是非常有效的。美国心理学家科尔伯格“道德发展三水平六阶段理论”告诉我们，幼儿园阶段孩子的道德判断是以“服从权威”为标准的，显然，在幼儿园小朋友眼中，老师就是权威。

而孩子到了青春期，他一般会听关系密切且信服对象的话。有一次，班里一个孩子出现了一些问题，我通过家长了解到，他非常崇拜他的乐器老师，跟乐器老师的关系非常好。我就建议家长，请他的乐器老师给孩子讲讲道理，事实证明很有效。

其实很多时候，孩子不是不接受这个道理，而是不接受讲道理的这个人。

当然，跟孩子讲道理的不一定必须是人。你可以有针对性地偷偷在房间放一本书，你可以不着痕迹地和他一起看个电影，你还可以和他一起去参观某地做某事，这些资源都能帮我们给孩子讲道理。

功成必定有我，功成不必在我，你说呢？

另外，我们其实也可以听孩子讲道理。有些事情出乎我们的意料，可以让孩子谈谈自己的想法。很多时候，孩子并不是我们想的那样，通过孩子讲道理，我们会了解他们真实的想法，有助于问题解决。

何时

什么时候讲道理？

并不是我们随心所欲看心情——我的地盘我做主，我的孩子我做主。

例如吃饭的时候我们不批评孩子，因为会影响孩子进食，可以等饭后进行。

比如，孩子情绪失控、心情不好的时候我们不和孩子讲道理，此时需要做的是理解孩子，接纳情绪，等孩子平心静气再讲道理。

有时孩子拒不认错，我们道理讲一半也可以停下来不讲，进行冷处理，隔天再讲。

有些道理不需要天天讲时时提，只需要检查提醒和惩戒。

倒是孩子做对做好某件事表扬他的时候需要讲道理，此时跟孩子讲讲成功的道理，和孩子一起分析成功的原因，鼓励孩子再接再厉，相信此时的道理孩子一定能够听进去。

总之，讲道理是为了让孩子能听进去并接受，而不是把道理讲完尽人事，所以需要寻求时机。

何地

在什么场合讲道理?

在这个问题上，我们一直有“当面教子，背地教妻”的古训，这句话大概出自《朱子家训》“堂前教子，枕边教妻，对症下药，量体裁衣”一句。

“当面教子”体现的是一种紧迫性、公开性、严肃性。教育孩子是一件严肃的事情，这无可厚非，但不分对象、不分场合、不分情况，就需要商榷了。

有些孩子顽皮胡闹，熊孩子一个，所犯错误严重且具有代表性，我们可以在班里进行批评教育，由此可以教育更多的孩子不犯错误，也不会给这个孩子带来心理问题。

而有些孩子敏感自卑，公开场合就不宜批评教育讲道理，需个别沟通和交流。

讲道理的地方一定是让孩子感到温馨安全的地方，一定是让孩子易于接受的地方。若是在游乐场、商场、餐厅等当众教育，孩子一定很受伤，且会强烈反抗。

何事，为何

何事、为何，可以放在一起分析。

孩子是非不分的事情，需要和孩子讲道理，告诉孩子是非标准；

孩子多次做不好的事情，需要和孩子讲道理，告诉孩子方法助其成功；

让孩子心情不好的事情，需要和孩子讲道理，打开孩子心结，保障孩子心理健康；

让孩子喜悦、获得成功的事情，需要让孩子给我们讲道理，使其获得成就感，强化经验。

过程如何

为什么很多人批评“讲道理”，说“讲道理无用”呢？我个人认为，单纯的讲道理作用的确不大，讲道理没用是由于我们没有针对性的跟进措施，因此我们要尝试进入“道理＋”时代。

“动之以情，晓之以理”是“讲道理”的经典描述，指用情感打动受教育者，让他明白道理。这是讲道理的根本，是基本功，也是在强调道理艺术化的重要性。

同样的道理，不同的人讲出来效果一定不同。有的人的确能做到有理有据、妙趣横生，铺垫合理、比喻生动，形象鲜明、哲理深刻。

有很多孩子把讲道理称作“灌鸡汤”，那我们就要保证，这一碗鸡汤要“色香味”俱全，不但有营养，而且还美味，让孩子喝了这一杯，还想要下一杯。

但是，讲道理仅仅“动之以情，晓之以理”是不够的。

那应该怎么办？

其实，在教育“西风渐盛”的今天，我们往往忽略了传统文化留给我们的宝贵教育遗产。重拾经典，我们发现，它们往往熠熠生辉，在教育的长河中闪烁着动人的光芒。

除了“动之以情，晓之以理”，我们还有“诱之以利，胁之以威，授之以渔，导之以行，勉之以恒，持之以恒”等古训，它们的确可以形成一套“讲道理”的组合拳，我们可以潇洒运功，奋力击溃阻挡孩子健康成长的鬼怪妖魔。

给孩子讲道理要“诱之以利”。孩子能在你的道理中获得什么是他很关心的一件事情，如果仅仅是一场空谈，相信孩子不会将道理转化为持久的行动。

《西游记》中的唐僧很烦人，大道理很多，处处约束限制大圣，可孙悟空为什么忠心耿耿，历尽千辛万苦也要跟随唐僧西天取经？我认为，唐僧救孙悟空于五指山下还大圣自由身是利，孙悟空感恩不尽。然而这还是小利，最重要的是，跟着唐僧，孙悟空有了人生目标和方向。你看他每次被唐僧驱赶的时候都说：“师父，取经大任尚未完成，徒儿怎敢离去？”“取经”已成为他生命中最重要的事情。

空虚的人生一旦有了“意义”，便变得神圣。唐僧给了大圣身和魂的救赎，所以大圣完成了从“野猴”到“斗战胜佛”的华丽转身。

当然，我们不能忽视这个故事中的“胁之以威”。我们不是圣人，不可能凭一场谈话解决所有的问题，因此讲道理后要关注、督促孩子行动，要有适当的惩戒，要善于使用“紧箍咒”来矫正孩子的错误行为，让孩子心有敬畏。

还讲孙悟空。《西游记》第十五回《蛇盘山诸神暗佑　鹰愁涧意马收缰》：“菩萨将杨柳叶儿摘下三个，放在行者的脑后，喝声：‘变！’即变做三根救命的毫毛，教他：‘若到那无济无主的时节，可以随机应变，救得你急苦之灾。’行者闻了这许多好言，才谢了大慈大悲的菩萨。”观音菩萨也是孙悟空人生道路上最重要的老师之一，不仅给悟空讲道理，还赠送宝物，教授方法。

反思一下，除了给孩子讲道理提要求，我们有没有教给孩子做事的方法，有没有“授之以渔”，赠给孩子人生行走的妙计锦囊呢？

再说“导之以行，勉之以恒，持之以恒”，也可以用观音菩萨的例子。

毫不夸张地说，《西游记》中观音菩萨是一位极具教育艺术的超级良师。观音不仅苦口婆心讲道理（教育孙悟空、猪八戒和沙和尚行善向佛），更重要的是，无时无刻不在关注他们西天取经的一举一动，持之以恒地鼓励他们克服困难、走向重生，并且在他们遇到困难、灰心懈怠的时候，或出手相助，或警示鼓励，呵护他们一路向西，终成正果。

那么再看看我们，给孩子讲道理提要求后，有没有持续关注孩子的行为？有没有在孩子遇到困难时及时出现，或示范暗示，或出手相助，让孩子的正确行为持之以恒呢？

很多时候，我们是不是认为我们法力无边，可以摩顶开智，可以禅语渡人，可以用一次谈话演绎一个教育传奇呢？

连神仙都做不到呀！

可见，不是讲道理没用，是我们没用，是我们不会讲道理呀。

老师，你为什么发脾气

“发脾气”在卢梭“世界上最没用的教育方法”中排第二位，然而，在现实的江湖，教育并不全是和风细雨、如沐春风。

《论语·公冶长》中有记：“宰予昼寝。子曰：‘朽木不可雕也，粪土之墙不可杇也。于予与何诛？’”宰予本是孔子非常喜欢的学生，可是因为懒惰，因为白天睡觉，竟被骂成朽木、粪土，被孔子骂得狗血喷头。

可见温文尔雅的孔圣人在教育学生的时候也会发脾气。孔圣人不仅发脾气，而且在《论语》中，孔子还不止一次发脾气。

《论语》是孔子弟子及其再传弟子们写的一本书，但丝毫不“为尊者讳”，可见在儒家看来，发脾气不是不体面的事情。

宋代高僧释普济《五灯会元》中有：“上堂，僧问：‘如何是佛法大意？’师竖起拂子，僧便喝，师便打。”

这就不仅仅是发脾气，好像更可怕，是“棒喝”，是以慈悲为怀的佛家促人醒悟的严厉警告。——是不是没有我们想象的“佛系”？

由此可见，儒家和佛家都是有“脾气”的。

那么，他们都可以发脾气，作为老师的我们可不可以发脾气？

对于这个话题，我们需要思考三个问题：为什么会发脾气？该不该发脾气？怎样发脾气？

这一次试着谈谈我们为什么会发脾气。

孩子个性张扬

现在的孩子，家长宠溺的多，孩子多有极强的自我意识，个性张扬。他们中的不少人，属于独生子女，从小往往一人独大，合作意识淡薄，对规则没有敬畏感，进入到班集体中，混乱局面屡见不鲜。

信息化时代的孩子，获取信息的渠道增多，对知识不再有神圣感，对老师的敬畏感减弱，向师性减弱。

社会转型期的孩子，价值观多元，学习动力和积极性减弱，行为模式多样化。

当然，这些变化给世界带来的大多是进步的福音，但对于教育来说，却是难度的增加。

所以，书上的孩子都是天使般的花朵，美丽可爱，现实中怎么就是不服管教的“超级神兽”，我行我素？

长假在家，不少家长被难哭，被逼疯，开学之日激动欣喜，高歌抒怀——“神兽出笼，家中太平”。

可再怎么折腾，是两个家长管一个孩子，而到学校，一个老师要管几十个孩子。

“不谈作业母慈子孝，一谈作业鸡飞狗跳。”可一个老师每天都要跟几十个孩子谈作业。

上课他们吵闹，作业多次不交。下课你到办公室还没有坐好，几个熊孩子就跑来相互揭发，把黑状告。

相信以上场景是很多老师的日常，时间长了，情绪失控就在所难免。

何况有时候，面对教室的混乱局面，“棒喝”效率奇高。

工作压力山大

除了现在的孩子普遍个性张扬难以管理外，老师本身的工作生活压力也容易导致负面情绪。

现在的老师十八般武艺要样样精通。要控制住课堂，写得了文章，不辜负领导的所有期望，对得起要求不一的每位家长。

以前做老师只要做好“备讲批辅考”，现在呢？没有论文不行，没有课题不行，不参加教改不行，不跟随潮流不行。

计划、总结、案例、各种记录需样样俱全，你工作做了不等于做了，你记录了才算你做过了，你记录了也不等于做好了，你宣传出去发表了，大家都知道了才算你做好了。

你不仅要提高孩子的学习成绩，还要做好孩子的德育；你不仅要教好教室里的课，还要能取胜舞台上的课；你不仅要组织班级活动，还要积极参加上级组织的各种活动；你不仅要管好班里的孩子，还要管好家里的老人和孩子；你不仅要保障班里孩子的身心健康不受伤害，还要精打细算还家里的车贷房贷；你不仅是老师、班主任，还是父母、儿女、保姆、保安、医生、修理工……

你自认为尽心尽力教好学生，但并不是教好了学生就能晋升职称；

你自认为付出了时间付出了辛劳，但不讲效率不讲方法并没有把工作做好。

所以，社会、学校、家长对老师的要求再加上老师的自我追求，会形成一种沉重的压力，而压力与焦虑相互作用产生的负面情绪如果不能合理排遣，当然就会爆发。

如果情绪的临界点正好遇上捣蛋的熊孩子，那就很有可能怒火燃烧不理智。

妙招简单粗暴

当然，还有一种情况是老师有意为之。不少老师认为发脾气是教育学生的一件高效利器。

从传统文化看，我们始终维护、推崇师道尊严。我们一直有“慈不带兵，仁不掌权”“严师出高徒”“慈母多败儿”的古训。

据说当年朱元璋请宋濂教导太子，宋濂颇为犹豫。自古伴君如伴虎，他不知道自己该用什么态度和尺度教导太子，便问：“不听话能打吗?”朱元璋为了让他严格教导儿子，回答了四个字：“不死即可。”

我不知道这件事是不是真的，始终查不到出处。但人们在谈家庭教育时往往会谈到这件事，这说明了他们对朱元璋在教育方面的认可，对师道尊严的维护。

说到宋濂，他有一篇《送东阳马生序》，其中有：“先达德隆望尊，门人弟子填其室，未尝稍降辞色。余立侍左右，援疑质理，俯身倾耳以请；或遇其叱咄，色愈恭，礼愈至，不敢出一言以复；俟其欣悦，则又请焉。”

你看，老师越骂学生，学生越恭敬，越小心谨慎。这也是在描述师道尊严。

我们的传统文化讲究师道尊严，深受其影响的老师往往是不允许学生提出不同意见，不允许忤逆的。所以在教育学生时高高在上，不愿控制自己的情绪，发脾气就是很自然的事情了。

不少新教师在入职时，一些老教师会给他们支招——对学生要严格，不能惯着学生。很多老师错把“严格”当成了“简单粗暴”。的确，在教育界，至今还有“简单粗暴最有效”的说法。

如果单单考虑“效率优先”原则，“简单粗暴”的确“最有效”。它整齐划一、不讲借口、执行力极强，但事物的发展就是这样，《吕氏春秋·博志》中有“物极必反”之说，我们在狂热追求“效率”的同时，可能就不能兼顾“公平”了。

教育其实是极具个性化的领域，是一个复杂的系统。人的成长也是缓慢的事情，很多时候“欲速则不达”。但现实中不讲原因、结果导向的评价体系会给很多老师带来压力，于是，“简单粗暴最有效”便大行其道，“急功近利”毕竟“有功有利”呀。

发脾气是人的本能，但其实谁也不想发脾气。

世界上的事都“事出有因”吧。

来来来，让我们踏实地发个脾气吧

商务印书馆第7版《现代汉语词典》这样解释“发脾气”：因事情不如意而吵闹或骂人。

我个人认为解释得不够妥帖，因为这样的解释显然把“发脾气”定义为“贬义词”。

而从方式上看，很多时候，发脾气不一定就是吵闹或骂人，例如“据理力争”，例如“义正词严”。

从目的上看，恰恰相反。有时候，发脾气是有原则、有底线，是立场坚定、是非分明的表现。例如“义愤填膺”“义形于色”。

倒是一些没脾气的人反而被认为是“老好人”，事不关己，高高挂起，无责任感，无担当无作为。

所以，很难说“发脾气”是对是错，它怎么也算一个“中性词”吧。

所以，其实我们批评的不是“发脾气”，而是“乱发脾气”“暴脾气”“坏脾气”“害人害己的发脾气”。

南怀瑾先生在《庄子諵譁》中说：“发怒的心、瞋心是有毒的。如果你平常恨人、忿怒，就是你心里的毒，毒的习气就很重，这是贪、瞋、痴三毒之中的毒。”现代心理学和医学表明，人的心理有了重大改变，血液细胞立刻跟着变化。尤其大发脾气的时候，当场抽出他的血液来检验，血液都会变色，具有毒性。

我们很多老师、班主任，每天都要面对很多不听话的熊孩子，如果不能认识到孩子的本性和教育的复杂性，一味怨恨某几个孩子，有发怒的心，有瞋心，经常发脾气，那么，首先伤害的是自己。既伤害别人的孩子，又伤害自己的身子，其害无比。

老师是一种特殊职业，孩子都有向师性，潜移默化，耳濡目染，孩子身上都会有老师的影子。如果教育基本靠吼，教化基本靠骂，时间长了，孩子也会认为解决问题的方式就是发脾气。

你是不是见过很多盛气凌人的小班长，在老师面前毕恭毕敬，在同伴面前简单粗暴？说实话，影响他的不是家长，就是师长。

我教两个班的课，在五班，作为语文老师，我和孩子们约定，每当秩序混乱，我喊“五班五班”的时候，他们必须喊“是块金砖”（如此土豪的暗号亏得他们想得出来），喊过之后，全班必须安静。所以，五班的语文课代表，每次在吵闹的教室讲事情前，总是会喊“五班五班”，效果很好。你看，她跟我学到了。

我当班主任的班呢，也有“暗号”（六班六班，非同一般），但六班管理班级的同学在管理时总会厉声呵斥：“安静！别说话！”我思考了一下，责任在我。因为我是六班的班主任，可能在六班就会简单粗暴一些，“安静，别说话”其实是我的口头禅。你看，我们的影响有多大！

老师“暴脾气”发作时往往愤怒无比，情绪不能控制，就会丧失耐心，就会失去理性判断，会误解孩子；就会口不择言，会伤害孩子的自尊心。“暴脾气”发作，或者会让孩子变得沉默寡言、毫无主见，或者会让孩子逆反心暴涨，产生激烈的对抗。

老师经常发脾气就会走上简单粗暴的道路，一骂平万事，一吼解千愁。而不静下心来研究有效的教育方法，不去参悟教育之道，教育便不会成为一门高深的艺术，充其量只是一项关于分贝的技术。

但是，不乱发脾气，反对“暴脾气”“坏脾气”，不等于我们必须没脾气。

工作中，反而往往是那些有责任心、工作积极的老师特别容易发现学生的问题，在解决问题的过程中容易急躁，容易发脾气。

我觉得这是意识问题。要认识到孩子出现问题是很正常的事情，解决孩子的问题需要一个过程。可能是学校考核评比、社会评价导向的原因，很多时候，我们特别容易放大孩子的缺点，也容易把小事变成大事。

著名教育家傅东缨先生很多年前跟我讲过一段话，他说，如果我们经常以80岁的心态来看待现在发生的事情，你就会发现，很多时候我们过于焦虑，不够宽容，没有方法。过多少年再回头看，你就会哑然失笑，当时我怎么是那个样子呢?

如果现在的我还有那么一点一滴容人容己的雅量的话，完全得益于傅先生的这段话。它时时响在耳边，给我警醒，让我理性反思当下，寻找行为的真正意义。

当然，情绪是与生俱来的，没有情绪的人是不存在的。

强烈反对惩罚、提倡尊重孩子的教育学博士，畅销全球的《正面管教》的作者简·尼尔森，曾经在书中记录了她的一次发脾气。

有一次，简·尼尔森实在忍无可忍，就对女儿吼："玛丽，你就是一个被宠坏了的淘气鬼!"知道妈妈育儿理论的玛丽反驳道："哼，待会儿你可别来说对不起。"简·尼尔森气愤地回答："你不用担心，因为我肯定不会道歉。"过了一会儿，平息了怒火的简·尼尔森到女儿房间道歉，看到女儿拿着她的《正面管教》，用笔在上面用力写"骗子骗子骗子……"。

所以，我们不用过分惧怕情绪，这是很正常的事情。如果有了情绪，压抑自己，愤怒与压力郁结在心，要么伤了自己，要么有一天爆发，伤了别人。

拿破仑说："能控制好情绪的人，比能拿得下一座城池的将军更伟大。"

所以，我们需要做的是控制好情绪，合理地宣泄情绪。

所以，我们不是不发脾气，而是要思考如何少发脾气，如何正确地发脾气。

要想少发脾气，就要学会有效处理问题，如果没有让我们感到有压力的问题，自然就不会发脾气。这就要求我们认真探索和实践，努力学习探索高效的教育方法。

是的，方法多起来，能力强起来，脾气就会少下来。

《太平广记》卷一七四有“金刚怒目，所以降服四魔；菩萨低眉，所以慈悲六道”之说，其实，教育需要“菩萨心肠”，也需要“金刚手段”。

只不过，为了避免伤害孩子的身心健康，我们要学会合理表达我们的愤怒，而不是愤怒地表达。

美国著名心理治疗大师斯科特·派克说：“在这个复杂多变的世界里，要想人生顺遂，我们一定要学会生气。我们要学会用不同的方式，恰当地表达愤怒的情绪。有时候需要委婉，有时候需要直接，有时候需要心平气和，有时候不妨火冒三丈，生气一定要注意场合、时机和人物。”

无用的刻意感动，是不是格外受宠

谈到卢梭和很多专家认为最没用的“刻意感动”，便想起了我组织的班级活动。

看来，我不但明知故犯，而且还不亦乐乎。

我曾经在班级举行演讲比赛。为了激发所有孩子的积极性，为了让他们认真准备，赛出水平，我们采用小组竞赛方式，每个小组推荐一名他们认为演讲最强的同学，我再随机抽取各小组的一名同学，每个小组派出两名同学参加比赛。每小组另派出一名同学组成评委团打分，还有计时员、记分员等。另外，我鼓励他们将演讲内容与学习生活相联系，有真情实感，有个性表达。

孩子们热血沸腾、慷慨激昂。有忧国忧民批评西方的，有对学校就餐纪律不满吐槽管理现场的，有担心中考结果提醒同伴刻苦的，有针对社会现象呼吁宽容善良的。教室里多次爆发出喝彩声和掌声，特别有几位同学的演讲，更是让所有的孩子沉浸其中，深受启发。

现在看来，这是一次刻意感动。演讲者的精心设计就是想刻意打动听众，引起共鸣。

演讲结束，给前六名同学和前三名小组颁奖。第二天，我表扬了周佳同学：“昨天，我们给演讲比赛获奖的同学颁奖，周佳同学和曾宇同学并列第二名，但昨天我在准备奖品时没有考虑并列的情况，所以上午发奖品时，周佳同学拿到的是写着‘第三名’的奖品。我原来想周佳同学一定会来找我表示不满，但周佳同学并没有。当我要向周佳同学表示歉意时，她说她知道是因为并列的原因，并说没关系的。我觉得周佳同学是一位善解人意、宽容大方、不斤斤计较的同学，我为六班有这样的同学感到自豪。因为周佳同学的存在，我感到很幸福。也希望大家向周佳学习，做一个善解人意、宽容大度的人，让人们因我的存在而感到幸福。”

随后大家一起为周佳同学鼓掌。

这也是一次刻意感动，我就是想利用周佳同学这件事教育孩子们，我真的是刻意为之。

因为演讲比赛只有一部分孩子参加，所以没参加比赛的同学就安排课前演讲。一天语文课前，一个孩子演讲谈到要读报纸关心时事，正好周二晚上我看到了美国对华为停售芯片的制裁。所以，这个孩子演讲后，我开始了我的“演讲”：

刚才王涵同学谈到要关心时事，我很有感触。我对我们现在这样一种“两耳不闻窗外事，一心只读中考书”的学习很有看法。大家知道吗，华为是我国的高科技企业，但现在受制于美国的芯片停售，为什么？因为我们自己生产不出芯片，我们那么多的科技人员在努力在奋斗，但是很可惜，我们目前的技术达不到。

那么，让我们把目光投向未来，看看未来的你们在做什么。有多少同学每天任性懒惰，得过且过。即使是学习勤奋的孩子，如果要问你们为什么要刻苦学习，相信你们一定会回答，我想考上重高、我想考上优高。如果再继续问下去，你们一定会回答，我要考上好的大学，想找一份好工作。那么，再往后呢？我想很多孩子是回答不出来的。

今天，面对我们技不如人的局面，有哪些孩子能关心一下我们国家和民族的前途，能把国家和民族的命运和我们自己联系起来，说，我要刻苦学习，等着我，中国有我就会强大。我们总是喊“天下兴亡，匹夫有责”，可是我倒要问问，那个“匹夫”是谁。如果谁都认为“匹夫”是别人，那就意味着没有人会来承担这个责任。

特别是你们!

我们知道，南方的教育很发达，杭州就是其中的代表。而我们学校又是杭州学校的优秀代表。那么，今天，如果你们当中还没有人能够有志向有担当，能够在心里下定决心，为民族和国家的强大勤奋读书的话，多少年后，我们岂不是还是技术落后？我们岂不是还是要受制于人吗？

你们都是这个样子，我们的希望又在哪里呢？

就是为了考一个重高，就是为了考一个好大学，那么，你的这个目标实现后，你还会努力学习、拼搏进取吗？

真的希望大家能思考一下我们究竟为什么而学习，我们能为国家为人类为社会做点什么，从现在开始就做！

“天下兴亡”不应该是“匹夫有责”，而是“天下兴亡，我的责任”！

这是一周的第三次“刻意感动”了。

周三下午的班会课，我们进行了一场辩论赛。“当国际疫情急转直下，美国确诊数据快速超过中国时，在我们社交媒体的评论区，出现了很多嘲笑、讽刺、谩骂甚至幸灾乐祸的声音。有人说，美国也有批评指责讽刺嘲笑中国的声音，甚至有很多不实言论，疫情初期美国人也幸灾乐祸，现在我们怼回去很正常。”围绕这个话题，孩子们唇枪舌剑，激烈辩论。“人不犯我，我不犯人。人若犯我，我必犯人”“针锋相对是捍卫自己尊严的有效手段”等观点一开始咄咄逼人，但总是会有理智的孩子。当“我们应该回应，但应遵守文明的底线”“正确目的不应该成为错误行为的借口”“我们和他们不一样”的观点越来越有说服力的时候，我露出了开心的笑容。

这又是一次刻意感动，我就是想利用这个辩论会达到这样的目的。

周四，我看到一个标题为“一个社会的文明程度取决于它对待弱者的态度”的小视频，看完我觉得很震撼。一个失去双腿和左臂的小男孩戴着假肢（也许他还是一个智力障碍儿童）摇摇晃晃走进足球场，所有观众起立鼓掌，所有的足球明星分列两旁鼓掌等候，并谦卑地给他喂球，小男孩笨拙地踢出足球，全场喝彩，足球明星伸大拇指做赞赏状。看着小男孩开心得意的笑容，我觉得，这个世界是如此美好。

我想到，班里部分孩子非常喜欢给别人起绰号，嘲笑讽刺别人，这个小视频或许能帮上忙。

下午的自省时间，我播放了这个小视频，孩子们看得很认真。视频结束，我问：“看了这个视频，大家有什么感想？”不知不觉，大家都说到了班里的嘲笑讽刺现象，纷纷进行批评和谴责。张颜同学很激动：“我想说，那些嘲笑别人智障的人才是真正的智障。”

我承认，我放这个视频是刻意为之，就是想让孩子们激动，然后交流和讨论。

这五次活动，是五次明显的“刻意感动”，但我好像也没有感觉犯了错误。

想一想，我们的诸多活动，又有多少不是“刻意感动”呢？

学校所有的主题教育活动不都是刻意为之吗？班级所有的微班会、班会不都是刻意为之吗？

“以理服人”的同时不都是要“以情动人”吗？“以情动人”不也是“刻意感动”吗？

卢梭和那么多专家怎么都认为它是最没用的呢？

卢梭在《忏悔录》第六章的确说过这样的话。但我们认真阅读就可以发现，卢梭是在情绪语境中说的这句话，他表达的应该是当时针对圣马利和孔狄亚克教育失败的一种深深忏悔。这显然不是理性判断，不具有普遍意义。

所以，狂热引用、妄下结论无疑是一种断章取义，看似在维护卢梭的理论，实际是对先生的不敬。

我想，所谓“无用的刻意感动”是指命令式地让人感动，是虚伪浮夸地让人感动，是道德绑架的假感动。

但，“刻意感动”一定不是不让人感动。相反，不着痕迹的最好教育，大多是教育者刻意为之。

所以，无论什么样的古训与理论，都要经过自己的实践探索来检验。

车尔尼雪夫斯基说：“实践，是个伟大的揭发者，它暴露一切欺人和自欺。”

所以，没有什么道理放之四海而皆准。没有绝对的完美，更没有永远的权威。

我们为什么要善良

在《人民日报》公众号平台，看到多则暖心的报道。《这对母女，被53位公交司机宠成VIP》，南京市民姜女士每周有三天都要推着82岁的母亲坐27路车去医院做血透，一年多来，27路车队53名驾驶员都会贴心地伸出援手；《别人摆摊挣钱，他摆摊救命》，山东潍坊医学院附属医院医生张军桥自6月7日起每天在广场“摆摊”，义务教大家“心肺复苏急救知识”。

虽然他们来自不同的行业，都是普通劳动者，但他们身上都折射出美丽的人性之光——善良。

多年来，在我的教书生涯中，我经常让孩子们记住一句话，即“让人们因我的存在而感到幸福”，其实也是在提倡“做人要善良”。

那么，我们为什么要善良？

“善良”是人类原始的情感诉求

“天地玄黄，宇宙洪荒。”我们从原始社会一路走来，由茹毛饮血到锦衣玉食，由刀耕火种到人工智能，这是一部艰难的奋斗史，也是人类在恶劣环境逼挟下的一次自我救赎。在令人生畏的大自然面前，人类太渺小，以至于在跌跌撞撞危机四伏的一路前行中，我们真的渴望被温柔以待。

所以我国古代典籍《周易》提出：“地势坤，君子以厚德载物。”君子应增厚美德，容载万物，是为“善良”。

我曾经听过南京师范大学杨启亮先生的一场讲座，他说他曾带领他的研究团队研究过海量的征婚启事，而后发现，择偶时，人们最看重的是对方的“善良”。“善良”这个词语在他们统计的征婚启事高频词中排在第一位。

当然，在关于“人性本善”还是“人性本恶”的问题上，自古以来就有争论。例如孟子和荀子就针锋相对。《孟子·告子上》有：“人性之善也，犹水之就下也。人无有不善，水无有不下。”《荀子·性恶》有：“人之性恶，其善者伪也。”

我觉得这些不重要，重要的是不管孟子还是荀子，他们研究人性本源都是想达到“使人善”的目的。孟子认为需要引导，荀子主张谨慎防范。尽管他们各抒己见，各执一词，但其实是殊途同归，他们争论的本身就是“良善之举”。

“善良”无须回报

佛家讲因果。《阿含经》记载，有一位小沙弥，本来应该夭寿的，因为一念慈悲，救了许多受困水塘的蚂蚁而延寿。一念善心，可以消除罪业；一念慈悲，能够增加功德。

世俗讲报应。《周易·坤·文言》有：“积善之家，必有余庆；积不善之家，必有余殃。”

应该感谢我们的传统文化，其中有很多教人向善的箴言和故事，教人向善本身就是“善良”。

电影《辛德勒的名单》中有一句话感人至深：“凡救一人，即救全世界。”其实，救了全世界就是救了自己，而“一花一世界，一叶一菩提”，救了自己，也即救了全世界。

世界本来就有“利己主义”和“利他主义”的并存。在我看来，利己是为己，利他也是为己，人类追求自己的幸福生活本就是天经地义。

我认为，“善良”是一种心性，本身并不存在功利性。很多时候，我们做事情纯粹是自己心性的自然流露。

哈维尔曾说：“我们坚持一件事情，并不是因为这样做了会有效果，而是坚信，这样做是对的。”

曾经读到一个故事。一人心存善念日行善事，一日遇一事百思不得其解，遂问大师：“为什么我这样善良的好人每天做善事也没有回报，而坏人就可以‘放下屠刀，立地成佛’呢？”大师拈花一笑：“因为你是好人呀。”

“善良”自有回报

我们经常说“赠人玫瑰，手留余香”，是不是一种精神上的自我安慰？

美国心理学家约翰·福赛斯研究发现，当一个人帮助别人时，即使是很小的帮助，人的大脑也会释放出多巴胺，同时血液中复合胺的含量也会升高，而这两种物质都会使人产生快乐的感觉。而吃巧克力等美食也会释放多巴胺，但它不会消除负面情绪。帮助别人的行为释放了多巴胺并减少了负面情绪，使这个快乐的时刻变得更加持久。

心理学家对不同国家、不同种族的问卷调查结果都显示，帮助别人和一个人的快乐程度显示出正相关的关系。

还有研究表明，人体内有一群被称为“镜像神经元”的神经细胞，它们就像人体内的镜子，可以映射他人的行为并反馈给本体，我们也因此学会从简单到复杂的各种模仿。在通过镜像神经元理解他人情感的过程中，镜像机制会使我们产生同样的情绪。例如，你看到不远处有人拿的东西散落一地，于是上前帮他捡起来，他笑着对你说了声谢谢，此时你的镜像机制会被激活，看到别人笑，自己可能也会跟着不由自主地笑起来。

你说，让自己快乐难道不是最大的回报吗？

特别是我们的家长，如果想让自己的孩子一生幸福，那就一定要让他成为一个善良的人。

善良的人一定是快乐的人，这是被脑科学证明过的结论；善良的人也一定是有价值感的人，因为他经常会让他人获得利益；善良的人一定人缘好，遇到困难时，大家也一定更愿意帮助他；善良的人一定会拥有更多的机会，因为谁都不愿意跟自私自利的人打交道。

《道德经》第七十九章有“天道无亲，常与善人”，意思是天道对人无所偏爱，但其结果却是常常帮助善人。其实，哪里是上天在帮助善良的人，只不过是我们用善良帮助自己罢了。

善良其实很简单

老家河南焦作有一种市井小吃——烧饼夹卤肉，没钱可以单吃烧饼，有钱可以烧饼夹卤肉。彼时，在跟班里的孩子讲善良时经常会说：“善良是什么？善良就是你吃烧饼夹卤肉，旁边有人只能单吃烧饼。如果你不能给他一个烧饼夹卤肉，你至少可以做到，吃烧饼夹卤肉时不要当着他的面吧嗒嘴。”

我在老家焦作教过的几个学生在我的公众号上留言，现在也做老师的雒敏写道：老师，让人们因我的存在而感到幸福，这句话我们一辈子都会记得。

我说：那就给你的学生也讲一下。

她说：必须的，传递下去！

军训是个筐，啥都往里装

——初中生“军训热”背后的冷思考

每年暑假，“军训”大幕便会拉开。大学军训、高中军训、初中军训，有些地方，连小学生都要参加“军训”。

炎热的夏季，“军训”是学生党中铁定的“热词”。

几乎所有的学校都很喜欢军训，说能培养学生的遵纪意识和团队意识，能培养孩子的吃苦精神和坚强意志。几乎所有的家长也喜欢军训，他们说得更直接：“哼！让他们去吃点苦头，他们会更懂事！”网媒、纸媒关于各个学校军训的推送宣传也接连不断，溢美之词赞扬之声不绝于耳。

诚然，“军训”在孩子成长过程中会带来一定的正向推动作用，但多年来初中生“军训”的真实版，也让我不吐不快——有些问题是不是还需要我们反思？

是德育活动还是体能训练

我始终对初中生“军训”的概念搞不清楚。“军训”，顾名思义是“军事训练”，但身边的初中生军训涉及“军事训练”的内容几乎没有。

目前的初中生军训内容五花八门。我找了几个推送学校军训内容的自媒体看了一下，军训的项目有队列训练、站军姿、走正步、行进走、跑步、垃圾分类、感恩教育、用餐文明教育、节约粮食教育、各种团建游戏、联欢会、操场露营等。

你看，“队列训练、站军姿、走正步、行进走、跑步”活动显然与学生在学校的集体活动有关，与体能训练有关；“垃圾分类、感恩教育、用餐文明教育、节约粮食教育”是学校的德育活动；“团建游戏、联欢会、操场露营”可能会给七年级新生提供展示风采、张扬个性、相互交流的平台。

还真是——“军训是个筐，啥都往里装”！

那么，军训应该做什么？

关于初中生军训的规定，我只是在《中华人民共和国国防教育法》里找到了有关条例。该法第十四条：小学和初级中学应当将国防教育的内容纳入有关课程，将课堂教学与课外活动相结合，对学生进行国防教育。有条件的小学和初级中学可以组织学生开展以国防教育为主题的少年军校活动。教育行政部门、共产主义青年团组织和其他有关部门应当加强对少年军校活动的指导与管理。小学和初级中学可以根据需要聘请校外辅导员，协助学校开展多种形式的国防教育活动。

看来，初中生的“军训活动”应该是“国防教育活动”，用“军训”这个名称是沿用大学和高中的说法，因为有关法规对大学生和高中生明确提出了“军事训练”的说法。

按照规定，“国防教育活动”主要应该对学生进行国防教育，当然，我们也可以“搭车多教育”，但活动的主要目的是不是要考虑？了解国防知识、增强国防意识等主题活动是不是应该得到彰显？

是育人活动还是吃苦活动

“国防教育”活动是学校教育活动之一，应该有益孩子身心健康，指向孩子健康发展。但在现有的“国防教育”活动中，不少学校和家长把活动的重心放在了让孩子“吃苦”上，认为只要够苦够累，孩子就会有吃苦耐劳的坚强意志，就会有丰盈的收获。

因此，宿舍条件恶劣、孩子不能洗澡被认为是磨炼意志，而全然不顾是否有安全隐患；烈日下长时间暴晒，无休止地蹲起被认为是艰苦的体能训练，而全然不顾正在发育的孩子身体是否会受到伤害；部分教官粗暴的呵斥、随意的惩罚被认为是守纪教育、挫折教育的最好经历，而全然不顾孩子的心理会不会受到伤害。

很多时候，我们过于夸大“苦难”对人的正向激励，而不去思考“苦难”带给人的沉重打击。“苦难”本身其实并不具有教育意义，关键是我们对待苦难的态度啊。

不然，一味赞美苦难，就会有刻意制造苦难和在苦难中寻找存在感的人。生活中不是有很多为自己的苦难感动不已但其实一事无成的人吗？

是的，要培养孩子吃苦耐劳的品质，但也要培养做事讲效率的意识；要培养纪律性和团队精神，但也要培养独立思考、勇于创造的优秀品质。

育人不是只谈“吃苦”就可以！

是依规行事还是随心所欲

各所学校的“国防教育活动”内容不一，可谓“百花齐放”。我在想，我们的课程有“课程标准”，我们的教材全国统一、全省统一，如此重要的“国防教育活动”怎么就不能有一个“基本规定”？

有的学校八月军训，有的学校九月军训，还有的学校十月军训。同样的炎热天气，有的学校户外训练，有的学校室内避暑。为什么不能对户外活动有一个气温极限的规定，规定当气温高于多少度时不得进行户外训练？有一年的户外军训，我实在是忍不住，给教官提了一个建议，说能不能让孩子们背对太阳训练以免把面部皮肤晒伤，教官同意了。育人又不是整人，吃苦又不是受伤呀。

跟我的一个学生谈起军训，他说好无聊，小学、初中、高中军训的内容基本是一样的。那么，每个学段孩子的身体和心理是不一样的，能不能设计不一样的活动课程？

户外训练有没有卫健部门研判，有没有制定确保孩子身心健康的行为标准？

户外训练中，会见到很多教官对孩子的惩戒。这样的惩戒当然是必要的，但个别教官随心所欲，惩戒学生主要看心情。不知道他们有没有统一标准的培训，有没有对他们行为的严格约束？

在成长的过程中，要培养孩子的“规则意识”。那么，我们的“军训”是不是也不能过于任性?

是常抓不懈还是一劳永逸

经常听一些同行讲:“这届学生没有参加过军训，所以很不遵守纪律。”“学生不听话，该军训了!”

说实话，我不太同意这样的观点。

“军训”只是培养学生遵纪意识、团队意识等品质的一项活动，是众多教育活动中的一项，并不是全部。学生的日常行为规范是在“日常”的教育活动中形成和体现的，学生的精神面貌、意志品质是在长期的教育活动中形成的，不可能一蹴而就。

如果把军训当作整顿学生纪律、改变学生精神风貌的灵丹妙药，我敢打赌，学生军训时可能会一好百好，但活动结束后军训成果一定会消失殆尽。

所以，那种认为靠一次军训就能解决德育问题的观点是要不得的。

军训过后，如果能把军训的要求和日常的教育进行合理衔接，那么，孩子的健康成长将会得到更好保障。

德育还是要常抓不懈，教育还是要靠日积月累，潜移默化。

积极的情感与积极地学习

那天早上第一节课，我问一个孩子刚讲过的一个问题。尽管我看到他是在认真听讲，但站起来的他就是回答不出来，羞愧地低下了头。

下课交流，他告诉我，早上因为起床跟父母吵架，整节课都在生气，虽然在听，但根本没有思考和理解。

有些老师习惯在课堂伊始整顿一下纪律，严厉批评某个或某几个违纪同学，有时甚至打压一下整个班级，让接下来的课堂安静至极，好像效果极佳。殊不知那些被批评过的同学或许就和上述的那个孩子一样，整节课都在愤怒或者羞愧中度过，学习效率极低。

而在家庭中，这种现象更为多见。很多孩子非学习活动的结束一般伴随着家长的呵斥和责骂，很多时候，学习是在不情不愿的愤怒和隐忍中开始的。

所以，有时我们从表面看风平浪静形势喜人，实则暗潮涌动负能滋生。

美国著名心理学家罗杰斯说：现代教育的悲剧之一，就是认为唯有认知是最重要的。是的，为了认知，我们往往会忽略决定认知水平的其他因素，例如情感。

研究表明，积极的情绪和情感对活动起协调和促进作用，消极的情绪对活动起瓦解和破坏作用。

情感严重影响孩子们学习活动的质量和效率。美国科学家曾经做过一个实验，他们对4000名儿童进行了智力测试，这些儿童的智商平均为105，相当于中等偏上的水平。不久，他们再一次进行测试，不过条件变了，这一次是让孩子们在紧张的条件下测智商。结果，孩子们的智商普遍下降，由平均105下降到91，竟然降低了14。所以，研究人员指出，在正常情况下，情绪好能使智商提高，情绪坏则会使智商降低。

我国《礼记·学记》中也有“故安其学而亲其师，乐其友而信其道”的说法，意思是：安于学习，亲近师长，乐于和同学相处，深信所学之道。这句话中就包含着师生情感。“亲其师”“信其道”要求老师和学生建立一种积极情感，师生间关系和谐，教学效果则突出。而“乐其友”则要求班级同学间有和谐的关系，不因为同学交往产生负面情绪而影响学习。

那年教11班，在将要中考的学期，学校突然决定让所有的同头班（指同一套教师配备的班级——编者注）按照孩子学习基础重组，11班的一半孩子去12班，而我将要迎来12班的一半孩子。彼时距中考很近，学习时间很紧张。但当我走进教室，看到12班来的孩子们脸上不安的表情时，我突然觉得，这个时候不适合学习。

我放下了课本：“孩子们，按照学校要求，从今天开始，11班和12班的部分孩子组成了一个新的班集体，我们有了一个新家。但我们这个新家还没有一个名字，我们既不是11班，也不是12班了，这节课先请大家为我们这个班命一个名字！”

接下来孩子们分组讨论，每一个小组提供一个名字，再进行全班举手表决，票数最高的是“23班”。我问孩子们，为什么叫23班，他们开心地回答：11加12等于23。

接下来我把我倡导的三句话“做最好的自己”“让人们因我的存在而感到幸福”“我们和他们不一样”又一次做了阐述，作为23班的班训。

接着又让孩子们讨论我们23班的“班呼”。这个时候我发现，12班来的孩子不安的情绪好像得到了缓解，逐渐活跃起来。分组讨论，每个小组确定一个班呼，最后依然是举手表决。让我没有想到的是，高票当选的班呼竟然是“二三二三，二三三三”。当看到他们看我一脸迷茫时的开心样时，我也开心地笑了。在这个“压力山大”的备考时刻，能够让他们释放一下紧张的情绪，我觉得很有价值。

确定班名，讨论班训和班呼，实际上是一个“团建”的过程，是增强团队向心力的有效行为，是让所有孩子在新环境中有归属感和安全感从而情绪稳定的有效行为。没有情绪的稳定，哪来稳定的学习状态呢？

简·尼尔森《正面管教》提到的第一个关键词就是“归属感”。没有归属感的孩子会有焦虑情绪，这个情绪非常影响团队效能。

脑科学研究表明，在一个新环境中，大脑最先处理的是生存问题，其次是情感问题，最后才是认知问题。

遗憾的是，很多时候我们往往把认知放在第一位，而对孩子们的情感不管不顾。

所以，积极的情感是孩子们健康发展的基础。作为老师和家长，绝对不能忽视对孩子积极情感的培养和呵护。

作为班级的主要建设者，班主任要充分认识到“情感”的重要性，努力创建积极向上、乐观坚强的班集体，让班级像一个温馨的家，让每一个孩子在班级中有归属感、安全感。“心若安好，便是晴天”，经常关注班级中情绪不稳定孩子的状况，努力给予异常孩子最有力的情感支持。考试过后，及时给予失利学生安慰和鼓励，平复其心情；影响班级集体情绪的事件发生，要采取相应对策，妥善安顿，不让负面情绪影响团队行为。

作为任课老师，要努力成为学生喜欢的老师。兴趣是最好的老师，学生喜欢你，才会喜欢你的课堂，在你的课堂上才会有愉悦积极的情感。在课堂教学中，要时刻关注学生的情感表现，而不是只盯着教学内容。心理学研究发现，在高兴和平静的情况下，学生的创造力水平高，创造性的重要指标——发散思维中的流畅性和变通性明显改善；而在不开心和焦虑的情况下，创造力则受到抑制，发散思维中的流畅性和变通性明显削弱。所以，任课老师开课前，要去感知班级情绪，适当引导和管控，努力营造愉悦、积极的课堂氛围。

作为家长，更要了解孩子的心理状况，关注孩子的情感流露，做好亲子间的良好沟通，培养孩子健康的情感。

首先，消除代沟造成的理解障碍，最大程度地理解孩子。建立良好的亲子关系，从做一个良好的倾听者开始。其次，无条件积极关注，给予孩子充足的安全感。父母要接纳认可孩子，不放大孩子出现的问题。那只是孩子成长路上的缺点而已，不能因为有缺点就不接纳不关爱孩子，全盘否定孩子。再次，肯定孩子的闪光点，让孩子有价值感。最后，学习运用一些调节孩子情绪的有效方法。例如多陪孩子进行户外体育锻炼，鼓励孩子与同学进行愉快的社交活动，和孩子一起做义工帮助别人等。

当然，家家有本难念的经。每个家庭的情况不一，每个孩子的问题也不一样，我们采取的对策也应该不一样。所以，父母要有关注孩子情感的意识，多学习家庭教育知识，营造良好的家庭氛围，善于发现孩子的情绪变化，帮助孩子形成积极健康的情感。

学习时的情绪情感决定学习的效率效果，而积极的情感是孩子健康成长的基石。

对此，我们不能掉以轻心。

做事情，还是做美篇

天气尚好，到钱塘江边散步，见几位妈妈带孩子们拍照。孩子们皆穿统一服装，系红领巾，一个孩子手里还举着国旗。妈妈们很辛苦，要选择合适的地点角度，要设计各种排列组合，要不断提醒孩子们做出应有的表情。哦，看来这是一次不明主题的小组活动吧。

只是，在拍照的过程中，孩子们大声喧哗，肆意奔跑，根本不顾江边原有的和谐静谧。我看到，没有哪位妈妈出来提醒他们讲文明讲礼貌。一个小男孩甚至将小食品包装袋扔向了江边的绿地，妈妈们忙着选地点议角度，没有看到，当然，也无暇顾及。

最后她们选定了跑道中间有“钱塘绿道”图案的地方。于是妈妈们指挥孩子或坐或蹲、或靠或倚，那面国旗也被举得笔直。

妈妈们都很兴奋。明天，她们的朋友圈一定会晒出颇具教育意义的这次小组活动，她们也一定会用优美的文案描绘这次活动的成功和价值。当然，可能还会有美篇，被转发和赞美。只是，现在的她们，根本没有注意到堵塞的交通和小心翼翼绕过的人们，以及投向她们的不满的眼神。

用美篇记录生活、总结活动、分享经验，本来是一件有价值和有意义的事情，但制作美篇不应该成为一项活动的目的，无论何时，都不应该喧宾夺主，本末倒置。

学校组织的小组活动自然是教育活动，其目的是让孩子们在活动中得到锻炼，在体验中有启发有思考，健康成长。让孩子受到教育自然是活动的要义，但江边的妈妈们显然把拍照当成了重点。孩子在公共场合大声喧哗，随便扔垃圾，不顾及别人的感受，占据道路中央堵塞交通——这些现象如果没有人去关注去阻止去教育，那么，无论朋友圈的照片如何风光，所做的美篇如何文采飞扬，都无法阻挡孩子们的非健康成长。

显然，妈妈们没有在做教育，只是在做美篇。

汉代刘向《新序·杂事五》中有“叶公好龙”的故事。叶公喜欢龙，衣带钩、酒器上都刻着龙，居室里雕镂装饰的也是龙。他“爱龙”的事迹妇孺皆知。天上的真龙知道后，便跑到叶公家里拜访他，龙头搭在窗台上探望，龙尾伸到了厅堂里。叶公一看是真龙，转身就跑，吓得失魂落魄，惊恐万状。

叶公的各种用具上都刻着龙，你能说他不喜欢龙吗？但真龙一来，他却是那个衰样子。可见，叶公其实一点也不喜欢龙，只是喜欢“爱龙”的“名声”罢了。

很多时候，我们是不是也是这样呢？

上公开课，我们多次排练，一遍不行两遍，两遍不行多遍，就为了那次不真实的表演。有时候，为了效果明显，我们还把懂事听话的孩子挑选出来，让他们配合“表演”。

运动会，我们着力把开幕式搞得声势浩大，光彩亮丽。至于比赛，程序可以简化，项目可以减少，过程可以缩短。我们真的需要虎头，因为没有多少人的朋友圈能看到可怜的蛇尾。

办几个重点班，将最优秀的学生集中在一起，最后美美地发几个美篇，狂吹升学率惊世骇俗霸气折冠。是的，由来只有学霸笑，有谁听到庸者好。

很多时候，某些“朋友圈教育”“美篇教育”在乎的是展示，在乎的是表面的光鲜、赢得的掌声与喝彩。问题往往被掩盖，本质往往被替代。

江边妈妈——不做教育做美篇，不仅让我想到了“重利轻义”“追名弃本”，还让我想到了毛泽东在《反对本本主义》一文中说的“形式主义害死人”。

关于形式主义，《人民网》有一句话说得很好：形式主义的种种表现，其共性是“虚”字当头、“空”字挂帅，场面上轰轰烈烈，实际上空空洞洞，中看不中用。

《央广新闻》曾多次报道，为了迎接领导视察，多地紧急建起围墙。围墙刷成统一的颜色，而围墙后面，则是破旧不堪、狭窄逼仄的民居。这是典型的形式主义，弄虚作假，骗人骗己。

《明史》中讲过这样一个故事。刑部侍郎茹太素给朱元璋写了一份17000字的汇报材料。朱元璋读到16500字的时候，还没有看到实际内容。为此，他让人把茹太素拉出去打了20大板，并严令群臣，今后写奏章时，“许陈事实，不许繁文，若过者罪之”。茹太素大秀华丽，大搞形式，受到了重罚。但如果遇到喜欢讲排场、爱奢华的君王呢，历史岂不是要重写？

一朋友曾来电诉苦，他们学校领导布置课题研究，非他们平时所做工作，根本没有实际意义，但领导说是上级部门指示，只有这样才能立项申报，朋友很是苦恼。是的，翻开我手边的期刊资料，部分文章论文、课题报告不也是这样吗？英文缩写频现，晦涩概念遍布，辞藻华丽，术语堆砌。好像不制造一些阅读障碍就不够专业不够学术。更让人不解的是，明明生活中、工作中的做法是那样，而他们夸夸其谈的却是这样。说一套，做一套，做说两张皮，为了课题而课题，为了科研而科研。这不也是典型的形式主义吗？

为什么要这样做？我认为，是“功利之心”作祟。

在新农村建设、美丽城市建设中想早出成绩，早点得到领导的肯定赏识，而踏踏实实一步一个脚印做，不但艰难而且速度太慢。建一道围墙多容易，遮住落后贫穷的景象，领导来视察，形势一片大好。

写论文搞课题要追风逐潮，要与时尚如影随形，要与上级保持一致，才容易更快“成功”。

美国企业管理大师汤姆·彼德斯说：“不要让形式主义淹没和窒息了精神。”

1930年，毛泽东同志在《反对本本主义》中指出：“不根据实际情况进行讨论和审察，一味盲目执行，这种单纯建立在‘上级’观念上的形式主义的态度是很不对的。为什么党的策略路线总是不能深入群众，就是这种形式主义在那里作怪。”

是的，解决实际问题就要深入实际，了解实际情况，做符合实际的事情。做事情就要关注事情的本质，按照规律做事，而不是只做表面工作，急功近利，炫优作秀。

读到《读者》上的一个段子：和朋友吃快餐，她吃了一个鸡腿堡、一对辣翅、一份薯条、一盒鸡块、一杯可乐和一个玉米杯。然后她拍了张玉米杯的照片发朋友圈：“减肥中，只点了玉米杯！”

每一个故事都值得尊重，每一种能量都值得发现

很久之前就听到过这个被演绎成不同版本的故事。

有位老太太，她的两个女儿长大后，一个嫁给卖伞的，一个嫁给卖鞋的。从此，她整天坐在路口哭，被人称为“哭婆婆”。一天，一禅师路过，问其缘由。老太太告诉禅师：每当天晴的时候，就想起了卖伞女儿的伞会卖不出去，因此伤心而哭；而每当下雨的时候，又想起卖鞋女儿的鞋一定不好卖，因此也伤心落泪。

禅师说：下雨的时候，你要想到卖伞女儿的生意好；天晴的时候，你要想到卖鞋女儿的生意好，这样你就不会哭了。

老太太顿悟。从此，街头便有了一个总是乐呵呵的“笑婆婆”。

而当我参加“叙事取向国家高级生涯规划师培训班”学习，听到生涯咨询理念时，便又一次想到了这个故事。

叙事生涯咨询要求咨询师在受访者讲述生命成长时，不评价不指导，不命令不定性，只是陪伴和倾听，引导受访者梳理自己的成长，使他们在梳理的过程中找到“正向的价值和意义”，找到“自我的力量”，从而做“自己生命成长的专家”。

也就是说，当受访者与我们沟通和交流，特别是讲述自己的负面情绪时，我们不去评价，不去指导他应该如何应对，而是要引导他自己梳理反思事件中的积极意义，学会自我疗伤并发现生命的能量，从而带出行动，影响未来的行为。

这个理论给了我极大的震撼。

瑞士心理学家卡尔·瑞格认为：“事物本身如何并不重要，重要的是如何看待它们。”是的，对于同一件事，由于思维方式不一样，所得到的判断便不相同。一件事情是好是坏，关键在于人们自身如何认知，在于思维的方式和看问题的角度。

当有人跟我们讲一件悲伤的事情，我们往往极度配合并善解人意地渲染悲伤的气氛，哀叹讲述者的不幸和命运的不公。孩子做错了事情，我们跟进的往往是批评和指责，然后命令式地给予孩子改正的方法和措施。如果有人向我们诉苦，我们往往会自带强者光环，对其表示安慰和进行最热心的指导。

在这个过程中，我们忽略了生命成长的意义，忽略了生命自带的愈合生长的力量。很多时候，我们的严令禁止和锦囊妙计并没有和对方的生命联系在一起，所以不具有自内而外的原动力。而引导犯错者和弱者在事件中发现自己的责任和价值，找寻自己的闪光点，从而产生自我激励的作用，方能有向善向好的持久能量。

错了就是错了，缺点就是缺点，已发生的错误不可更改，那么我们的关注点就不要停留在错误上。想方设法放大积极意义，会带动整体向前、向好发展。

在这个角度上，许多教育学、心理学的规律也可以相互印证。

皮格马利翁效应，也叫罗森塔尔效应。美国心理学家罗森塔尔和雅克布森在智力测验中发现，教师对学生心理存在潜移默化的影响，积极鼓励会使学生取得教师原来所期望的进步现象。即对孩子的期望值越高，他们的表现就越好。

而现在，我们可以在跟孩子沟通和交流的过程中，艺术性地引导孩子，让他们觉得自己本来就是一个努力的人，一个可以更优秀的人，一个值得期待的人。那么，这种心理暗示会让他们变得更好。

著名的斯金纳箱实验带来的是正面强化的意义。斯金纳认为，我们会为了达到目的，采取一定的行为来改变身边的环境，如果行为带来的结果是对我们有益的，我们就会加强这种行为，否则就会减少这种行为。正强化其实就是通过鼓励的方式来增强事情发生的频率，以此来改变自己的行为。

在班级管理中，批评和惩戒是必须的，但我们不能总是把批评和惩戒当作班级的焦点去宣扬和放大。占据班级舆论C位的，应当永远是赞扬和正能量。

积极心理学认为，挖掘困境中个体的自身力量，可以有效预防心理问题。若仅关注个体身上的缺点或弱点，其实并不能达到有效预防的目的。

那么，引导孩子们开启“自我赋能”的程序，让他们以己为荣，在人生的道路上遇见最美的自己!

善论病情，也要常开处方

春节假期，与同学朋友品茗叙旧，闲论世事；与亲人故交网络连线，畅聊家常。三句话不离本行，往往会谈到孩子的教育问题。

多位朋友谈到老师的“叫家长”，说老师把家长请到学校，说一大堆孩子的问题，最后说让家长好好教育。家长说，我们要会教育的话，孩子就不会有问题了。

看起来，家长对老师颇有微词。

而作为教育工作者，在与家长联系的过程中，我也发现部分家长的确完全把教育孩子的任务交给了老师。

这些做法都不太恰当。

一

毋庸置疑，家庭是孩子成长的主要环境，家长是孩子成长的关键导师，科学施以家教是孩子健康成长至为重要的关键环节。因此，在学校教育中，家校联系越来越受到广大教师特别是班主任的重视，与家长交流和沟通业已成为班主任工作的重要方法。

不少家长在孩子刚入班时非常渴望与班主任沟通和交流，但随着时间的推移，沟通交流的兴趣逐渐减弱以至丧失，更有甚者与班主任心生隔阂，害怕甚至不愿收到班主任的信息。

班主任与家长在孩子健康成长的目的上完全一致，两者该是一种团结互助的和谐关系，应该“心往一处想，智往一处谋，劲往一处使”。但在实际工作中，的确存在家长与班主任心生隔阂的情况，这究竟是什么原因呢？

孩子在学校出现了问题，本来就是孩子成长中一件很正常的事。然而，部分班主任过于急躁，认为完全是家长的责任，在与家长沟通时难免情绪化，久而久之就会使家长与班主任产生隔阂。特别是当孩子出现问题，需要班主任和家长联手解决时，极个别班主任只是将孩子出现的问题通报给家长，要求家长想办法解决，在这个过程中，班主任仅仅起到了通知传达的作用。

实际上，每一个家长都希望孩子健康成长，问题孩子的背后往往折射出家长的问题，至少隐藏着家长忽略教育或者教育不当的弊病。这样的时刻，家长迫切需要老师的提醒和帮助，需要班主任和家长一起分析孩子出现问题的原因，特别需要班主任给出针对性强的具体建议。

如果我们的班主任仅仅是告知家长孩子出现的问题，家长也没有解决的办法（很多时候孩子的问题就源自家长），这些问题并不会得到解决，甚至可能会愈演愈烈。班主任一次次的通告也会引起家长的反感和不满，会让家长觉得班主任不负责任和嫌恶自己孩子，时间长了，就会导致家长与班主任心生隔阂。

所有孩子在成长过程中都难免会出现一定问题，就像每一个人都会有头疼脑热的时候。如果把孩子在成长过程中出现问题比作生病的话，那么班主任、老师就应该是医生，因为我们是受过专业培训的教育工作者。

相比于家长，我们有一定的心理学、教育学知识，进行过教育教学领域的专业培训，有一定的教育教学实践经验，所以面对孩子出现的问题，在家校联系中，我们应该根据孩子的具体情况给予家长一定的建议，给出相应的解决方案。也许我们一次两次的建议不足以解决问题，但总是会给家长带去一些启发和思考。如果孩子出现了问题，班主任仅仅是一次又一次通知家长，让家长想办法解决，那这样的班主任一定是不受欢迎的，这样的家校关系也一定是不和谐的。

就像医生遇到病人，要想方设法开具有效的处方，而不是翻来覆去唠叨病情。

二

当然，我们的家长朋友也要认识到，家庭教育是孩子成长的重要途径，对孩子来说有着无可替代的作用。教育家苏霍姆林斯基说：“我们的基本认识是，父母、亲属是儿童最早的教育者；正是在学龄前的几年间，也就是在儿童接受教师的影响开始以前很久，就在他的身上种下了人的一些基本特征的根子。”我非常崇敬的李镇西老师也说：“学校教育很重要，但无论多么重要，都只是家庭教育的重要补充。”

如果家长朋友不能认识到自己在教育孩子过程中的主导作用，那么孩子的转变就会大打折扣。

当然，随着社会的发展，绝大多数家长朋友都已经认识到了自己的重要性。

我始终觉得教育这个职业类似于中医。中医以“天人合一”的思想为根本，讲究整体观念，讲究整体的调适，讲究固本培元、标本兼治。那么，在孩子的成长中，家长起主导作用的家庭环境是关键因素，是“本元”。孩子出现了问题，我们不从“本元”上下功夫，就不会“标本兼治”，甚至“标亦未治”。

而我认识的很多家长朋友，能够积极学习家庭教育知识，经常和老师沟通交流，商讨行动措施。他们主动求变，善于行动，他们的孩子都发生了令人可喜的正向变化。当然，教育孩子是一个复杂的系统工程，就像中医看病，每一个人的身体都有特殊性，而即使是同一个人，也要根据当下情况不断调整方子，才能逐渐向好。

但是，如果我们每天只是反复唠叨异常反应，高谈阔论病症危害，而不是尝试开出药方，不断调整、执行治疗方案，那么，病将永远是病，且一病再病。

漫谈迟到

这一周，班里孩子们迟到的现象有明显改善，我很是欣慰。

迟到就是指在规定或约定的时间没有到达指定地点的行为。不得不说，它是一种常见现象，每天每个行业每个集体都可能会上演迟到的故事。

小时候在村里看戏，舞台上杨家将中的元帅穆桂英威风凛凛英姿飒爽，众将官分列两厢，穆元帅点卯，杨宗保迟到被打了板子。杨宗保虽是穆桂英的丈夫，但军令如山，法不容情。这可能是少年时期的我第一次受到关于“守时”的严肃教育。

小时候听评书，刘备三顾茅庐，诸葛亮登台拜相军中点卯，张飞就迟到了。诸葛亮故意当着刘备的面问军政官如何处置，答，点卯三次不到，按军法要杀头。当然最后诸葛亮还是没有砍掉张飞的头，要不然就不会有后边的勇猛上将张翼德了。

军队纪律严明是有道理的。战斗当前，将士们纪律涣散贻误了战机，就不是战败的问题，而是要掉脑袋的事情。

《诗经·齐风·鸡鸣》中有：“鸡既鸣矣，朝既盈矣。东方明矣，朝既昌矣。”它的意思是妻子催丈夫起床：“公鸡已经叫了，上朝的都已经到了；东方已经亮了，上朝的已经忙碌了。”由此可见，从春秋起，古人就有了“鸡鸣即上班”的传统。这个时段为“卯时”，即早晨五至七时，于是，“点卯”也就流传至今。

《唐律疏议·职制四》规定，上班的时间到了以后，有关官员应该点名检查实到官员的人数，一天要点好几次。点名没到的，每缺一次打二十小板，如果每次点名都没到，就按无故不上班的罪名议处。

你看，不仅仅是军队，古代对公务员队伍迟到的惩处也很严厉。

私以为，从个体来讲，不迟到是一个人重诺守时的表现，是一个人修养风度的体现。一个人的时间管理显示的是对自我的控制和规划，是对自我的要求和期许。鲁迅先生上学迟到后，就因为寿镜吾老先生严厉地说了一句话“以后要早到”，便默默回到座位在书桌上刻了一个“早”字警示自己。当年读到这篇课文，这个“早”字给了我醍醐灌顶般的醒悟，给了我之后人生倦怠时的力量。那年到绍兴鲁迅故居，急切地想寻访一下这个“早”字，但人太多，未能如愿。

从社交礼仪上讲，守时是尊重对方、心有诚意的体现。特别是若迟到了，别人对你的第一印象，可能就是你无意中迟到带来的不美好。

中国青年报社会调查中心联合问卷网对2003名受访者进行的一项调查显示：对经常迟到的人，65.8%的受访者直言信任感会降低。调查还表明，64.52%的人觉得，“习惯性迟到”的人没什么时间观念，把握不好出门以及路上所需的时间。也有29.03%的人认为，迟到是不在乎别人的约定、不尊重他人造成的。

所以，守时真的太重要了。

我经常跟孩子们讲为什么不能迟到：大家都已经上课了你再进教室，势必会影响大家听课；我们约定好出发时间你迟到了，大家都要牺牲自己的时间等你一个人，我们这个集体的出发时间就会被推迟。

迟到的破坏力极强。对于集体来说，大家约定的时间每一位成员都要遵守。如果一个或几个成员不遵守约定，集体的行动很可能就不能进行，大多数成员的努力很可能就会白费，集体中每一位成员的利益就会受到损害。从集体约定的角度来讲，不迟到就是集体荣誉感的体现，就是团队凝聚力的彰显。

但有些行业和单位的会风的确很不好。“八点开会九点到，十点不误听报告”，这是参加工作后听到的一句顺口溜。刚开始以为是玩笑，但后来体悟到有些会风的确如此。

遵规守纪的员工按照开会时间很早就到了，可是会议迟迟不能召开。通知的开会时间到了，宽容的领导会说再等等那些未到的同志吧，可他不知道早到的同志很受伤；急躁的领导呢，会大发雷霆批评迟到的同志，可他不知道迟到的同志根本不知道他的批评，而早到的遵守纪律的同志却永远在挨批。

如果迟到成为常态，大家便都会不守时，就会形成不良行风。行风不好便会产生信任危机，便会降低办事效率。

很多年前，在老家的学校任职，有一次，学校的鼓号队要代表乡里参加县里的活动。县里通知乡政府活动九点开始，乡政府领导怕我们迟到便通知乡教办领导说八点必须赶到，乡教办领导通知学校七点必须赶到，而我们得知活动七点开始便又自作主张提前了出发时间。

当漆黑的夜晚，兴奋的孩子们半夜起床，坐车从崎岖的山路上赶到空无一人的县城街道时；当满心欢喜激动雀跃的孩子们冻得瑟瑟发抖熬过几个小时的等待后；当饥肠辘辘疲惫不堪的孩子们在活动到来时强作欢颜抡槌鼓腮时；在欢天喜地的锣鼓声和人声鼎沸的口号声中，我莫名地难过起来。

而关于迟到，最令我记忆深刻和感到有趣的，是我教过的孩子们在课堂上解释的"姗姗来迟"。

我的语文课在学习生词时经常有"说文解字"环节，就是让孩子们尽情联想和想象，探究生字或生词"音、形、义"的联系。那一课学到"姗姗来迟"这个词语，一个男孩站起来说，老师我觉得可以这样记住"姗姗来迟"的"姗"是女字旁的"姗"，男生和女生约会的时候，男生一定要有绅士风度，一定要早到不能迟到，而女生可以矜持，可以"姗姗来迟"。

这个解释，真的棒极了，一百分！

举世悼念袁隆平，告诉孩子要成为怎样的人

不仅是科学巨人，而且他直率的性情与满满的可爱，让人觉得就像自己的爷爷一样。我们爱这个英雄，正是有了他，深夜的星空才显得璀璨华美。

“杂交水稻之父”、中国工程院院士、“共和国勋章”获得者袁隆平，2021年5月22日13点07分在湖南长沙逝世，享年91岁。

我从未见过人们如此集中而又深情地怀念一位科学家，打开微信朋友圈，轻划屏幕，各种题目、各种表达无不指向同一个主题，渲染着哀伤而沉重的气氛，以至于在那个时刻，任何一条非缅怀袁公的消息在朋友圈出现，都可能是对人间的一种冒犯。

不同于一般的“学术偶像”，在袁隆平身上，更有着让人倍感亲切的平民气息，有着让我们喜欢的人间烟火。他是“全民爷爷”，是那个望一眼便有喜感和安全感的慈祥老人。

他用特有的人格魅力征服了我们所有的人。

于是，在浏览纪念袁隆平文章的同时，我始终在思考，如果把袁爷爷的事迹讲给孩子们听，是要他们成为怎样的人呢？

一个有梦想的人

在袁隆平的“豪宅”里，悬挂着一张“特殊”的中国地图，标记着中国内陆近15亿亩盐碱地。他带领团队研究可以种植在盐碱地的水稻，一切如果顺利，可以多养活约2亿中国人。而如果全球143亿亩盐碱地都能种上水稻，那全世界的饥饿人口问题将得到根本性解决。他的目标是让每个人都吃饱饭，不仅是对中国而言，也是对整个人类而言。

袁隆平说自己有两个梦想，一个是禾下乘凉梦，一个是覆盖全球梦。因为他曾亲眼见过，饥饿是如何杀死百姓的。所以即便90岁高

龄，他依然心怀梦想，为此不休不止。

我经常在想，是什么支撑着袁隆平孜孜不倦下田劳作？从另一种意义上讲，已领高寿的他本应颐养天年，本应安享天伦之乐，但他显然不是这样。

91岁高龄的袁老，在海南三亚南繁基地不慎摔了一跤，被紧急送至当地医院，后转回长沙接受治疗。

入院之初，袁老每天都要问医务人员："外面天晴还是下雨？""今天多少度？"有一次，护士说28℃。他急了，"这对第三季杂交稻成熟有影响！"

杂交水稻的梦想让他无时无刻不在牵挂他的心爱之物。他的眼中只有稻，心中只有爱和奉献。

美国文学家爱默生曾说："一个人只要知道自己去哪里，全世界都会给他让路。"

有时候我会想，袁隆平的淡泊名利、不畏劳苦，甚至他的乐观平和，一定都是梦想带给他的礼物。梦想给予人生意义，会给人生赋能。有了梦想，生命便有了激情。

有梦想谁都了不起，有梦想谁都不怕累。

一个有价值的人

袁隆平逝世后，联合国发文悼念："袁隆平院士为推进粮食安全、消除贫困、造福民生做出了杰出贡献！国士无双，一路走好！"

袁隆平不但帮助中国人吃饱了饭，也帮助世界上其他国家的很多人民吃饱了饭。如今，非洲有五十多个国家在种植袁隆平的"杂交稻"，还有诸如越南、菲律宾等很多发展中国家都在种植杂交稻。杂交稻因为产量高，让更多的人吃饱了饭，全世界因此受惠的人数据粗略统计以十亿计。人能吃饱饭，战争就会少一些，和平就会多一些，就会少饿死一些人，少很多人道主义灾难。可以毫不夸张地说，袁隆平的贡献是属于全人类的，他是全人类的恩人！

更好地生存，是人类奋斗的源泉。但人类是谁？是我们自己，是我们每一个人。如果都只是满足自己的私欲，都成为精致的利己主义者，这个世界将成为一个灾难，丑陋无比。

“天下兴亡，匹夫有责”，我们每一个人都要承担建设美好世界的责任。虽然每个人的价值可能不一样大，但我们每个人都应发光发热，成为照亮人类星球的一束光，成为装扮美丽世界的一片绿、一朵花。

每个人，都要努力做一个有用的人！

袁隆平说：“君子爱财，取之有道。你不能为了钱去努力奋斗，而是实现你的理想去奋斗，你真正有了成绩、有了贡献，会有回报的。”

我说：“让人们因我的存在而感到幸福！”

一个有毅力的人

2019年9月29日，袁隆平获得“共和国勋章”。颁奖词这样描述袁隆平：“他一生致力于杂交水稻技术的研究、应用与推广，发明‘三系法’籼型杂交水稻，成功研究出‘两系法’杂交水稻，创建了超级杂交稻技术体系，为我国粮食安全、农业科学发展和世界粮食供给做出杰出贡献。”

袁隆平其实一生只做了一件事——研究杂交水稻技术，但他把这件事做到了极致。

“每天早饭后，他就带着水壶，揣两个馒头下田。他左手持放大镜，右手拿镊子，弯腰弓步，在湘西稻田里一株一株翻阅。14天内，他翻遍14万稻株，终于找到一棵雄性不育株。理论上，大自然产生一株天然雄性不育株的概率是1/50000～1/30000。这种基于极小概率无休止般的试错试验，需要的是有心人的灵感与勤勉。两年内，他一共找到6株。”

“几十年时间里，他坚持在一线从事育种工作，每年冬天仍然飞到海南的育种基地。”

读到这样的文字，不禁为袁隆平几十年如一日的钻研所折服。从走进杂交水稻研究的大门到去世，他深深扎在这个领域，俾夜作昼，孜孜矻矻，从未半途而废，从未松懈半分。这是当世非常稀缺的工匠精神。做一件事不难，做好一件事很难，把一件事做到极致尤其难，然而袁隆平做到了。

“袁隆平甚至比农民还像农民，农民现在也不用天天下地。他自己说过：我不在家，就在试验田；不在试验田，就在去试验田的路上。”

“水滴石穿，绳锯木断”“天下难事必作于易，天下大事必作于细”，古人铿锵有力的智言慧语明确标示着通往成功的大道，然而我们大多“三天打鱼，两天晒网”，我们大多任性善变，还美其名曰灵活、自我，殊不知“大道至简，大行至朴”。

而锲而不舍，金石可镂。

一个真实的人

“真实”其义有二，“真”乃不作假，“实”是不虚伪。袁隆平这方面的例子很多，尤其惹人喜爱，令人折服。

某活动采访袁隆平，主持人说：“我倒是听说，袁老师多才多艺，要不要现场表演一下？京剧，还是花鼓戏？”袁隆平说：“其实我的长项是游泳。”观众哄堂大笑，在主持人的尴尬中，袁隆平一脸天真，兴致勃勃。

据说有一次袁隆平参加一个颁奖活动，致谢词念到第二页时，纸张卡住了，翻不过去，袁老就嘟囔了一句“麻烦死了”。这句话经话筒放大，现场所有人都乐了。

科学来不得半点虚假，而伟大的科学家袁隆平做人也不掺一点假。

下面说“实”。

有一次，袁隆平说自己已经不带博士生了，主持人问其原因，袁隆平直言“辛苦得很，又要指导他搞实验，又要帮他修改论文，麻烦得很”“死脑细胞的”。皱眉，搓脸，挠头……

这样的袁老实在太实在了，怎么想的便怎么说。这与他的专心不无关系，与他的纯真不无关系。这与诸多三头六臂、兼职种种、见荣誉就上、名和利一把抓的学者形成了鲜明对比。而他的成功、他对人类的卓越贡献是否建立在他心无旁骛专心致志的学术态度上，答案无疑是肯定的。

在缅怀袁老的文章中读到一则34年前的旧事。教育部从泰国华侨稻米商那里捎回泰国高产稻种，外事局发函给各有关科研机构与农业院校告知此事，袁隆平所在的湖南农科所是唯一联系的反馈单位，并且袁隆平专门派人从遥远的长沙到北京领7粒种子回去研究。

这是什么精神？这是踏踏实实的工作作风，是扎扎实实的学术态度。

真实是科学的生命，而真且实的袁隆平永远是我们学习的榜样。

一个淡泊名利的人

2016年，袁隆平获得首届“吕志和奖——世界文明奖”，奖金高达1700多万元，而他全部拿出来支持农业发展，分给他的房子也被他改造成了工作场地。

宣布荣获“共和国勋章”当天，袁隆平在田间。2019年9月29日，袁老进入人民大会堂接受勋章。但当天就返回湖南，因为第二天还要到田里去。

他的奖太多了。有一回，主持人问获奖感言，他说，我的奖太多了，我不在乎这些东西了。

“非淡泊无以明志，非宁静无以致远”，如果一个人的功利心太重，那么他可能体会不到事物本身的乐趣，也就无法在做事的层面孜孜不倦，因此既不快乐也难以成功。

袁隆平说，我们一生有很多东西需要坚守，如果浮躁了，就难以看清事物的本来面目。有些事情，我们也要勇于放弃，必要的放弃是另一种意义上的坚守。

例如学习，布鲁纳说，兴趣是鼓舞和推动学生学习的自觉动机，是调动学生积极思维、探求知识的内在动力。如果一味考虑名次和学习的结果，便会丧失学习本身的兴趣。

一个善良的人

邓哲是他的妻子。两人刚结婚没多久，袁隆平下班后邀请她一起去游泳。临出门前，袁隆平特意拿了一把小剪刀，邓哲很奇怪拿剪刀干啥。袁隆平解释说，河里有许多渔民布下的渔网，黑灯瞎火的要是游泳时被渔网缠住，就能马上剪开帮她脱身。

有一次过生日，好友谭士珍偕夫人去祝寿。饭后合影，袁隆平站在最左边。谭士珍觉得不对，袁教授怎么能站边儿上呢。就让他站中间。袁隆平却说："你们俩是夫妻，当然得站在一起，如果我跑在中间，不就是第三者插足了吗?"在场笑翻了天。

有人说袁隆平身家过亿，但生活里他却一直保持着简朴的生活习惯。有一次参加节目，主持人王志问他身上的衣服多少钱，他回答："35元。"王志吃惊反问："真的假的?"袁老回答："真的，还有一件比这个还漂亮一点，也是35元。"鲁豫在一次节目中还爆料，有一次商场搞促销，裤子只要10元一条，袁隆平一下买了十多条，付钱的时候还因为觉得太便宜，主动对售货员提出："要么每条加2元，12元一条你卖给我吧。"

侠之大者，为国为民。袁隆平数十年造福人类苦苦钻研的原始动力和道德根基在于他的悲悯意识，在于他要让人们吃饱饭的朴素愿望，在于他愿人间安好的济世情怀。

2020年7月，第三代杂交水稻新组合试验示范基地，测得早稻平均亩产为619.06公斤。同年11月2日，测得晚稻平均亩产为911.7公斤。在一旁等待结果的袁隆平爷爷，得知结果后，激动得像个孩子，两只手不停地鼓掌。因为他知道，多几颗米粒，便少几分饥饿和痛苦。

一个人有了善良，就会有一种由内心散发出来的善意，会有一种慈悲的心怀。

不要急不宜催，就像扫地机器人不能推

一

和往常一样，周末整理房间、打扫卫生，还是启动了扫地机器人。

一切都进行得很顺利，只是在完成清扫任务返回充电时，它遇到了麻烦。

勤勤恳恳劳作之时，有一本书掉到了电源附近，于是它回到电源附近不好前进了。停下来，它飞快转动着，很用力的样子。

我连忙把书拾起来，也担心它会立刻没电，便用脚推着它向电源方向前进。

女儿拦住了我。她说，爸爸你不可以推的。

女儿告诉我，扫地机器人也是有“大脑”的，遇到了障碍物，遇到了突发情况，它需要思考，需要反应的时间，一般情况下，给它时间，它会自己处理好的。

如果你帮助了它，它不知道自己是如何完成的，就不会储存完成过程的信息，便没有了记忆，下次遇到类似情况，它还是不知道该如何处理。

二

机器人是这样，孩子也是这样。

教过的每一届，都有很多学习习惯不好的孩子。

例如，有些孩子放学回家，经常忘记带作业本，等到很晚要去做作业时，才蓦然发现作业本还在教室座位处。

面对这种情况，家长经常会有两种做法。

一类家长会严厉批评，骂得孩子狗血喷头，“不努力”“不爱学习”“懒惰”等对孩子的道德评判会脱口而出。孩子忘记拿作业本本来是有羞愧感的，而此时，在家长的唠叨否定中，孩子羞愧感降低，对抗性情绪提升，或顶嘴狡辩、言语激烈，或撒谎以求逃过此劫，或沉默不言、不予合作。

还有一类家长会大事化小、小事化了，会给老师打电话、发信息，解释孩子没带作业本，以此来避免孩子未交作业受到老师批评。

我认为，以上这两种做法都欠妥，都没有把问题聚焦，没有让孩子认识到错误从而反思下次该怎么做。

18世纪法国教育家卢梭认为：儿童所受到的惩罚，只应是他的过失所招来的自然后果。这就是“自然惩罚法则”，是从卢梭自然主义教育理论中延伸出来的一种教育方法，很多时候很有效。

当孩子犯错时，不要给孩子过多的指责，而是让孩子自己承受行为过失直接造成的后果，给他以心理惩罚，使孩子在承受后果的同时感受到不愉快甚至痛苦，从而引起孩子的自我悔恨，自觉弥补过失，纠正错误。

没带作业本，家长不要着急，要让孩子急，要问孩子该怎么办。不管多么晚，要陪孩子到学校拿（陪孩子是为安全考虑），要让孩子有意识地去承担这个不愉快甚至有点痛苦的后果，不要指责和建议，要给孩子反思的时间和机会，让孩子学会自我纠错。

很多教育的问题都是这样，不要着急，让孩子在不断试错、不断承担后果的过程中进行自我抉择，逐渐长大。

三

个人是这样，班级也是这样。

班集体建设需要过程，一个优秀班集体的诞生需要淬炼的时间和火候。

班级从组建的那一天起，各种问题就会不断暴露，这是很正常的。有问题是真相，风平浪静才是假象。明白了这一点，就不会焦虑，不会心急。

班级的主体是谁？是学生。班级出现了问题，着急的应该是谁？也应该是学生。但在现实生活中，很多年轻班主任不懂得这个道理。班级一遇到问题，就觉得是自己的问题，就会心急上火，就会剑走偏锋。

自习课的纪律不好，就会一步不离守在教室；教室卫生情况欠佳，就会亲力亲为四处查看不停命令，甚至亲自披挂上阵；孩子不团结，就今天强力批评，盼望明天就会春暖花开一片祥和。

我觉得这样做是不妥的。

班级出现了问题，应该向魏书生老师学习，遇到事情和学生商量解决。商量就是让孩子们认识到“我的班级我负责”，激发团队凝聚力；商量就是引导孩子们去思考去反思，去不断尝试和寻找解决的办法；商量就是提高孩子们解决问题的能力。

还有最重要的一点，就是学会“等待”。有“等待意识”才会给班级锻炼的时间和机会，才能教会孩子们自我反思和决策，才会让班级健康成长，成为一个真正经得住考验的优秀班集体。

《论语·子路》中有：“无欲速，无见小利。欲速则不达，见小利则大事不成。”它的意思是：不要图快，不要顾小利。图快，反而达不到目的；顾小利，就办不成大事。

所以，凡事都不能急呀。

四

教育是这样，教学也是这样。

批改作业后、考试后，老师们对学生说得最多的一句话往往是：我都讲过了，也讲得很清楚，你们为什么就是不会呢？

很多时候，我也这样讲过。可是我发现，这样的话讲得再多，学生该不会还是不会。

为什么呢？

自己备课的时候，查阅了很多资料，经过了自己的梳理和判断，形成了自己的结构体系，自己掌握了，然后讲给学生听。而学生学习的过程只是在老师指定的时间内听讲，还是被动地听。他没有经历和老师一样的学习过程，效果怎么可能和老师一样呢？

那么，老师经历了什么？

因为必须教会学生，所以自己就有学习的目标和兴趣，也就是有学习的动机；自己查阅了那么多的资料，就有了学习支架；在梳理和判断的过程中，自己把知识背景与支架材料和要教的内容进行过联系和创造；遇到难以解决的问题，有时候也和同事讨论或者查资料请教，有帮助和支持系统……

是的，我确定，我经历的这些学生都没有经历过！

那他怎么能很好地掌握呢？

建构主义理论认为，知识不是通过教师传授得到，而是学习者在一定的情境即社会文化背景下，借助其他人（包括教师和学习伙伴）的帮助，利用必要的学习资料，通过意义建构的方式而获得。获得知识的多少取决于学习者根据自身经验去建构有关知识的意义的能力，而不取决于学习者记忆和背诵教师讲授内容的能力。

《孩子是如何学习的》一书的作者、美国著名教育家约翰·霍特提出：最合适的学习方式，是给予孩子自由和时间，让孩子主动学习，而教育能做的，是对孩子充满信心和提供指导帮助。

看来，还是我们太急了，没有给孩子有效的经历，没有给学生建构的过程。

所以，很多时候，对于孩子的教育，我们不能急不宜催。

就像，扫地机器人不能推。

孩子学习的主动性来自哪里

期中考试后，许多家长和老师谈论到孩子的学习。大多数同事都觉得，孩子学习主动性不够，既不够努力，也不够刻苦。

可是，家长批评孩子、要求孩子很多次，甚至帮孩子制订学习计划，督促、强制孩子学习，好像也没有起到很好的效果。

那么，我们到底要怎样做才能提高孩子学习的主动性呢？

我觉得，首先要搞清楚孩子学习的主动性来自哪里。

学习是相对枯燥的事情，没有玩游戏、看视频轻松有趣，孩子们凭什么会去主动做呢？

我认为，影响孩子学习主动性的因素主要有兴趣、目标，还有成就感、责任感、同伴、环境等因素。

兴趣

爱因斯坦说，兴趣是最好的老师。杨振宁也说，成功的真正秘诀在于兴趣。

看来，中外科学家在“兴趣说”上的结论惊人一致。

我觉得，“兴趣”与人类的好奇心不无相关。心理学认为：好奇心是个体遇到新奇事物或处在新的外界条件下所产生的注意、操作、提问的心理倾向。好奇心是个体学习的内在动机之一，是个体寻求知识的动力，是创造性人才的重要特征。

对好奇心研究颇有心得的美国心理学家勒文斯坦指出：“好奇心的理论之谜在于，人们为何对那些不会带来任何外在利益的信息如此着迷呢？”“好奇心的方向取决于所谓的‘信息空白’，即你突然意识到自己还不知道某一知识，非得立刻填补上这一空白不可。”

可见，由“好奇心”激发出来的“求知欲”和“学习兴趣”，是没有任何功利色彩的学习动力，是学习行为产生的本质和源头，而非功利性才会让行为更好地持续，才会让人获得本真的乐趣。

我认为，人类的好奇心是与生俱来的，对于“求知欲”和“学习兴趣”，我们需要激发和呵护。

第一，永远不要敷衍和嘲笑孩子的“奇思妙想”和“低级问题”。

工作的繁忙和生活的奔波可能让我们身心俱疲，很多时候面对孩子的“狂轰滥炸”，我们往往会失去耐心，从而变得面目可憎、乏味无比。

不要低估孩子的理解力，他们是会感觉到的。这样的情况下，他们会对自己的行为产生困惑、迷乱和羞愧，会逐渐抑制住自己内心泛起的无数个好奇，变得顺从和讨好，也变得沉重和无趣。

班里一个孩子对历史有浓厚的兴趣，总是喜欢在下课后追上我，迫不及待地讨论刚刚语文课堂上有关历史的问题。我能感觉到他对追求知识的本真乐趣。我为之欣喜，并且深受感染。

家访中，我看到他的妈妈总是鼓励他和我对话，而不是代他介绍。对他话语中的鲁莽、幼稚，妈妈总是微笑着不打断不指责，也从没有感觉到没面子；对他对我的提问，总是赞许地点头、善意地鼓励。

我好像找到了孩子对未知充满好奇的原因。

第二，善于拓宽孩子的视野，将学习内容与生活内容相联系。

很多孩子认为学习枯燥无趣，是因为将学习框定为备考行为，没有将学习与生活发生联系。很多孩子的生活内容就是学习，时间久了，就会觉得枯燥。

所以，要尽量拓宽孩子的眼界，带孩子参与更多的社会活动，发现更多的未曾涉足的领域，去感受不同的人和事。

在孩子感受的过程中，应该引导孩子，让孩子感觉到学校里的学习与眼前的世界发生的联系，鼓励孩子思考现实问题，并通过所学到的知识和技能尝试解决生活中的实际问题。

第三，欣赏和享受孩子探索的过程，而不是只表扬结果。

我始终认为，兴趣是在自由的环境中自己生长出来的，和强制无关，和功利无关。如果我们不断给孩子施加压力，兴趣就会枯萎和凋零。

卡罗尔·德韦克在《终身学习》一书中说，“天才儿童”身上最了不起的特征，是他们对学习有挑战的极度热爱，不断的、无休止的好奇心以及对挑战的探寻。

我们班的家长朋友，在读过这本书后说，我明白了：对孩子的智力水平进行表扬，只会损害他们学习的动力和表现，只会打击他们的自信心和积极性。如果父母真想送孩子一份礼物，最好的就是教会他们热爱挑战，从错误中吸取教训，享受努力的过程，不断学习。只有这样，孩子们才不会成为赞扬的奴隶。

当然，很多孩子的学习兴趣来自相关的老师、相关的形式以及其他因素，并不是学习内容。我觉得这既是一件让人高兴的事情，也是一件应该警惕的事情。

爱屋及乌，因为喜欢老师而对这位老师的教学内容感兴趣，这也是让孩子们有了学习兴趣，当然令人高兴。但如果换了老师呢？如果学习的形式不再鲜活呢？

在学习兴趣上，喜欢老师应该成为手段和过程，如果因为喜欢老师而从此对学科学习有了兴趣，那才是真正的幸事。

我始终认为，“兴趣”是最好的老师，是学习的最高境界。但同时，“兴趣”是可遇不可求的事情。特别是对于初中阶段的孩子，重新培养他们对学习的兴趣实属不易，所以，主动学习还应该有其他的原因。

目标

目标对于学习和工作的重要性毋庸置疑。但很多家长谈到，自己也为孩子制定过目标，制定目标后也有计划，但孩子经常不能落实和坚持。

那么，孩子制定目标应该注意些什么呢？

第一，目标是孩子的，而不是老师、家长的。

很多时候，可能是孩子没有培养出自主性（这也是我们老师和家长的问题，没有在孩子小时候关注到），而家长又过于焦虑，便会越俎代庖，便会全方位监管。

很多时候，目标其实不是孩子的，是老师、家长的。

家长朋友要避免过高的期待，不要给孩子压力。应尊重和引导孩子反思总结自己的情况，让孩子自己来制定目标，而不是家长代孩子来制定目标。

当然，目标过后会有计划，孩子应根据自己的情况制订计划。在孩子学习的过程中，自主性是非常重要的特征，如果孩子觉得不自由、不自主，觉得目标计划不是自己制定的，那么计划执行的效果便会大打折扣。

当然，如果孩子自己完全不会做决定，我们可以尝试根据孩子的情况给出备选项，让孩子自己去选择和做决定，逐渐培养孩子的自主性。

第二，目标是具体的，是可以实现的。

如果目标计划是孩子自己制定的，他就应该会有自主性，目标计划也会有可操作性和可控性。

孩子的目标应该是具体的而不是模糊的，应该是孩子觉得可以实现的，这样他才会有信心，有实施计划的行动力。

目标应该有大目标和小目标，有长远目标和阶段目标。

要把大目标分解成小目标，分解成肉眼可见的行动和措施。前期的小目标尽量制定得小一些，让孩子能顺利完成，从中积累价值感和自信心。

目标是可以实现的，这意味着老师、家长应成为帮助孩子实现目标的助手。请记住，是助手而不是主管或监管。老师、家长应听命于孩子，服务于孩子，要资料给资料，要方法给方法，要鼓励给鼓励。孩子应该是主动的，老师、家长应该是被动的，至少在孩子看来是这样。

第三，目标是有意义的。

阿德勒在《自卑与超越》一书中说，只有当孩子发自内心地找到了一个能够激励自己的目标，并且这个目标所带来的成就比阻挡他的障碍更大时，这个孩子才有可能打起精神来。

我觉得阿德勒是在讲目标的价值和意义。

可能很多孩子激励自己的目标是考上某所高中，也可能是找到一个好工作、赚更多的钱让父母更幸福。

这好像也无可厚非。

但我总是在想，如果目标是考上高中和大学，那么考上之后做什么？很多大学老师都向我描述过大学生不学习的状况。我们究竟要的是孩子阶段性努力，还是一辈子积极向上？

再说另一类目标，赚更多的钱是多少钱？比较之下总会不足，会不会一辈子活得很累，会不会中途放弃？

我个人认为，人是需要有现实目标和理想目标的，或者理想目标是通过现实目标来实现的。

例如班里一个孩子，我问他为什么要努力学习，他说为了帮到更多的人。我觉得这就是一个理想目标，它会让孩子感受到价值感和崇高感。我们还要引导这个孩子，有了理想目标，还要有现实目标来支撑——学到更多的本领，变得更强大，才会帮到更多的人。

果戈理说，如果有一天，我能够对我们的公共利益有所贡献，我就会认为自己是世界上最幸福的人。

杰弗逊说，点燃蜡烛照亮他人者，也不会给自己带来黑暗。

我说，价值感和崇高感让孩子不觉得苦和累，且会持续努力，会有满满的幸福感。

看来，老师和家长要引导孩子树立崇高的人生目标，进行非功利性学习。

成就感

美国心理学家鲁道夫·德雷克斯认为，丧失信心是所有不良行为的根源。

心理学研究表明，如果觉得一件事情非常有价值，而通过自己的努力又可以完成，那么人们一定会有兴趣并且会做出努力。

对于需要自己努力和付出心血的事情，为什么还会有兴趣呢？

我想有两个原因：一是因为这件事情有价值，觉得有价值就会产生神圣感和崇高感，就会为此付出努力，这是在为一种意义而奋斗。还有一个原因，是觉得通过自己的努力可以完成，完成后有愉悦感，这是在享受成就感。

成就感是为自己所做的事情感到愉快或成功的感觉，心理学解释为愿望与现实达到平衡而产生的一种心理感受。

孩子的学习也是这样，前文谈过要让孩子的目标有一种意义感，而成就感则要求让孩子享受到学习的成功和快乐。

我们的文化经常强调“失败是成功之母”，而我认为，对于还没有形成稳定坚毅品质的青春期孩子来说，“成功才更是成功之母”。

孩子为什么喜欢玩电子游戏？我觉得有一个原因，即游戏的初级阶段设置得比较简单，孩子们享受了太多的过关成就感，这种成就感带来的强烈愉悦会刺激孩子向更难的关卡冲击。如果游戏的初始阶段就很难，相信孩子们不久就会放弃。

学习也是如此。为了让孩子们的学习有成就感，要注意以下几点。

第一，要降低期望值。

相信每一个孩子心中都有长成优秀的种子，只不过每一个孩子擅长的领域不一样，进步的速度不一样，表现的形式也不一样。

很多时候，我们不开心是因为欲望过多、目标过高，而不满意孩子的表现也是因为对孩子期望太多、要求过高，总是想着他们可以更优秀，他们进步的速度应该更快一些，他们应该更听话一些。

降低期望值并不是不想让孩子优秀，与之相反，它恰恰是让孩子走向优秀的前提和基础。

降低期望值就能够心平气和理解孩子，就能够真诚地欣赏、赞扬孩子，孩子获得的成就感就会多一些。孩子的成就感强烈，主动性就会增强。

第二，善于发现孩子细微的进步，多进行赞赏。

做一个有心人、细心人，善于发现孩子的长处和进步之处，毫不吝啬自己的赞美和掌声。青春期的孩子很敏感，很在乎别人对自己的看法，所以家长要顾及孩子的面子，多赞赏、少批评。老师不但自己要这样做，还要教育孩子们善于给予同伴认可和鼓励。

第三，帮助孩子获得成就感。

最有价值的成就感是孩子在学习过程中的点滴收获。学到了知识，背会了课文，习得了技能，动手动脑解决了某个问题，我们要和孩子一起开心，让孩子感觉到愉悦。这样的成就感是最本真、最有效的成就感，是能够让孩子孜孜不倦、心无旁骛、持续主动学习的永动机。

在学习的过程中，孩子难免会遇到挫折，例如考试考砸了、某阶段的内容学不会等。此时，孩子一定是难过无助的，而很多家长给予的却是批评指责和否定。时间长了，孩子就学会了寻找借口推卸责任，会否定自己，进行消极的自我暗示，最后厌学、逃学甚至惹是生非。

这种情况下，我们更应该做的是安慰孩子，寻找孩子学习过程中的闪光点，帮孩子发现优势、肯定自己，寻找成就感，然后具体分析问题，和孩子一起反思。

如果孩子确需援手，我们要给予真诚且恰当的帮助，或给予物质条件支持，或给予知识技能辅助，帮助其重新建立信心。当孩子有了点滴进步，我们应及时给予肯定和赞赏，成就感的堆叠会带来进取心的爆棚。

和孩子一起制定目标计划时，一定要让起始阶段的目标计划实际一些，降低难度让孩子容易做到，这才会给孩子带来成就感和进取心。

责任感

在教育实践中，我发现很多孩子对学习缺乏兴趣和目标。当被问及为什么要学习时，他会回答，是为了让老师和家长满意。

尽管这部分孩子学习的动机来自于他人，既没有“兴趣”和“成就感”带来的愉悦感，也没有“目标”带来的崇高感，但不得不说，这部分孩子也会有学习的主动性。

我觉得，这是因为这部分孩子身上有强烈的责任感。而在独生子女时代，“责任感”是稀缺品质。

为什么这样说？

随着社会经济发展以及“独生子女”的到来，人们追求自我的意识逐渐强烈。不少家庭“富养”孩子，以孩子快乐为唯一目标，过度保护和宠溺让孩子没有了责任意识。过多关注孩子的“舒适度”，淡化了责任和义务。不愿让孩子吃苦，有时反而养成了孩子懒惰、贪图享乐的坏习惯。父母在社会竞争中过分强调“自我利益”，这种言行举止使孩子变得“自私自利”，失去了责任感和担当。

所有家庭成员围着孩子转、以孩子为中心，单方向的溺爱使得孩子认为所有的获得和被照顾天经地义，家庭为自己的付出理所应当，而从未想过为家庭出力，为家庭承担责任。

包办孩子一切的功利性养育仅仅培养了孩子的社会竞争力。但孩子没有自主意识，每天按照父母的安排生活学习，没有自己的想法，哪来社会责任感？

那么，如何培养责任感？

树立孩子的责任意识。从小就让孩子明白，每个人都需要做事，每个人都要承担家庭、团队、社会的一部分责任，每个人在获得的同时都要付出。

让孩子承担应有的后果。一个有责任感的人会直面后果，勇敢承担。孩子在某些事情上没有做好，要安抚孩子的恐惧情绪，鼓励孩子承担后果，引导孩子反思和总结，争取下次做好。不要怕孩子做不好受罚，不要去代劳，不要和孩子一起找借口逃避。应该用“自然惩罚法”教孩子承担责任。

不要怕孩子吃苦。在孩子承担责任做事情的过程中，不要心疼孩子、害怕孩子吃苦。财富可以继承，而能力不可以，能力是锻炼出来的。孩子担责意识和办事能力的提高，对我们来说是件幸事。

善于示弱。在家庭生活中，父母要善于示弱，激发孩子的责任感。妈妈下班回来说太累了，让孩子帮忙拿拿拖鞋；爸爸说不会下载App，让孩子帮忙来搞定。从小事做起，从小时做起，孩子的责任心会越来越强。由父母到家庭，由家庭到集体，家国情怀便会产生，责任心和担当便会具备。

同伴和环境影响

同伴和环境，其实不是并列关系。

影响孩子学习的环境主要包括家庭环境、社会环境和学校环境。而同伴主要是学校的同学，属于环境因素，但青春期的孩子，受同伴影响的程度较大，所以单独提出以示重视。

这个时期的孩子对同伴关系很敏感，在同伴交往中受到鼓励往往有正向表现，否则便会有困扰。有些孩子之所以努力学习，就是因为好朋友把学习看得很重要，好朋友在努力学习。

所以，老师要做的是让班级有浓厚的学习氛围，让孩子们有明确的学习目标和动力，有相互学习、暗自比拼的劲头，形成互相帮助、你追我赶的学习风气。利用榜样示范、同伴影响促进班级学习成绩的进步。

当然，环境还包括家庭环境。父母对孩子影响之大毋庸赘言，“父母是孩子的一面镜子”。实际上，在上述“兴趣”“目标”等诸因素中，哪一个因素不涉及父母家长的付出呢？

父母的言传身教是“春雨”，“随风潜入夜，润物细无声”。真的很神奇，家访中我看到多个孩子连说话的语气神态都和父母相同。

当然，培养学习主动性强的孩子并不是要求父母家长一定要学识渊博，一定是曾经的“学霸”，只是建议父母为孩子做榜样，对自己的学习工作有兴趣有行动，也有清晰的目标，能够用自己的责任感和成就感影响、感染孩子。

建议父母家长为孩子创造良好的学习环境，理解孩子，激发孩子的学习兴趣，引导孩子树立有意义、有崇高感的目标，让孩子获得学习的成就感，培养孩子的责任心。

只要所处的环境是正向的，孩子就能够主动积极学习，这可以说是一定的。

我所谈到的影响孩子学习主动性的诸因素并不是独立存在的，它们相互联系，相互生发和制约。

兴趣可遇不可求，目标当有必须有。

成就感和兴趣是好朋友，责任感和目标是左右手。

所有的这些都由环境来造就。

一句顶一万句

首先要表示歉意，文章题目的确有“标题党”的嫌疑。

“一句顶一万句”是我非常喜欢的河南老乡、著名作家刘震云先生一部小说的名字。刘震云往往能在尘世凡人的俗事叙述中传达出深远的哲理与幽微的人性，他小说的名字也往往有意流露出一种大俗，例如《我不是潘金莲》《我叫刘跃进》等。

我很喜欢他的这种风格，以至于一想到这篇文章，“一句顶一万句”便占据了我大脑的重要位置，怎么赶也赶不跑。

朴素而深刻

鲍老师是我们班的社会老师，同时教另外两个班。

那天，她跑到我们办公室交流，说发现某班一个男孩子特别爱哭，但凡跟同学产生一点点矛盾，便受不了一丢丢委屈。刚才的课堂上，这个男孩子又因为鸡毛蒜皮的小事哭了。鲍老师问了情况，发现不是多大事，但这个男孩子就是一直哭，劝解了半天都不行。

鲍老师说，你看你是个男孩子，将来是要做爸爸的，你看你爸爸每天是什么样，难道动不动就哭吗，不管谁劝都一直哭下去吗，那还有什么爸爸的样子？

鲍老师说，奇怪，说完这句话，那个男孩子竟然不哭了！

不得不为鲍老师点赞。她的这句话给男孩子创设了一个情景，让男孩有了爸爸的角色感，这个角色感立即让男孩对自己有了身份认同和自我暗示，也就有了对自我的高要求。鲍老师借男孩爸爸树立榜样作用，男孩想到爸爸的样子，自然就不好意思再哭了。

唐老师是我们班的数学老师。

一次我跟一个孩子聊数学学习，我说，你爸爸是大学老师，你的数学成绩如果想提高，是不是让你爸爸把数学课的内容再给你讲一遍？孩子说，我觉得不用，唐老师说过，学校的学习是正餐，课后的辅导是零食甜点，一个人的营养主要应从正餐中获得，正餐不好好吃，吃再多的零食都是没有用的。我要先把学校的课上好，把学校的作业做好。

我让孩子们分享学习经验，其中一个孩子也谈到，要专心上课，学校的学习很重要，同时也引用了唐老师这句话。

看来唐老师这个理论深入人心。这句话用了一个形象的比喻。比喻说理的一个作用是让深奥难解的道理变得浅显明了。但很多比喻为了追求华美，用了很多绚丽的喻体，不接地气，本是想把道理说明白，但因为人们不太了解喻体，最终还是不明白。唐老师的比喻就很接地气，吃饭和吃零食是孩子们每天都在做的事情，用它们来比喻，道理自然就很清楚了。

说到接地气，学校还流传着一个有趣生动又很能说清楚道理的“扯被子”理论，据说是王老师的杰作。

对于任课老师对孩子们的教学用力不均衡现象，王老师说，这就像“扯被子”，大家用力均衡的情况下，被子盖得好好的，如果有老师过多占用孩子们的学习时间，只管自己学科的学习，就相当于把被子扯过去了。被子就那么大，你扯过去多了，其他地方就会露出来受冻。

是的，孩子们的学习精力和时间是固定的，某个老师只管自己的学科成绩，占用过多的时间，孩子们的其他学科自然就会变弱。

真是太妙了。

他们是一线教师，可能没有过多的理论背景，没有时尚的热词和术语，只是凭借自己的教育教学经验，凭借多年实践形成的教学感觉，一不小心道出了教育真谛，朴素而深刻！

明亮而温馨

上周五，敬业的办公室同事放学了都还不回家，忙着辅导学生，直至夜幕降临。看着他们忙碌的背影，我感慨万分，便拍了他们的照片发到了班级群。

我在群里说：天都黑了，孙老师家里还有一个四岁半的孩子，看来是不管了！唐老师还有三十多公里的路程，看来要赶夜路了！

家长朋友们纷纷点赞留言。

最让我感动的是裴同学的爸爸，他说：在这里好像说什么都不合适，我只知道老师们走下讲台也是一个普通人，有自己的孩子、自己的爱好、自己的生活，可我们却让老师们处于这样一个境地。我们家长都很感激甚至有一点同情，我们能做到的也仅仅是和孩子一起积极配合老师的教学工作，为老师减少一点负担。老师们辛苦啦！保重身体！留一点精力和笑容给自己家人。

某天晚上十点左右，班里李同学的妈妈给我发来孩子的一个材料。见我回复了，她便说，不好意思打扰了，太晚了，您一回复，我负罪感更强了，请早点休息。我说，哪里哪里，还早呀！她说，主要是老师对应的家长太多了，我做行政的，很理解这种量变引起的质变，您别回复了，请早点休息！

"留一点精力和笑容给自己家人！""很理解这种量变引起的质变！"家长朋友的话给了我莫大的感动。

一般来讲，老师要面对两个班几十个孩子，每个孩子是班里的几十分之一，但却是每个家庭的百分之百。我们明白身上沉甸甸的责任，我们不愿让任何一个孩子掉队，的确要付出辛苦和努力。

让我们欣慰的是家长朋友的理解和支持！

裴同学的爸爸推己及人，同理共情。他的一句话让我们觉得辛苦和付出是值得的。是的，老师也是普通人，也有自己的孩子和家庭，也有自己的爱好和生活，家长朋友的理解让我们感到幸福和温馨。

李同学的妈妈由自己的行政工作想到老师的工作，善意地推出"量变引起质变"的道理，怕自己影响老师休息，是对老师的尊重和关心，是"让人们因我的存在而感到幸福"的价值彰显，很温暖。

一句话让家校关系变得更和谐更融洽，让我们的教育更加明亮起来。

王洪义，下来玩

“王洪义（音），下来玩；王洪义，下来玩……”

窗外又一次响起孩子的喊声，我又一次起身站在窗前，望向对面楼下那个小小身影。胖乎乎的，他背对着我，仰着脸望向对面高楼的某个阳台。

很多次了，每到周末的某个下午，这个身影和这个声音就会出现。有时，对面高楼的某个阳台也会有一个小小身影出现，或者喊：“我妈没在家，我没有钥匙！”或者喊：“等我，下去啦！”又或者，楼下的孩子喊了半天，对面无人应答。

每当这个声音响起，我总会放下手中的工作，站起来立在窗边看。

周末的楼前，空旷辽阔，即使有人，也行色匆匆。

这个小小的身影，这个稚嫩的喊声，总是会在城市喧嚣单调的灰色中闪出一抹亮光，让我的心湿润起来，温暖起来。

甚至，我也随着孩子的喊声焦虑起来，唯恐对面的孩子不在家或不能下楼。因为，我能听到无人回应时，孩子喊声中的失意和落寞；我也能想象到王洪义从楼门飞出时孩子眼中的亮光。

有一天，太阳很好，两个孩子在灿烂的阳光下追逐玩闹，两个金色的有着迷人光晕的身影晃动，看着看着，我也好像回到了童年。

一

那时，也会有小伙伴出现在我家院子里，喊我的名字。

太行山间的小村庄，我家在最西头，是村里小伙伴上学的必经之处。忠党、四羊、胡站、小见，一个个吃了早饭便到我家集合，一起去上学。

有时起床晚，小伙伴聚齐了，就顾不上喝汤，抓一个馍，也不管母亲的阻拦，便和小伙伴风一般相拥出门；有时等不来某个小伙伴，便一起怀疑他是不是叛变了我们，大家便相约不再和他玩，然而没几天又和好如初。

上学学的东西对我来说很简单，作业也少，除了课本，又没有任何辅导资料，大多的时间，我们当然在玩了。踢瓦片时常把鞋磨破，扔沙包每次都把沙包扔漏，“摔面包”太上瘾，有时候急了找不到纸，就把课本撕了“叠面包”。那时候，谁敢撕课本“叠面包”，谁就是我们心中的大英雄。

放学路上的时间，我们也充分利用，最适合的游戏，是弹溜溜蛋儿（玻璃球）。从校门口开始到家门口，一路上展开追逐赛，谁要是把自己的溜溜蛋儿瞄准后撞上前边小伙伴的溜溜蛋儿，便赢为己有。一路弹着溜溜蛋儿，一路说着贬低对方的大话，沉醉其中，不知不觉就到了家门口。有时输得急眼，不肯罢休，硬拉着小伙伴再下战书，直到家长找来，把自己骂回家。

说起来很惭愧，我弹溜溜蛋儿的水平很臭，输得多赢得少，所以溜溜蛋儿积攒得不多。而那时候既没有钱，在村里好像也没有地方购买，以至于那时我舅第一次带我到省会郑州玩，我说我什么也不要，就要我舅给我买溜溜蛋儿。

所以，这辈子第一次照相，还是在著名的郑州二七纪念塔下，我没有表示出对省会地标建筑丝毫的敬仰和尊重，只是紧张地捂紧了我的两只口袋，因为那里鼓鼓囊囊，装满了溜溜蛋儿。很多看到这张照片的人都会感到诧异，我不得不一遍又一遍解释——那是这辈子我感到最富有的时候，竟然可以拥有那么多溜溜蛋儿，简直到达了人生巅峰。

二

那时，与小伙伴一起玩很开心，自己一个人玩也不觉孤独。

村里几乎每家都养牛，为了腾出劳力和时间，几户人家约定轮流放牛。一般情况下，轮到我们家时，这都会是我的工作。

一个人赶着一群牛上山，山坡青青，牛儿群群，它们在吃草，我干什么呢？

20世纪80年代初期，电影《少林寺》、电视连续剧《射雕英雄传》风靡一时，引无数男儿竞折腰，眼观之，心向往之，我当然也不例外。

牛是行动缓慢的动物，特别是吃草的时候，总是慢悠悠地啃着走着。我呢，拿一根棍子（赶牛防身用），有时寻宝之心大起，遂持棍巡山，见山洞而狂喜，速进搜索一番，然并无武功秘籍尖利兵器，便失望，便垂头丧气，然奇遇之盼始终不灭；或百无聊赖，便拿棍棒挥舞一番，想霍元甲的迷踪拳不过自创，我为什么不可以自成一派？进取之心大盛，便疯魔一般，整日念念有词舞棍弄棒。

那一天，牛们在山间安静吃草，我又在旁边自创武功。前撩后打，下蹲上跳，我舞得兴起，便双手合棍上举，高高跃起，大喊一声，棍子砸向一丛浓密的荆棘。

轰的一声，无数只马蜂从荆棘间飞起，到现在我都无法忘掉那个场景——密密麻麻的马蜂在身边飞舞——我杵在原地，傻掉了。

隐隐约约一个念头闪过，曾听大人们说过，遇到马蜂只要人不动，蜂便不会蜇。傻在原地的我也不知道是吓得动不了，还是想到了不敢动。总之，我站在那里一动也未动。

极为神奇，漫天飞舞的马蜂竟然一下都没有蜇到我。

大蜂不蛰，大难不死——算是对我痴迷武功、勤奋练习的回报吧——我想。

三

“王洪义，下来玩；王洪义，下来玩……”稚嫩的喊声还在。

然而，孩子的喊声没人回应，这也经常成为我心中一个无法释怀的遗憾。

面对物质丰裕的生活，没有了玩伴，没有了玩的时间，我们的孩子还幸福吗？

有朋友对我讲了一件事，很像一个段子，但它一定不是段子。

他说：我家孩子经常在周五晚上跟我讲，让我在周六的早上早一点把他叫醒。他第一次跟我讲时，我很开心，认为是孩子长大懂事了，要早一点起床读书学习。然后我问他，为什么让我那么早喊你起床，你不想多睡一会儿呀。孩子说，谁不想多睡一会儿呀，但是你八点开始就给我安排了辅导班，我还要做作业。只有我早一点起床，早上的时间我才能玩一会儿！

我们竟然逼得孩子争取早起的时间玩耍！朋友讲的时候又好笑又难过。

那天到一所学校，一个老师跟我聊：我们领导特别喜欢表扬安静的班级，说为了防止追逐打闹，规定孩子下课也不准乱跑，只能乖乖地待在自己的座位上玩，规定孩子离开教室要排队，排队时不能讲话，活动时也不能讲话。他说，这还像个孩子吗？那孩子们什么时候才能说说话、玩一玩呢？

他问我应该怎么办，我无言以对。想想领导一定是考虑安全因素，也情有可原；但这样的孩子哪还有快乐可言？这样的童年哪还有情趣可言？

我想了很久，最后说，有时候不能太在意，暂且睁一只眼闭一只眼吧：睁一只眼保证安全，闭一只眼顺应孩子天性，偷偷让他们玩一会儿吧。

四

“王洪义，下来玩；王洪义，下来玩……”稚嫩的声音又响起来。

这是孩子向我们发出的呐喊。

你听到这样的声音了吗？

这些年，那些激励孩子刻苦学习的话，哪句最有用

又到春节，走亲访友，大多数孩子都会遇到关于分数的灵魂拷问。

被问分数倒还可以接受，关键是跟着的二连问就让人尴尬了——是第几名啊？班里多少人呀？

春节，是父母、长辈讲家史、谈未来、抒情怀的最佳时刻，也是对孩子进行思想教育、勉励其刻苦学习的大好时光。

借此机会，盘点那些激励孩子刻苦学习的话，谈谈自己的想法。

“一定要好好学习，考上一个好高中”

尽管“职业教育”被称为“前景广阔、大有可为”，一度成为媒体宣传的热词，但在人们追求优质高中资源的狂热中，它的地位依然尴尬无比，绝大多数家长还是希望自己的孩子能够到高中就读。

所以，“考一个好高中”便成为老师、家长激励孩子刻苦学习的现实需求和非长远目标。

很多家长讲，人家的孩子都可以读高中，我家孩子为什么不可以？管他将来做什么，先考上高中再说。

很多老师讲，至少要考上一所高中，连高中都考不上，还有什么前途？

但很多时候，很多家长没有考虑实际情况和实际需求，是在为自己的面子而要求自己的孩子。很多老师是为了班级的升学率来要求班级的孩子。

有没有了解过真正的职业教育？有没有了解过孩子的实力？有没有问过孩子的职业规划？有没有关注孩子的人生目标？

如果都没有，只是盲目地要求孩子考一个好的高中，我觉得也是对孩子的不负责任。

其次，什么是“好高中”？好坏优劣是比较出来的，并不存在绝对的好高中。

如果不能考上心目中的好高中，孩子就会受到质疑和否定，就会有挫败感，就会给学习生活带来压力和焦虑。有些孩子尚懂得调节和缓解，而有些孩子得不到老师和家长的帮助，就容易出现问题。

再次，以杭州为例，据有关机构统计，每年只有一半多一点的孩子可以读高中。也就是说，初中阶段再废寝忘食，也有将近一半的孩子没有高中可读。

那么，在“一定要好好学习，考上一个好高中”的激励面前，这部分孩子学习的价值和意义是什么？他们学习的动力又在哪里？

难道没有考上“好高中”，他们的前途就黯淡无光，就一定不能成为优秀的人吗？

“一定要好好学习，考上一所好大学”

我的学生家长中有很多大学老师，他们很多人都跟我讲过一些大学生上网打游戏、玩手机刷视频荒废学业的情况。每次谈起，大家都摇头叹息，遗憾痛惜不已。

我的学生讲过一件事情：他的大学同学沉迷网络小说，昼读夜览，不思学业，还振振有词，说从小他父母就帮他立志，要他考上“985”大学，他已经考上了呀，现在终于可以为自己活了。

我原在北方小城教书，冬天，学校早读要很早到校，出门时往往残夜未消天灰地暗，且冰冻三尺地冻天寒，孩子们学得很苦。一次，凛冽的寒风中，我步行到学校早读，一片黢黑中，前方有两个高中的孩子边走边聊，一孩子说，太冷了，昨晚只睡了五个小时。另一个孩子说，没事，快熬过去了，等上了大学，非好好睡、好好玩不可！

我们究竟要孩子上大学做什么？难道能上大学就是教育的终极目标吗？

身为老师、父母，我们要的是孩子的分数还是健康，要的是孩子的暂时领先还是一生幸福呢？

“一定要好好学习，找到一个好工作”

问题来了，为什么要有好工作？

好工作代表高收入，代表有更多的物质支配权，代表体面，代表社会地位高。

但，时代变了呀。

在物质逐渐丰裕的今天，特别是家庭条件比较好的孩子，通常对物质是没有概念的。他们表现出对物质占有欲的冷漠和疏离，他们在物质丰裕的世界中迷失了自己，无欲无求。

你说，不好好学习就找不到好工作；他说，我根本就不想工作。

你说，有好工作会很体面的；他说，明星、网红成绩也大都不好，他们也风光无限呀。

你说，谁谁谁名牌大学毕业，在某某公司工作，多让人羡慕；他说，我就开个小宠物店，也很自在很享受。

“好工作”的判断标准在我们和孩子之间呈现出极大不同，他们的自我让他们更加随心所欲；社会的发展让他们变得“淡泊名利”，这一点倒值得我们点赞，但很有可能让他们的人生也变得“毫无动力”。

“全村人的希望”只是我们的希望，他们从来都在他乡。

“一定要好好学习，光宗耀祖”

这种激励方式大概和我们的传统文化有密切关系。

自古就有“衣锦还乡”“光宗耀祖”的故事。数数传统戏曲中的寒门贵子状元郎有多少，就不难想象我们的文化对“励志逆袭”的偏爱和力捧。

但是，我觉得这有问题。

将刻苦学习的动力归结于为父母、为家族，将会失去学习的本真意义，在醉心父母利益、家族荣耀的过程中失去自我。这种思维方式容易使孩子形成讨好型人格，变得敏感，非常在意别人对自己的评价，委屈自己、迎合别人。这样的孩子羞耻感过强，而心理学研究表明，羞耻感是负能量极大的情感。如果太多的事情是为避免羞耻而做，太多的时刻是在羞愧中度过，这样的孩子累并痛苦着，也太让人同情了。

纯粹是为父母、为家族做事情还会让一个人变得过于谨慎小心，变得畏首畏尾、惧怕失败、没有冒险精神。

一旦这样的孩子觉得不能为父母增光，不能为家族添彩，会不会破罐子破摔，心灰意冷、消极避世呢？

为什么要学习

究竟为什么要学习？

我看到过一个关于学生的调查报告，有三组数据引起了我的注意。

第一，在学校里，最让你自豪的事情是什么？

46.19%的孩子表示，最让他们感到自豪的是可以帮助身边的人解决问题，有一群好朋友。只有21.07%的孩子认为，考试取得好成绩或在竞赛中取胜是最值得自豪的事。

第二，在学校里，你最希望得到什么样的评价？

25.52%的孩子希望被评价为“人品好，值得信任”，22.54%的孩子希望获得“积极热情，热心为大家服务，有公益精神”的评价。相比之下，只有11.21%的孩子希望成为“学习能力强，让人仰望的‘学霸’”。

第三，你希望通过教育，成为一个怎样的人，或者过上怎样的生活？

在调查中，48.71%的孩子表示希望将来可以“做自己喜欢的事情，实现自己的梦想”。相比之下，只有15.41%的孩子希望“有一份受人尊重且有前途的工作”，只有6.19%的孩子希望“过上有钱且富足的生活”。

从这个数据看，我们和孩子们明显存在代沟，我们的自以为是在他们面前碎了一地。

那么，从他们的需求出发，我们能不能把学习同他们的梦想和喜欢的事情联系起来，能不能把读书同他们希望帮助世界的心愿联系起来，让他们找到学习的动力呢？

我经常给孩子们介绍爱因斯坦《我的信仰》中的一段话："我每天上百次地提醒自己：我的精神生活和物质生活都依靠别人（包括生者和死者）的劳动，我必须尽力以同样的分量来报偿我所领受了的和至今还在领受着的东西。"

我希望孩子们明白学习是一种责任，因为生活在这个世界上，每个人都要付出，帮助别人就是帮助我们自己，而学到的越多，能帮到别人的地方就会越多，就越有价值。

果戈理说，如果有一天，我能够对我们的公共利益有所贡献，我就会认为自己是世界上最幸福的人。

杰弗逊说，点燃蜡烛照亮他人者，也不会给自己带来黑暗。

我说，价值感和崇高感会让孩子不觉苦和累，且会持续努力，有满满的幸福感。

我觉得，要引导孩子树立崇高的人生目标，进行非功利性学习，这样学习才有真正持久的动力。

当然，每个孩子的情况不一样，每位家长的想法也不一样。

仁者见仁，智者见智，从来都没有一种方法可以解决所有的问题。世上没有绝对的真理，有的只是适合而已。

很奇怪，为什么我们激励孩子学习的方式好像都不完美？我想，是因为我们的目的本身就是错的。

学习即生活，生活即学习。学习仅仅是一种生活方式，是孩子成长的一个过程，每个孩子参与学习，都能自然地找寻到自己的价值和意义。而我们一定要人为设置比拼，评判高下，一定要进行量化定性和分析，那么，孩子们就一定不开心。

孩子的专注力从哪里来

与同事聊天，经常会聊到课堂上的一类孩子：大错误不犯，小动作不断。

实际上，不能说这些孩子在课堂上没有听讲。你提问他，他也知道你在讲什么，但他又好像心不在焉，手里总是要玩一支铅笔、一个橡皮，或者东西经常从桌上掉下来，或者根本坐不住，听讲的时候，身体扭来扭去。

我们经常认为，这些孩子不认真听讲，缺乏学习的专注力。

但事实真的是这样吗？

这就需要我们全面认识专注力。

我认为，专注力既是一种态度也是一种能力，它是智力活动能够持续进行的一种保证和动力。专注力不仅是学习的重要品质，而且对所有人的发展都至关重要。

最近读到一篇文章《专注力是与岁月对抗的力量》，特别能说明这一点。

哈佛大学的心理学家朗格教授今年63岁，酷爱网球。年轻的时候，曾经摔断了脚踝，医生说她再也不能打网球了，但现在她双腿健康，仍然在打网球。

她集30年的研究与实践创造了“可能性心理学”，其研究假设是：我们不知道自己能做什么，或者能变成什么，一切皆有可能。

而其核心概念则是“专注力”。

朗格教授进行了一个十分有趣的实验。

她和学生搭建了一个“时空胶囊”，把这里布置得与20年前一模一样，然后邀请16位七八十岁的老人充当志愿者，8人一组，分成“实验组”和“控制组”，让他们在“时空胶囊”里生活一个星期。7天里，老人们都沉浸在20年前的环境里，他们都被要求更加积极地生活，没有人帮助他们穿衣服或搀扶他们走路。唯一的区别是，实验组的老人言行举止必须“活”在20年前，而控制组的老人是用怀旧的方式谈论和回忆20年前发生的事情。

实验的结果是，两组老人的身体素质都有了明显改善。实验前，他们几乎都是家人陪着来的，老态龙钟、步履蹒跚。一周后，他们的视力、听力、记忆力都有了明显的提高，血压降低了，步态、体力都有了明显改善。相比之下，实验组，也就是那些“活”在20年前的老人们进步更加惊人，他们手脚更加敏捷，在智力测验中得分更高。局外人看他们实验前后的照片，几乎不敢相信自己的眼睛。

实验证明，老人们在心理上相信自己年轻了20岁，于是身体便做出相应的配合。

之所以不厌其详地举这个实验的例子，就是想说明专注力的重要性。你看，专注竟能使人“返老还童”。

那么，专注力来自哪里？

热情和内驱力

读过一段史料。

曾国藩在给彭玉麟的信中说：“楚军水陆之好处，全在无官气而有血性。若官气增一分，则血性必减一分。”他在创立湘军之初，对于选拔将领立了一个标准：带勇之人，第一要才堪治民，第二要不怕死，第三要不汲汲于名利，第四要耐受辛苦。这四样缺一不可。然后他又讲，有的人貌似具备这四条，但是，如果这个人没有忠义血性，肯定也是白搭，关键时刻还会原形毕露。相反，有的人貌似不完全具备这四条，但只要有忠义血性，最终会达到这四条标准。

什么是忠义血性？我认为，就是热情。

日本松下电器创始人松下幸之助讲用人的时候也说，热情是第一位的，一个人只要足够热爱工作，有足够高的热情，就会发挥出最大的潜力，做出看似超出他能力的事业来。

爱因斯坦说：“兴趣是最好的老师。”这句话一直被教育界奉为准则。

“热爱可抵岁月漫长”，我觉得对于专注力来讲，这是第一位的。

自主感和可控感

畅销书《全新思维》作者、著名未来学家和趋势专家丹尼尔·平克曾经介绍过人类行为科学的一个新发现，那就是：20世纪简单劳作的物质奖励体系，已经不适合21世纪的白领职业了。因为今天几乎所有复杂的工作都需要融合新的技能，尤其需要用创新的态度和创造力来解决问题的能力。

什么是21世纪的奖励体系呢？平克给出的答案是：自主感、可控感和意义感。

我觉得，对于“专注力”，它同样适用。

孩子们在做老师和家长布置的任务时，为什么经常不专注？因为这是被动的而不是主动的，是老师和家长让做的而不是自己想做的。

计划和目标得由孩子自己来制定，“我选择的”才是“我负责的”。

在孩子做事情的过程中，尽量不去打扰孩子和分散孩子的注意力，不好为人师指手画脚，给予“压迫性建议”。即使孩子做错了，也要引导孩子自己反思和总结，自己决定修正的措施，保护他的自尊心和成就感。减少对孩子的唠叨和批评，不要让孩子感觉到恐慌和胆怯，应该让孩子觉得自己才是主人。

当然，在做事情的过程中，一定要让孩子觉得这件事情是自己可以控制的，而不是难度过大，对结果不抱任何希望。

另外，在做事情的过程中，让孩子找到自我意义和价值感，这对于专注力的提升也大有裨益。

合适的学习方式

文章开头的那类孩子在课堂上边做小动作边听讲，真的不一定是专注力不够！

每一届总有几个上课小动作不断的孩子，刚开始我也认为这一定是专注力不够，于是批评教育、谈话惩戒，但效果真的不好。

一次，一个孩子边玩铅笔边听课，我很生气，停下讲课把铅笔没收，盯着他继续上课，又发现他手里捏着一个橡皮玩来玩去。

我敢保证，这孩子绝对不是故意的，可这是为什么呢？后来读书，读到了“VAK学习理论”，我才明白。

“VAK学习理论”认为，人的学习风格分为“视觉学习”“听觉学习”“动觉学习”。

视觉型学习者通过“看”学得最好，他们喜欢通过看文字、图片、图表、视频等视觉内容来记住信息或者掌握知识；听觉型学习者通过“听”学得最好，他们更喜欢听课或者大声重复信息的学习模式；动觉型学习者通过“做”学得最好，他们喜欢学习的过程中移动、触碰一些东西或者亲自参与动手测试。

孩子不够专注，可能是目前我们采用的学习方式不适合他。课堂上那些手里不断有小动作的孩子也不一定没有认真听讲，只不过那是他独有的方式。

“学习金字塔”也告诉过我们，不同的学习方式得到的学习效果是不同的。因此，作为教育工作者，课堂上要采取多样化的学习方式，以适合不同孩子的需求；而作为学习者，要提高自己学习方式的平衡度，在不能改变时尽量接受，在可以自主时选择适合自己的学习方式；作为家长，要知晓自己孩子属于哪一种类型，帮孩子找到和使用擅长的学习方式。

这样做，学习的专注力才可能会提高。

环境和同伴

“孟母三迁”的故事，是“良好环境有利于成长”的有力论据。《论语·里仁》中也有“里仁为美。择不处仁，焉得知”的内容，同样说明了环境的重要性。对于孩子的“专注力”，也是这样。

教室里的自习课，如果所有孩子都聚精会神、专心致志，就会形成一个有利于专注的场，身在其中的每一个人都会受到感染和影响。

相反，如果孩子的书房堆积着玩具，摆放着电子产品，客厅的爸爸妈妈笑语连连看电视刷短视频，那么，你怎能保证孩子学习的专注力呢？

当然，同伴应该也属于环境的一部分。

传统教育研究重视亲子关系和师生关系，而随着社会的发展，越来越多的研究者开始重视孩子成长中的同伴关系，特别是小学高年级以上阶段的同伴关系。

就专注度来说，孩子看到自己的小伙伴能较长时间从事某种相对艰苦的活动，这对他来讲，就是一种倍加震撼的教育和影响。反之，他和小伙伴频频互动，一起三心二意，那就有点不妙了。

有意识地训练

之所以说“有意识”，是因为这个训练的目的指向“专注力”。

首先，要进行必要的体育训练。

在“百名科学家进中小学课堂”启动仪式上，西湖大学校长施一公给孩子们讲了第一课。他在谈长跑的时候讲了体育锻炼与思考的关系。他说，坚持长跑锻炼后，一个人的心肺功能就会变得强大，而思考是需要能量的，心肺功能强大就会给思考带去能量。

是的，麻省理工学院的科学家所做的研究表明，除了向人体细胞提供营养和氧气外，血液可能会影响大脑中神经元的活动，改变它们相互传递信号的方式，并调节信息的流动。因此，血液能帮助我们思考。

我曾在另一篇文章《头悬梁，锥刺股，不如喝奶糊》中提到过《意志力》这本书，作者罗伊·鲍迈斯特是美国杰出的社会心理学家，他提出了“没有葡萄糖就没有意志力”的观点。他认为：自控力资源与血糖水平密不可分。

如果不考虑篇幅，我可以找到更多的论据证明，专注力和身体状况有关系。

强健的体魄才可以保证强大的专注力。

我们经常说，学习到了最后，拼的是体力不是智力，是有一定道理的。

其次，对于专注力较低的孩子，可进行一些比较专业的“专注力训练”。

近几年，我特别注重让班里孩子进行家务劳动，因为家务劳动对孩子的健康发展有诸多好处。有研究表明，家务劳动甚至还有助于培养孩子的“专注力”。

当然，还有一些专业的训练方法，需要专业的人士指导进行。

如何养成好习惯

——从女儿的CUBA谈詹姆斯·克利尔的《掌控习惯》

说实话，当女儿告诉我她要随学校的篮球队参加CUBA（中国大学生篮球联赛）时，我整个人都有点懵，简直不敢相信。

因为，这项比赛是大学生的国家级篮球联赛，而她呢，从未参加过什么篮球训练营，甚至，连一天的篮球辅导班都没上过。

就凭业余时间的篮球爱好，就可以打到全国的赛场上?

看着女儿从赛场发回的一张张照片，我一下子回到了带她打球的往昔岁月。

那年，我从太行山村到北方小城教书，女儿上小学四年级。

刚到的几年，没有自己的房子，住在学校的宿舍楼。当时的宿舍楼是一幢红砖小楼，虽简陋古旧，但对我来说，毕竟有了在城市的落脚处，还是很高兴的。更何况，这幢小楼建在学校篮球场旁边，对喜爱篮球运动的我来说，绝对是一个加分项。

下午放学，抑或节假日的闲暇时光，篮球场大都会有我打球的身影。妻子很辛苦，她的工作需要早出门晚回家，所以女儿大多数时间都和我在一起。老爸闲暇的时光多在篮球场上，女儿自然也是这样了。

拍球——运球——投篮——三大步上篮，女儿慢慢长大，个子渐渐长高。

比赛拍球——比赛投篮——比赛过人，我佯装不敌，女儿胜利，女儿开心，我更开心。

我叫她一起打篮球——她主动陪我打篮球——她自己一个人也经常去打篮球。有时候放学回家，离很远就看到偌大篮球场上一个小小的运动身影。

我想，如果女儿后来的CUBA经历得益于我的陪伴的话，那么，我真的算是一个菜鸟教练，既没有给她篮球目标的引领，也没有教她技术动作的规范，更没有对她的训练强度进行把控。但后来，她之所以能叱咤大学生全国比赛的赛场，我想是因为她对打篮球的爱好，是因为她形成了习惯。

那么，她为什么能形成爱打篮球的习惯？

刚好那段时间，我在读美国著名习惯研究专家、习惯学院创始人詹姆斯·克利尔的《掌控习惯》，书中提到的观点引起了我的兴趣和思考。他说，任何一项运动的终极目标都是争取获得最好的成绩，但是在整场比赛中都死盯着记分牌则荒谬无比。争取每天都有进步，是你走向成功的唯一方法。

生活的其他领域也是如此，如果你想要更好的结果，那就别再紧盯着目标不放，而要把精力集中到你的体系建设上。这是什么意思？目标完全无用吗？当然不是，目标的意义在于确定大方向，但体系会促进你进步。假如你为目标绞尽脑汁，却对体系设计关注不足，就会出现一些问题。

想了想，女儿打篮球这件事正是这样。当初我带女儿打篮球，绝对没有要求她一定要刻苦训练，一定要打出好成绩。我们的篮球只是一种游戏，是父女俩的一种生活方式，是我和女儿享受快乐生活的一种仪式感。如果当初，我郑重其事和女儿定下拼搏的目标，每次运动都和女儿大谈奋斗方向，那也许女儿早已厌倦篮球。我觉得，正是我和女儿每次篮球游戏活动中的快乐感，让我们喜欢上了这项运动，从而形成了习惯吧。

詹姆斯·克利尔说，当你爱上过程而不是结果时，你不必等待容许自己享受目标实现快乐的那一刻到来。只要你创建的体系在正常运行，你就会在整个过程中感受到快乐。

请注意，他强调关注体系并不是否定目标的重要性。我觉得，关注体系、养成习惯正是实现目标的有效策略，而仅关注目标一定不是实现目标的有效策略。

在他看来，任何习惯都可以分解成一个反馈循环，它包括四个步骤：提示、渴求、反应和奖励。因此，他提出了行为转变的四大定律：让它显而易见，让它有吸引力，让它简便易行，让它令人愉悦。

他的话很有道理。

首先，我们住的宿舍楼就在篮球场旁边，我和女儿回家一推门，篮球就在眼前的地上调皮地盯着我们，这显然就是一种诱惑和提示——符合第一条定律：显而易见。

因此，我也就理解了为什么“小胖子”的家里，各种零食一定放在很明显的地方；也就理解了为什么学习习惯好的孩子的书房，一定没有手机和玩具，客厅没有爸爸妈妈看电视、刷短视频。

其次，我和女儿的篮球游戏是我们的快乐时光。当时，我刚到一个陌生的环境工作，有一定的不适和压力，加之对女儿学业的要求，所以对女儿的教育有些简单。严苛的要求往往让我在女儿面前是一位严肃的父亲，而到了我们的篮球时光，一切都发生了改变。篮球场上有欢声笑语，篮球场上有撒娇疼惜，篮球场上有开启父女和谐愉悦关系的神奇密码。我想，当时小红楼旁边的篮球场，对我和女儿应该都极具吸引力。

再次，我们当时喜爱打篮球，还有一个原因，而它真的就是詹姆斯·克利尔说的“简便易行”。当时刚到一个陌生环境，对很多地方都不熟悉；学校又偏处城市一隅，周围没有适合娱乐活动的场所，如果要进行其他活动，还要费一番周折，太麻烦。所以，女儿放学回到家，放下书包，抱起篮球，几步便走到了篮球场。如此简便易行的游戏便容易坚持。

詹姆斯·克利尔说，就习惯的培养而言，不在于时间长短，不管你连续做了21天、30天还是300天，重要的是你这种行为的频率。在现实生活中，需要多久才能实现习惯成自然并不重要，重要的是你要采取你需要采取的行动以取得进步。

行动很重要，持续行动很重要，但如果行动起来很复杂，需要一些附加条件，自然就形成了阻力，自然就不容易形成习惯。

最后，令人愉悦。詹姆斯·克利尔在书中提到了一个与众不同的观点，在很多人刻意训练延迟满足能力之时，他反其道而行之。他认为，人脑已经进化为优先考虑即时奖励而不是延迟奖励，我们应该利用这个特点来帮助人们养成好习惯。

如果当时我给女儿强调刻苦训练以换来未来目标实现的甜，有可能女儿会产生反感和对抗，会讨厌篮球。当然，当时我完全不懂老詹的理论，只是无意之举罢了。我只是和女儿一起沉浸在篮球运动中，享受篮球给我们带来的心灵放松和情感愉悦。特别是女儿，在自然而然学习篮球技术的过程中体会到自己的新技能，体会到自己的成长，这种价值感给她带来的快乐是她每次篮球运动的即时成就感，非常有助于她期待或投入下一次篮球活动。当然，运动本身就会产生多巴胺，会让我们快乐。

因此，行为转变的基本准则是：重复有即时回报的行为，避免受即时惩罚的动作。

当然，除了老詹提到的行为转变养成习惯的四大定律，我觉得女儿的打篮球习惯还得益于家庭、同伴影响和价值感激励。

我是女儿的父亲，也是女儿打篮球的玩伴。可以说，正是因为当时的我喜欢打篮球，所以也带女儿打篮球，女儿才爱上了这项运动，养成了习惯。那如果我当时喜欢打扑克呢，女儿是不是会和我每天打扑克，养成打扑克的习惯；如果当时的我喜欢打游戏呢……毋庸置疑，孩子成长过程中的家庭影响和同伴影响的确很关键，孩子为什么没有好习惯，我们也需要从这两个方面思考。

至于价值感激励，我想也可以归结于“让它令人愉悦”这条定律。

在当时的北方小城，女孩子打篮球的不多，所以女儿在篮球场上的身影就引起了大家的关注，她的每一个漂亮的动作和投篮入筐都会引起旁观者的喝彩；在女儿的初中阶段，她曾带领学校女篮几乎凭一己之力获得区初中女篮冠军；上大学后，她担任院女篮队长，和她的伙伴们大杀四方，勇夺校季军，获得了建院以来的最好成绩。

在篮球运动中，女儿收获了满满的价值感。我想，女儿之所以热爱这项运动，有打篮球的习惯，跟她获得的好成绩和担任队长的责任感不无关系。

当然，篇幅关系，以上谈的都是如何养成好习惯，那如何改掉坏习惯呢？我们可以从这四条定律的反向出发：使其无从显现，使其缺乏吸引力，使其难以施行，使其令人厌烦。

那些满口不雅口头禅的少年究竟怎么了

天气很好，连续三天下午放学，我都在球场打篮球。

一般情况下是我先到，然后有三三两两的少年加入，待人数尚可，遂分组对抗。

少年们开始还拘谨，但游戏渐盛，便投入便忘“我”（忘了我这个老师的存在）。随之，“我×”“牛×”之声渐起，随之，人皆喊之，声声不息。

开始，我皱眉，然后，出言提醒：“喊的是什么？文明点！”

再然后，有两少年忍无可忍，丢下球，悻悻转身离去，用他们退出的默默背影给我反抗的冷冷颜色。

一

不过，说实话，真不能怪这些孩子素质低下，因为在他们心中，这些词语和口头禅可能已是生活中的常态。在他们看来，说这些口头禅，是时尚，是有范儿，是拉风，是很拽。

你看咱们的网络，到处充斥着原本让人心跳脸红的词语；你看某些名人的文章，某些词语毫无顾忌赫然在目；你看咱们媒体的不少节目，在娱乐至死的氛围下，主持人、嘉宾的不雅语言夹杂其间，大呼小叫，肆意狂放。

有人说，存在就是合理，语言本身就是约定俗成。是的，这话没错。但对于低俗语言的日常化，对于它们对优雅文明的蚕食，我是万万不能赞同的。

环境育人是教育的重要理念，从“孟母三迁”的故事到“蓬生麻中，不扶自直”的成语，无不在强调环境对于人成长的重要性。

心理学认为：环境会被人们赋予意义，意义被大脑接收。环境的过程是一种逻辑，大脑会曲解或正解这种逻辑作为自己的逻辑。

对于“讲文明”的教育，我们的学校不厌其烦，我们的老师苦口婆心。可当老师不在场，当教育权威力不在场，当社会低俗文化铺天盖地，少年们便毫无抵抗，缴械投降。

这不得不让人感慨。

二

虽然，少年们的不雅口头禅受社会环境影响巨大，但不代表我们就无所作为。

获奥斯卡最佳外语片奖的电影《美丽人生》，讲述了一对犹太父子（圭多和乔舒亚）被送进纳粹集中营，父亲独自承受生与死的考验，凭借自己的想象力善意欺骗儿子，让儿子相信他们是在做一个有趣的游戏。正是父亲丰富的想象和善意的谎言，为儿子营造了一个良好的成长环境，让儿子度过苦难，迎来生机。

当人们纷纷赞叹伟大父爱的同时，我却感受到了教育的良苦心和大智慧。

伟大的圭多，用自己的爱心和慧心让孩子远离不适环境，给孩子带去温暖快乐的自我空间，让孩子健康成长。

那么，作为教育工作者和父母的我们，该如何为我们的乔舒亚们创造良好的个人成长环境呢?

家庭中、班级中，我们以身示范潜移默化，我们和孩子约定，我们相互监督，我们共同创建“言语文明，不讲脏话”的小环境，“言语文明，从我做起”，我做好了，小我做好了，大我才可能做好。

三

显然，对于少年们的不雅口头禅，我们必须施加有效影响。

《墨菲定律》一书中提到“破窗效应”，它最早是犯罪学的一个理论，该理论由美国政治学家詹姆士·威尔逊及犯罪学家乔治·凯林提出。该理论认为，环境中的不良现象如果被放任存在，会诱使人们仿效，甚至变本加厉。

以一幢有少许破窗的建筑为例，如果那些窗不被修理好，可能会有破坏者破坏更多的窗户。最终他们甚至会闯入建筑内，如果发现无人居住，也许就在那里定居或者纵火。

一面墙，如果出现一些涂鸦没有被清洗掉，很快地，墙上就布满了乱七八糟、不堪入目的东西；一条人行道有些许纸屑，不久后就会有更多垃圾，最终人们会理所当然地将垃圾随手丢弃在地上。

同理，对于我们的儿女和学生，他们正处在人生观价值观确立和习惯养成的关键时期，如果他刚开始讲不雅口头禅时，我们听之任之，他就会觉得理所当然，时间长了就会养成不文明的言语习惯。

他讲了，他的朋友就会讲，他朋友的朋友就会讲，最后大家都会讲，越讲底线就越低。如果彼时我们觉得情况严重，想要制止，那恐怕就不太容易了。

古语“风起于青蘋之末，止于草莽之间”讲的就是这样的道理，所以，我们要未雨绸缪，要防患于未然。

四

当然，我刚才讲的大都是“堵塞”的策略，而“堵不如疏”。

首先，孩子们讲这些词语、口头禅，其实并不一定知道它们的意思。如果知道它们的真正意思，也许就不好意思讲了。

很多时候，我们仅仅是告诉孩子这些词语不文明、不能讲，而不好意思跟孩子讲透讲明白，所以孩子一知半解不明白，只是碍于我们的权威，不当我们的面讲而已。

所以，做家长、老师的，要跟孩子们讲这些词语的意思，讲这些词语为什么是“脏话”，为什么“不能讲脏话”，讲“己所不欲，勿施于人”。

其次，青春期的孩子性意识觉醒，自我意识、模仿能力增强，觉得讲脏话很叛逆很酷（终于敢冒犯大人），有趣有范儿，觉得时尚时髦，觉得自己像个大人了。

对于这种情况，我觉得，父母要在关系融洽的背景下，选择合适的时机给孩子正确的性教育，消除孩子的好奇和逆反心理。

对于班级来说，要引导孩子讨论交流，认识真正的时尚风度，发现身边的榜样，用榜样示范作用引导孩子形成正确的班级舆论，形成良好的班风。多开展传递正能量、养成好习惯的班级活动，占领班级意识形态阵地。

中医有“扶正祛邪”理论。《黄帝内经》说：“正气存内，邪不可干，邪之所凑，其气必虚。”它的大致意思是：强壮的正气存于体内，任何邪气都是不可能侵犯的；而邪气之所以能够侵犯人体，一定是正气虚弱造成的。

一个人是这样，一个家庭和班级也是这样。

孩子的目标计划为什么没有持续的行动来落实

——兼谈自主感、可控感、价值感的重要性

《礼记·中庸》中言："凡事预则立，不预则废。"可见目标计划的重要性。

每个假期，我们总是会让孩子们树目标、写计划，但到假期结束，孩子们的目标计划是否实现和落实了呢?

从家长朋友的反馈看，很多孩子开始阶段执行得还好，但时间一长便懈怠，便不能坚持了。

而反思自己的某些计划，很多也只是做了一半后就停止了。

很多时候，我们做事情不是没有目标和计划，而是不能坚持，不能有持续的行动来落实。

这是为什么呢? 我想可能有以下几个原因。

目标计划不合理，自主感和内驱力缺失

首先，很多孩子的目标计划是在被动情况下制定的。

爱德华·L.德西在《内在动机》一书中告诉我们：相对于追求外在的金钱、名声和社会强加的各类标准，只有满足内心对自主、胜任和联结的基本心理需要，人们才能产生内在动机，保持对学习和工作的兴趣，过上真正自主和幸福的生活。

由此可见，自主是动机的第一个心理需求，只有自己选择的，才可能主动负责。但是在现实生活中，很多孩子的目标计划是家长和老师布置的任务，是不得不完成的选项。更有甚者，很多孩子的目标和计划是家长制定的，根本就不是孩子的意愿和选择。所以，孩子没有自主感，在被动的情况下内驱力自然不强。

当然，部分老师和家长可能会说，有些孩子做事情没有自主性，不会做计划，大人必须强制。我觉得这属于另一个问题，独立自主和计划

性要从小培养，这很重要。

其次，孩子的目标有可能太宏观，很笼统。

计划和目标是用来落实的，是可以转化成孩子日常行为的。我们需要把大目标拆成小目标，把小目标转化成能够行动的小任务。

比如，孩子的假期计划有一项是“锻炼身体”，那么“锻炼身体”这个目标，就必须转化成“锻炼身体的时间、地点、具体方式以及频次、保障、奖励等内容”。“锻炼身体”是一个宏大的口号，孩子对此可能无从下手，而诸如“每天跳绳五组，每组三分钟”等具体的任务就会让孩子知道具体要做什么——任务明确才有利于实施和完成。

再次，目标和计划多在功利层面，无意义和使命感。

孩子们的学习，很多老师和家长都会告诉孩子为了考上优质高中而拼搏，但这样的目标有可能会让孩子感到沉重和无聊，从而影响实现目标的激情和内驱力。而如果把孩子的行为与实现自我和人类愿景联系起来，就有可能让孩子充满激情，有使命感。

《坚毅》的作者安杰拉认为，坚毅的人会将自己的终极目标与这个世界紧密相连。

而马克思说，如果我们选择了最能为人类幸福而劳动的职业，那么，重担就不能把我们压倒，因为这是为人类而献身。那时，我们所感到的就不是可怜的、有限的、自私的乐趣，我们的幸福将属于千百万人。我们的事业是默默的，但她将永恒地存在，并发挥作用。面对我们的骨灰，高尚的人们将洒下热泪。

求助系统未建立，可控感和胜任力缺失

心理学研究表明，“控制”是人的天性。人们对未知世界的确定性会带来心理上的稳定和愉悦感。

也就是说，可控会给我们带来自信，会给我们带来安全感，而安全感是人类最基本的精神需求。反过来说，我们的恐惧和不安，我们的焦虑和忧郁，皆来自于我们的失控。

班里一个孩子学习状态不佳，我和他沟通交流，后来他也制订了详细的学习计划，但落实情况很不好。我又与他交流，孩子很苦恼，情绪有点崩溃，不停重复："那些题，我是真不会做，不会做……"

所以，孩子的目标计划一定要让他觉得自己能够完成。只有这样，孩子才有自信，才可能持续落实。

当然，很多情况下，我们的目标计划是为了帮助孩子提高某方面的能力，可能会有一定的难度。这样的时刻，孩子求助系统的建立就很关键。

从不会到会，从未知到已知，这就是学习，本质上是一个探索过程。而好奇心是人类的本能，探索过程中的不断发现会给我们带来原始乐趣。从这个意义上讲，我们不是不喜欢学习，我们只是不喜欢学习过程中的失控和挫败感。

就像假期中我的一项阅读计划。假期初，我加入了一位名师的阅读群，原本要在一起共读一本书，进行交流和讨论。读着读着，发现这本书的理论性很强，我理解到的那些术语和一线实际情况有些距离，但群里的交流和讨论始终围绕术语和概念进行，而领读老师又很强势，始终在强调自己已知部分的正确性，而我的困惑和问题得不到有效解决。时间一长，我便觉得这样的阅读活动对我来说是不可控的，便觉得失去了原有的意义。

身为成人的我尚且如此，何况孩子呢？

就像那个反复强调"我真的不会做"的孩子，如果他得不到真实的帮助，如果他认定自己不胜任这样的活动，他怎么会继续为达到目标而行动呢？

我始终认为，胜任力对动机的帮助是——成功是成功之母，而失败未必是。

所以，在孩子完成计划的过程中，老师和家长要蹲下身子，认真聆听孩子的感受，给孩子提供真实有效的帮助，让孩子有可控感和胜任力。

总结反馈没跟上，价值感和持续力缺失

管理学中有非常有趣的“嗑瓜子效应”。

嗑瓜子时，人们往往在拿起第一颗后，便停不下嗑瓜子的动作了。一颗接一颗，即使中途离开做一件事情，返回后还会接着嗑，直到瓜子嗑光为止。

为什么会这样呢？

因为，嗑瓜子是一个简单的行为，没有任何难度，谁都可以操作，谁都可以胜任，有可控感和胜任力；磕开一个瓜子，便马上能享受到吃瓜子仁的奖赏，有反馈和即时回报，而这种奖赏和回报会激励我们持续做下去；看到瓜子的减少和瓜子皮的增多，又因为成果可视化，故价值感大大增强。

嗑瓜子是这样，我们的目标计划呢？

很有可能在一段时间内，我们的行为没有得到任何反馈。我们只是每天重复我们的计划，感觉不到任何效果，感觉不到这样的行为给我们带来的变化和收获。于是，我们的信心和兴趣减弱，直到有一天心理阈值被突破，持续的行为便会停止。

所以，我们很容易发现，行为反馈很重要，它是拥有持续力的关键。

反馈可能是奖赏。在心理学中，当人做出某项决策后，如果被证实正确并产生了好的结果，大脑会向负责决策的区域发送“奖赏”信号，这会促进人的认知能力进一步提升，形成良性循环，这被称作“奖赏效应”。

在落实计划的行为中，我们要让孩子感受到进步和收获，感受到外界对他们的认可和赞扬，利用“奖赏效应”让他们获得价值感，从而永葆持续力。

当然，反馈也可能是反思和调整。要反思在落实计划的行动中还存在哪些问题，需要怎样提升；要与孩子沟通和交流，知晓孩子在达标活动中需要什么样的帮助，并及时提供保障。我们也可能是通过反思发现计划中的问题，及时调整计划的难度，让孩子有信心可持续行动。

总之，在计划执行的过程中，进行及时反馈和阶段性总结，或给予表扬激励，助孩子积累价值感，或调整反思、解决问题、给予帮助，使孩子拥有持续的行动力。

面对焦虑的内卷世界，让我们用取舍来破解

假期培训，开学选课，都需要登录某些网站，但总会遇到同一个问题：好久不用的密码怎么也想不起来。

好不容易经过一番烦琐的操作，却还需要设定新密码。系统不断提示：请设置大小写字母、数字和特殊符号组成的密码——真是烦不胜烦。

又想到，为什么银行的密码才六位数字，而登录一个培训网站竟需要如此复杂的密码？难道一个业务培训比放在银行的钱还重要，更需要安全保障吗？

直到最近，读到《读者》中的一篇文章《为何银行卡的密码只有6位》，才明白个中缘由。

原来，银行和第三方支付工具有很强的技术实力，拥有强大的基于数据、影像等技术手段的安全系统，有业内最优秀的工程师团队，完全可以防御普通黑客的攻击。

也就是说，它们有强大的实力，才敢有最简单的密码设置。

而越是实力差的公司所开发的网站或App，越是需要用户耗费更多的精力、记住复杂无比的密码。

这样说来，多位数的密码不一定比少位数的密码安全，而少位数的密码背后反而是更多的安全保障。

少即是多，多不若少。

一

之前在老家，遇到一位颇有争议的医生。

不少人说他医术高明，治病灵验。只要你跟他描述症状，叙谈感受，他就会龙飞凤舞神速开方。虽西药片中药丸一大把，但一般情况

下，服下一两次就会见效，症状改善明显。所以，众人见他去病急速，求者如云。

但也有人发现了问题，我的一位朋友就跟我叙述过他的遭遇。

一次，朋友腹泻不止，身疲无力，便找该“神医”医治。“神医”照例开了很多药，朋友说很神奇，服药一次便不再腹泻。要说这本是好事，但朋友又道，腹泻是止住了，但服药后就便秘，三天没有如厕。只好又去找别的医生。

后来，遇到一位道行深厚的名医，聊起此事。他说，那样的时代，的确有些许庸医，遇到症状不能精准处之，便将治疗该症状的多种药物让病人一起吃，不懂辨证不管副作用，有时也能治病，但会带来很多隐性问题。

最后他说，真正水平高的医生都懂得用一味药治多种病，而水平低的医生才没有信心，用多种药治一种病。

《史记·廉颇蔺相如列传》中有“纸上谈兵”的典故：“赵括自少时学兵法，言兵事，以天下莫能当。尝与其父奢言兵事，奢不能难，然不谓善。”

看来，赵括的父亲是明白人，他早已看出来——赵括骄傲自大，自以为广读兵书，懂得很多战术理论就可以打胜仗。

然正如赵奢所料，后来赵括统领赵军指挥作战，因缺少实战经验而中计，最后被射杀——“四十余日，军饿，赵括出锐卒自搏战，秦军射杀赵括”。

赵括苦读兵书非不广也，韬略理论非不多也，将领军士非不尊也，战而亡之，是恃术而自大，善空谈而轻实际也。

就像眼前，有那么多的教育教学术语和理论，有那么多的专家大咖和培训讲座，作为一线教育工作者，不是说不需要学习，而是不应以拥有理论多为荣，不去贪多求广、唯理论而理论，而是寻找适合自己的理论和方法，坚持实践，务实为上。

二

老子《道德经》有云：少则得，多则惑。

美国斯坦福大学心理学教授克里斯也有相似的观点：当选择一多，少即是多。

为此，克里斯还设计了一项实验。他让学生雷克和哈里森去附近一家商场卖果酱。他们各设一个品尝台，卖同一品牌不同口味的果酱。不过，一个摆6种果酱小样，另一个则摆24种。克里斯和其他学生负责观察和统计结果。

他们观察的第一件事是：人们更愿意在哪个品尝台停下？结果是60%的顾客在摆有24种果酱的品尝台前停下了，而另外40%的顾客选择了摆有6种果酱的品尝台。

他们观察的第二件事是：人们更愿意在哪个品尝台买果酱？这一次结果正好相反：选择摆有24种果酱的顾客，只有3%买了果酱；而摆有6种果酱的品尝台前，有30%的顾客买了果酱。也就是说，人们面对更少的商品选择时，更愿意购买。

他说：选择并非越多越好，摆放过多的商品降低了人们的购买欲。

可为什么会这样呢？

《知道做到》的作者肯·布兰佳提出了"信息过载"的概念。

他说，"信息过载"是指社会信息超过了个人或系统所能接受、处理或有效利用的范围，并导致故障的状况。人的记忆和信息处理能力都是有限的，但所获取或接收的信息量总是远远高于其所能消费、承受或需要的信息量，大量冗余的信息严重干扰了其对相关有用信息的准确分析和正确选择。

我非常赞同他的观点。

通常情况下，新的理论和知识的获得，会让我们有一种自我美化的及时满足，会让我们产生一种自我成长的虚幻价值，会给我们带来快乐。但是，在我们所处的信息时代，新概念和术语层出不穷，获取的渠道也简单便捷，每天都会有大量的新信息出现。当新信息出现的速度超过了我们接受、处理和有效利用的速度，我们的学习便只剩下了颇为焦虑的转发和收藏。

“身”可能一斤也没“瘦”，但收藏的“瘦身运动视频”有上百条。

“书”可能一本也没“读”，但朋友圈转发的书籍信息和购物车的预购新书琳琅满目。

“理论”可能一条也没“落地”，但本子上的听课笔记和参加培训讲座的安排与日俱增。

《精要主义》一书中有这样一句话：这个世界上大部分东西对我们都是无用的，只有将有限的精力，专注于“少而精”的事情上，才能取得最大的成就。

深以为然。

三

某些实力不够的网站和App，不去提高自己的安全保障能力，一味地要求增加密码的位数，难道密码位数多的网站就是最安全的网站吗？

谁都明白，密码的目的是安全，而不是密码位数的多少。

小时候就听过“猴子掰玉米”的故事。小猴子不停地掰玉米、摘桃子、搬西瓜、追兔子，但因为最后没有追到兔子，一事无成，两手空空地回家了。

小猴子不是不勤奋，不是不努力，他的付出也不是不多，但是，“多”又有什么用呢？

不知道自己擅长什么，也不知道自己的目标是什么，抵挡不住外界利益的诱惑，见一个要一个，守不住自己的初心，抑或原本就没有初心，于是便一无所获。

密码的设置是为了保障安全，拥有一套强大的安保体系，比设置再多位数的密码都让人放心。

“瘦身”的目的就是“瘦身”，坚持一项有益于“瘦身”的运动，比收藏再多的运动视频都有效。

读书最重要的首先是“拿起书开始读”，哪怕坚持读完一本书，也比购物车里储存一百本靠谱。

当然，不得不说，当前社会的信息传播速度，远远超过了我们处理信息的速度；滚滚红尘中的物欲名利，也无不在考量或脆弱或坚强的人性。

但是，越是这样的时刻，越需要我们认识自己，拷问初心。

《小王子》说：“这个世界上难度最大的事情便是审判自己了，这比审判其他人要困难很多。如果你能自己审判自己，那你肯定相当聪慧。”

山下英子说：“不管东西有多贵，有多稀有，能够按照自己是否需要来判断的人才够强大。能够放开执念，人才能更有自信。”

是的，弱水三千，我们只取一瓢饮。

当然，是自己选择，而非别人给予。

向左是冲突，向右是幸福

随着社会的发展，家校合作在教育中的作用越来越突显，它的成果甚至决定着教育的质量。但在合作的过程中，家校冲突也逐渐增多。

我认为，一方面，冲突是合作中的必然事件，没有冲突的合作是不存在的；另一方面，家校冲突也是社会发展的必然产物。

其一，家长朋友对教育的重视程度提高了。

家长对教育的重视程度与社会的发展程度有密切关系。

从发展观点看，我们的社会从原来的农耕文明进入到工业文明，而现在，以互联网、人工智能和大数据为标志的信息文明已向我们走来。

农耕时代，科学技术和知识并不是太重要，人和土地才最重要，是第一生产力。所以我们看到，历史上的诸侯争霸、王朝之战争夺的是土地和人口。

现代社会开始的标志是工业兴起，马克思说："大工业把巨大的自然力和自然科学并入生产过程，必然大大提高劳动生产率。"所以，我们提出"科学技术是第一生产力"，教育在社会发展中扮演越来越重要的角色。

而到了现在的信息化时代，人的可持续发展和终身学习就显得更为重要。

其实，家长朋友对教育的重视是生活需求的表现。

小时候，村里很多长辈都有这样的言论："上学干啥？有啥用！认识几个字，能分清男女厕所，能算个账就行了！"

后来啊，"你上学要好好学，不好好学，连工作都找不到！"

而现在，家长朋友更加焦虑，对孩子的要求已经没有最高，只有更高了。

家长对教育的重视程度提高了，对学校的事情就敏感了，对老师的要求就提高了，就会有更多的冲突出现。

其二，家长参与教育的意识提高了。

我上小学时，根本就没有听到过“叫家长”的说法，学好学坏怎样学，完全是你自己的事情。父辈“日出而作，日入而息，凿井而饮，耕田而食”，不是没时间管你，是根本没有管你的意识。

后来，我刚开始教书的时代，倒是有了“叫家长”的说法，但家长往往忙得不可开交，大多请不来，即使叫来了，也往往心不在焉，一边听你讲，一边考虑田里的农活、生意的开张。

而现在，家长朋友们是真的怕影响老师工作和休息，要不然，他们每天都可以和老师讨论孩子的学习情况。

这说明什么？说明随着社会和经济的发展，家长们在物质相对丰裕的同时，也有了时间上的相对富裕。

小学低年级班主任想让家长帮忙办个黑板报，整个班的家长都表示可以来；我们班“过冬至、包饺子”，家长志愿者纷纷行动，十多个家长忙得孩子们根本没有多包饺子的机会。

看看老师批改的作业，听听孩子讲老师怎样上课——家长参与意识提高了，才可能会发现老师教育教学细节中的问题，才可能会产生分歧。

其三，教育者专业权威减弱。

我上学时，村里有这样的风俗：孩子首次入学，家长往往先准备好一根小棍子（太行山上，荆棘遍野，随便砍一根修去枝节即成）。带孩子见到老师，先奉上“戒棍”，然后说：“老师，我把孩子交给你，不听话尽管打骂，我们绝对没有意见。”

那样的时代，知识和技能让老师成为有权威的专业工作者。

而随着社会的发展，特别是互联网信息时代的到来，学习理论知识不再成为专业人员的垄断行为。

只要有心，只要愿意，所有家长都可以学习教育教学理论。事实上，很多家长在很多方面，比老师拥有的知识和理论还多。

这就使得教育者专业权威减弱。我曾经见过家长和老师讨论某个知识点的正误，曾经也有家长和我讨论过管理班级的方法。

对于教育教学理论和行为，每个人的理解是不一样的，所以出现冲突就很正常了。

其四，家长维权意识增强。

社会的发展是为了人类更加幸福。我国很早就有“物不平则鸣”之说，所以，维权意识增强，是社会文明进步的标志。

同理，家长维权意识增强也是教育进步的表现，是对“美好教育”的强烈需求，是对“公平公正”的合理追求。

家长维权意识强了，要求就会多起来，冲突就会多起来。

以上家校冲突增多的四因素是社会发展使然，当然不可避免，但如果我们换个角度看问题，通过引导和借力，让不利因素变成有利因素，让这四因素来帮助我们工作，来做好家校合作，岂不是更有价值和意义？

第一，家长朋友重视了，才会付出和投入。

我曾经在自己的公众号介绍过“怎样让孩子们跑课间操”。一位朋友留言：我们这里的家长根本不配合老师工作，有时候布置让家长参与的活动，家长很少做，根本不在乎。

“家长不在乎”说明什么？说明家长不重视。家长不重视教育，参与得少，与老师的矛盾可能就会少，但也不会有对教育的付出和投入。

所以，什么事情都有利有弊。

好在，我遇到的家长对孩子的成长还是很重视的，所以他们也愿意付出和投入。

从孩子们入学到现在，我给家长朋友推荐了四本书——《正面管教》《终身成长》《刻意练习》《掌控习惯》，建议他们认真阅读，结合孩子的具体情况思考自己的教育行为。

很欣慰，我的家长朋友大都认真阅读思考，他们中的大多数还写了读后感，我们一起交流讨论，收获颇丰。

家长朋友们重视教育，才愿意付出时间读书，投入精力思考，从而促使孩子们更好地健康成长。

第二，让家长朋友参与进来，我们才会有足够多的“副班主任”。

家长朋友特别愿意参与班级的教育和教学活动，以便了解班级教育理念和教学情况，以便了解孩子现状和发展趋势。

这对班主任来说，当然是好事。

充分与家长朋友沟通和交流，主动给他们汇报和分享，让他们了解班级教育理念和运行模式，班级建设也许就会多几十个帮手。

当年，得知我们班级崇尚社会实践活动，包妈妈和金妈妈组织孩子们到图书馆做义工，其后，李爸爸接力，带孩子们到福利院做义工；而今年，家长朋友已经带孩子们参观了轮滑馆、到农庄采摘……

学校布置的采集信息、收交图表等任务琐碎繁重，家委会将家长朋友分成几个小组，每位成员负责一个小组，他们负责催交检查。最后任务完成得很完美。

家长朋友的帮助让我幸福满满，感激万分。

所以，只要你愿意，你就会有足够多的“副班主任”。

第三，主动借力，积极向家长朋友学习。

信息化时代，学习渠道畅通无阻，只要有心，只要刻意练习，谁都可以成为某方面的高手。

我的家长朋友尤甚。既然身边有高人，我们为何不去借力，提高自己？

那年，得知班级“学霸”有和异性同学的“早恋行为”，我大为震惊，如临大敌。当我找来“学霸”家长准备和她商量对策时，她的淡定从容与我的急躁慌乱形成鲜明对比，她“不主动干预，谨慎守护”的策略给了我非常大的启发。事实证明，她的做法是正确的，孩子自尊心得到了维护，情感得到了呵护，安全得到了保护。后来，孩子也发展得很好。家长朋友的策略也成为我解决此类问题的重要参考。

我曾到一孩子家家访，与很多家庭不同，我的大多数问题都是孩子回答的，妈妈只是主动做旁观者。尽管孩子有些紧张，有时候表现得语无伦次、词不达意，但这位妈妈从不打断孩子，也不怕孩子出丑，始终微笑着鼓励着。后来，当我发现这个孩子自信阳光、活泼开朗时，我完全明白了“相信孩子、不怕孩子出丑、永远鼓励孩子、给孩子成长时间”的重要性，这个原则也成为我陪伴班级孩子成长的重要原则。

第四，家长的维权意识，让我们对教育心存敬畏。

几年前，一位家长朋友不满孩子座位安排与我沟通。我完全理解，这是她对“公平”的在意和追求。

事后，我查阅了关于班级座位安排的大量资料，尝试了多种模式，用几年的时间探索排座位的最佳方法，才有了目前我认为相对公平合理的结果。

说实话，我要感谢这位家长的维权意识，是她让我对座位安排有了敬畏之心，才下定决心去思考和探究。

班级任何一项制度和规定，任何一次活动和安排，都不要怕家长有意见。正是家长的意见和建议，才让我们的工作更加科学和有效。正是因为重视家长朋友的意见，我们才会在一项制度出台前、在一次活动开展前，认真筹划，谨慎行事。

教育需有敬畏之心。从这个意义上讲，家长的维权意识，是在督促我们提高自己的能力和水平，让自己变得更强大、更优秀。

“横看成岭侧成峰，远近高低各不同。”所以，很多时候，换一个角度看问题，会有意想不到的收获和幸福。

第三辑

DISANJI

我闻

此艺

在 专攻

来来来，我们一起把座位排

关于排座位，我学生生涯中印象最深刻的是我上初三时的经历。大概是初中毕业的前几个月，老师为了激发斗志，增强我们学习的竞争意识，说要按照学习成绩排座位。好像我考过一次全班第二，还考了一次全班第一。因此我坐到了教室最好的位置上。当时的我很自豪，也很紧张，生怕自己下次考砸了。而那些考试成绩不好的同学，他们一直要等到我们坐好后才能去坐，并且还要忍受老师的批评和同学的嘲笑。

当时的我根本无暇顾及他们是否感觉到了羞辱。后来自己做了老师，见到按照成绩排座位的情况，就有了自己的想法，觉得真不应该那样做。

排座位，看似一件很小的事情，但在孩子们心中和班级管理中，却是一件大事。《孔子家语》曾说："与善人居，如入芝兰之室，久而不闻其香，即与之化矣；与不善人居，如入鲍鱼之肆，久而不闻其臭，亦与之化矣。"座位关系到孩子学习的情绪态度和效果，关系到孩子的人际交往和健康成长，还关系到班主任的班级管理，当然也关系到家校合作是否愉快顺利。

我对"排座位"的重视，是从一次"家校冲突"开始的。几年前的一个学期，期中考试过后，一位女同学的妈妈给我打电话，说孩子座位太靠边，看黑板和老师的PPT有点偏，影响孩子的学习，所以学习成绩退步了。她问我能不能将孩子的座位调到中间去。当时我跟家长解释，孩子成绩退步有多种原因，不一定是座位问题。因为和她坐同列的孩子成绩并没有退步，多数孩子成绩稳定，还有部分孩子成绩进步。电话沟通未果后，家长来到学校跟我谈座位问题。我知道，家长焦虑的核心内容是孩子的学习成绩，座位只是家长提出的一个表面问题。但立即将这个孩子的座位调到中间显然不合适，这对其他孩子不公平。所以我用了很长时间跟家长沟通孩子的学习问题，和家长一起分析孩子成绩退步的原因，提出了许多中肯的建议。我最后答应家长，我会思考更科学的排座位办法，下学期会有变化。

这件事给了我很大的影响，我开始静下心来思考，什么样的座位安排才是相对公平科学的呢？

我曾经尝试在一定条件下的学生自主选择座位。但那次排座位后，几个孩子找到我说对座位安排很不满意，要求换座位。我说这不是你们自己选择的吗？一个孩子说：有同学一直请求、一直吵闹说想坐到我选的位置，我没办法，只好让着他，但我很难过！还有的孩子说：我选到了位置，但没想到另一个同学选到了我前边，他的个子有点高，挡住了我。总之，自主选择座位后不满意的同学很多。

我也曾经尝试过在一定范围内让孩子们自己选择组员，形成小组座位。但那一次更糟。乱糟糟的教室里，我看到一个平时性格内向、成绩又不理想的女生待在角落里，眼巴巴望着忙着组合的同学，当我看到她眼睛中的光亮逐渐黯淡，继而变得绝望时，我很心痛，便知道这样排座位太不妥当。我赶忙偷偷做其他同学的工作，让她找到了自己的小组。但孩子受伤害后绝望的眼神经常让我内疚不已，我始终不能原谅自己。

美国教育学教授温斯坦说："没有一种座位安排可以满足所有班级、所有学习场所和所有人。教师应利用教室座位安排达到他们具体的教学及行为目标。"是的，近些年，我也始终在追寻最科学的排座位方法。我认为，没有绝对科学，但可以有相对科学。

一次次思考和尝试后，便有了现在排座位的方法。当然，我还在继续思考，还会根据实际情况做出调整。

目前，绝大多数学校的教室采用的都是"秧田式"座位安排，即面对黑板和讲台平均分布座位。作为一种重要的学习资源，老师的授课和展示一般在讲台进行，而教室的各个位置距离讲台远近不同，偏正不一。从这个意义上讲，每个座位形成的资源占有情况一定不同。此外，每个座位周围的同学不一样，而不同同学对自己的影响也不一样。从这个意义上讲，座位环境也有差异。

如何让这些资源分配公平，让座位周围的环境差异变得最小，是班主任排座位要考虑的首要问题。2019年10月，中国青年报社会调查中心联合问卷网对1834名中小学家长进行的一项调查显示，67.4%的受访家长认为，老师排座位的规则有必要向家长公开说明；66.9%的受访家长建议定期轮换，注重公平公正。

我现在的排座位方法已经在学生中试用了两届。在排座位前，我都会在黑板上画图，给孩子们讲清楚排座位的规则和公开公平公正的原则，通过让孩子们思考有没有更好的方法，来理解和接受这个规则。然后要求孩子们回家给家长讲我们班排座位的规则和原则，让孩子要求家长也遵守规则。最后每学期都按照这个规则来排座位。

首先，座位安排反映了班级管理理念和育人观。我认为，遵循“以人为本、面向全体”的原则是教育者的要义。尤其是义务教育阶段，要尊重每一个孩子，为每一个孩子提供同等的学习机会。座位安排要考虑每一个孩子的利益，座位安排与孩子成绩无关，与家长身份地位等无关。

在我近些年的班级管理中，我反复提及“家”的概念。我认为集体主义观念、团队精神是现代社会重要的精神追求，也是现在的孩子们比较缺乏的情感体验，所以我会反复强调。在安排座位时，不管座位怎么换，四人小组的成员不换，保持稳定，班级考核和竞赛以四人小组为单位。我要让孩子们明确，共同的使命感、归属感、认同感，会让我们互相关心、互相帮助，从而更好地实现自我。

在四人小组稳定的合作中，同情理解、宽容大度、责任担当等独生子女身上常见的稀缺品质会得到彰显。

其次，这种座位安排最大程度彰显了公平正义。关于排座位，我经常想到约翰·罗尔斯在《正义论》中提到的两条正义原则。

第一条原则简称为“平等正义原则”。安排座位时考虑所有同学的利益，每位同学在座位安排上享有平等的权利。我们的座位每两周会轮换一次，前后换、左右换，保证每个同学在一定范围内的各个位置上都坐过。并且，后来我们在前后换位置的时候想到了对角线换，是想让每一次换位置后每一位同学周围的同学有最大的变化。这也就是我跟孩子们和家长们讲的，即使你认为目前的座位环境对孩子最为不利，那么两周后就会改变。何况，作为班主任，我始终在努力消除对所有孩子的不利影响。就像我们的生活一样，有时候需要等待。大家的情况都是一样的。

第二条原则为“差别原则”和“机会的公正平等原则”的结合。这可以用来解释个子矮的同学坐前边、个子高的坐后边的情况。平等正义不仅意味着让相同的人得到相同的待遇，还意味着让不同的人得到不同的待遇。罗尔斯在对“差别原则”进行解释的时候，将其理解为应当对出身和天赋的不平等进行补偿。这种补偿原则其实是在一种不平等的前提条件下，以另一种不平等与之相抵，在实际的结果中达到一种无限接近公平的效果。个子高矮的不平等不是班级人为造成的，是已有的差异。如果让个高的孩子坐在个矮的孩子前边，那就会让个矮的孩子看不到黑板，就是对个矮孩子的不公平。因此，我们在分配班级的其他利益时，可以对高个子的孩子进行一些补偿，例如就餐排队时让高个子排在前边等。而我把班级座位划分为非平行的两个区域，就是想让高个子的孩子也有坐到前边的机会。

当年在我班里就读，身材高大的某同学的妈妈曾跟我说，在小学我们从来都是坐最后一排，而在李老师的班里竟然能坐到中间，真的太让人意外和惊喜了。我听了很高兴。

再次，这种方法对学生健康发展有利。目前正在开展“亮眼控肥”工作，每两周轮换的座位安排就有利于调节孩子们的视觉神经，消除视觉疲劳。

每两周轮换的座位安排能够让孩子有新的学习伙伴，他能从很多孩子身上发现闪光点，也能从很多孩子身上看到自己要警惕的缺点。由于周围同学的变换，他在交往的过程中会学到与不同性格孩子打交道的本领，这对孩子的人际交往能力提升有很大益处。心理学家认为，小学阶段是认识人际关系的关键期，而初中阶段则需要锻炼人际交往能力，这种座位安排为孩子们提供了机会。

因此，排座位中的所有内容都应该成为班级的德育内容，帮助孩子们健康成长。

当然，我清醒地认识到，这种座位安排也存在一定的问题，需要在教育教学过程中倍加注意并积极调整。例如，每学期的四人小组是固定的，就需要关注小组内同学之间的关系，要求小组成员宽容大度、帮助有缺点同学的同时，也要鼓励督促有缺点同学尽早改掉缺点；再例如，我们在排座位时规定，如果某同学与周围同学上课讲话过多，老师可以调整该同学的座位；等等。另外，目前我教的几届学生中虽然有很多近视的孩子，但佩戴眼镜后矫正视力一般是正常的，没有出现过视力或听力有严重缺陷的孩子。如果出现了有严重生理缺陷的孩子，座位怎样排也需要我们思考。

当然，对于教室座位对教学效果的不利影响，还需要所有老师积极有为，消除影响。比如，老师上课时要多在教室走动，眼神要与每个位置上的孩子交流，要提问不同区域的孩子，不要让某个角落成为老师的盲区；又如，老师的板书和PPT上的内容色彩要鲜明，字体能大勿小；等等。

当然，排座位，是家长参与意识与维权意识提高后的一个热门话题。在排座位的过程中，我们一定要坚信家长是善解人意、能够换位思考的，家长应该成为我们排座位的助手，我们不妨邀请家长也参与其中。

异性同桌与社会化能力培养

亲爱的李老师，您好！记得初见您的那一天，您那和蔼可亲的眼神从此便照亮了我的整个初中，至此再也无法忘怀。

令我印象最为深刻的是上一次给您写信，我被同桌折磨得死去活来，是您点醒了我，教会了我忍耐和宽容，教会了我如何为人处世，如何处理同学之间的关系。我一直都特别感谢您对我的指导，让我的心灵从此清净明亮了起来……

即将开学，到办公室整理物品做准备，又一次看到往届毕业生琦琦给我的信，便又一次想到了这个女孩和她的故事。

让琦琦感到烦恼的是她的同桌，缘由是班里的座位问题。

对于教室里的座位安排，不同的班主任有不同的想法，而不同的想法代表着不同的教育观。

我曾经跟同事聊过一个话题：座位安排是同性同桌还是异性同桌？同事的观点是：同性同桌有利于沟通和交流，麻烦事会少一些；而男生和女生同桌可能交流沟通起来不太顺利，容易产生矛盾，发生冲突，班主任的麻烦事可能就会多一些。从这个角度看，为了让班级管理压力小一些，班主任工作轻松一些，还是让同性同桌比较好。

对于同事这个观点，说实话，我不是太认可。

我始终认为，教育的目的是“育人”，是为未来社会培养“合格＋有特长”的公民。所以，教育无小事，时时、处处都要想到“人的教育”。而对于人的“社会化”，学校、班级要为孩子们提供与社会接轨的相对真实的环境，给予孩子成长的机会和条件。

小学和初中阶段孩子的社会化发展，我认为有着不同的特点和需求。

小学阶段是孩子社会化角色的认知阶段，在这个时期，孩子逐渐认识不同社会角色的人——父母、老师、同伴、邻居……这是逐渐感知和逐渐熟悉的过程，社会角色形象逐渐在孩子大脑中生成。小学阶段也是孩子社会交往的初级阶段，在父母和老师的帮助下，孩子们逐渐尝试和感知人际交往的底线和规则，有了社会交往的基本样式。

而到了初中阶段，孩子们需要更广泛的社会交往范围和大量的社交机会，在大量的实际交往中逐渐学会合理交往、有效交往，学会解决交往中出现的问题，增强自己的社会化能力。

所以，在这种背景下，排座位时的性别安排就很重要。

如果同桌是同性的话，孩子们将失去与异性交往的大量机会。如果孩子们在初中阶段还学不会如何跟异性交往，这对孩子们的身心健康成长是很不利的。

当然，安排男生和女生同桌，由于沟通和交流相对困难，就难免会出现较多问题。但不能因为会给我们的工作带来麻烦，就不顾孩子们身心健康成长的需求，不顾育人的任务。如果孩子的交往出现了问题，我们积极解决问题就好，而绝不能削足适履、因噎废食。

果然，琦琦在与同桌交往的过程中，就出现了一些问题。

琦琦同桌是一个情感比较冷漠，语言表达能力较弱，有点简单鲁莽的男孩子。琦琦向我告状：同桌经常找她的问题，嘲讽挖苦她；同桌与她意见不和会推她桌子；有利益冲突时，同桌坚决不让步……

琦琦不胜其烦苦恼无比，终于忍受不了，给我写了一封信，诉说她的苦恼，寻求我的帮助。

读到琦琦的信，感受到孩子的苦恼，我觉得，必须认真对待，帮助琦琦走出困境。

不得不说，我还要感谢琦琦妈妈的理解和支持。

当琦琦妈妈给我打电话时，我想，她一定会像很多家长一样，要求我给孩子调座位的。

可是我想错了！琦琦妈妈说，李老师，我相信你一定能处理好，再说，调一个座位可能情况会好一些，但她也会跟新同学产生矛盾，何况，她以后上高中上大学、走上社会，我们是没有办法决定她的环境的，她只能提高自己的社交能力，学会适应环境。

看来，琦琦妈妈是一个有大智慧的家长，她明白孩子不能养在温室里，宠溺和过度保护会让孩子失去应有的社交能力，失去社会化能力。孩子在家庭中、在自己身边可能会一帆风顺，但等走上社会后，可能会寸步难行。

另一方面，孩子固然不能在过度保护和宠溺的环境中成长，但同样不能走另一个极端，让孩子孤独无助、极度痛苦，从而丧失安全感和自信心。在孩子遇到实际困难而自己不能解决并为此苦恼时，必须有外力介入帮助她。

琦琦的苦恼很具体，而我们的帮助也应该很具体。

列宁说，没有抽象的真理，真理都是具体的。我始终觉得，在对待每一个孩子的教育行为中，只谈教育理念和概括性的词语大多是无用的。比如对待琦琦面临的困境，仅仅给孩子说宽容忍让，说要好好沟通和交流是没有任何作用的。

针对琦琦遇到的问题，首先我和她一起分析同桌的行为，让琦琦明白哪些行为是恶意的，哪些是善意的，哪些是真相，哪些是误解。

其次我们一起分析行为背后的原因，让她认识同桌是一个怎样的孩子，比如鲁莽和无礼很多情况下是因为他的语言表达能力欠缺，并没有主观上的恶意，比如在解决矛盾冲突时他常常以自我为中心，同情心缺失等。

最后，我们一起商讨对策。比如刻意在他遇到困难时主动帮助他，让他感受到温暖；比如在发生小的矛盾冲突谁也不退让时，采用抓阄的方法解决；比如在他有推桌子等升级行为时，要义正词严地警告，说如果有下次就会找他的家长，让他感觉到会有严重后果；比如知道他是一个不成熟的小男孩，就等待他成长，等待他感知温暖从而变得柔软；等等。

当然，在跟琦琦交流的同时，我也跟她的同桌做了沟通，引导他发现琦琦的优点，教会他用语言来沟通和交流，而不是用肢体语言解决，告诉他一些不当行为的严重后果。

当然，矛盾冲突不可能在我的一次谈话后就迎刃而解。我认真关注观察，积极跟进调解，慢慢地，他们的矛盾冲突变得越来越少。

终于，在毕业的时候，琦琦给我写了这封信。看到她的成长，我很欣慰。

因为我知道，在与同伴交往的过程中，琦琦收获的经验和教训会让她的社交能力迅速提高。这一次的挫折和磨难也教会了她坚强，今后不管是上高中还是大学，甚至是走上社会，她都无惧和任何人打交道。

尽管初中的这段时光很纠结和挣扎，但这段时光中生长出来的能量，还是会给她的人生带来金子般的镇定和从容。

假如为了轻松和省事，座位安排没有给予孩子们更多交往机会；假如琦琦妈妈和我采用简单的处理方法，给琦琦调一个舒服的座位，给她宠溺和过度保护；假如我们没有给予琦琦恰当的帮助，不能助其解决交往中的问题，导致她缺失安全感：我想，那一定不会有更优秀更强大的琦琦。

所以，学校老师和家长，应努力为孩子设置与社会接轨的环境，而后，在保障安全感的情况下，给予孩子指导和帮助，使其得到锻炼和磨炼，助其提高社会化能力，早日成为社会的优秀公民。

期末评语怎样评，谁来写成谁来听

学生评语一般是指学期末由班主任撰写的对学生学期表现的定性评价。一般情况下，它要填入素质报告单，通知学生本人和家长。

在紧张繁重的期末工作中，提起撰写评语，很多小伙伴直呼头大。确实，目前的“期末评语”的确问题多多，真的到了“穷则思变”的地步。

一

首先，评价语言老套。多少年来，期末评语的形式和内容没有多少变化，千篇一律。孩子们每个学期看到的评语都“似曾相识燕归来”，甚至都能猜到老师要写什么。尽管网络上有很多形式多样的创新评语，但这取决于撰写人的文化素养、写作能力，需要撰写人付出大量的精力和时间。而每个学期都是班主任一个人绞尽脑汁撰写，若要求写出高质量、期期翻新的内容，对绝大多数老师来说，这并不是敬业不敬业的问题，而是科学不科学的问题。所以不能成为评语改革的主要方向。

其次，评价标准刻板。评语是对孩子们一个学期表现的评价，评价标准其实涉及老师的教育观问题。一般情况下，我们的评语中，成绩界定、学习态度、道德评价排在评价标准的前三位。而对于孩子个性发展中的闪光点，我们往往忽略不计。这导致学习成绩不优秀的孩子很难在评语中获得价值感。

再次，评价主体单一。到目前为止，期末撰写评语好像是班主任的专利，是班主任期末工作的标配。孩子是好是坏，有多少进步，有多少收获，班主任一个人说了算。事实上，班主任一个人要面对那么多孩子，每个孩子每天的一举一动、思想变化，班主任不可能全部掌握。那么，期末评价班主任一个人说了算的局面能不能改变？我想是可以的，后文会重点谈到。

最后，评价形式单一。评价是教育活动中很重要的一个环节，是促进孩子健康成长的重要手段。评价的目的是促进，绝不是定性，应起到该有的作用。但现有的期末评语只是写在素质报告单上，学生拿到后给家长看一下。这个过程中，期末评语的教育价值没有得到最大程度的彰显。

鉴于以上原因，有时候，期末评语不仅对老师来讲是“鸡肋”，“食之无用，弃之可惜”，而且对于家长和孩子来讲也一样，它的作用低于预期，不能引起太大的关注。

二

我们是不是可以做出一些改变？

首先，从内容和形式入手。当然，这需要班主任投入一定的时间和精力，要求我们早谋划早准备，而不是等到期末时再动手。例如可以有诗歌、藏头诗、文言文，可以细节描述，多鼓励少批评，可以有照片作背景，有表情包渲染衬托等。这一部分网络媒体有很多的模板，目前的创新评语多是从这个角度切入，这里不再赘述。

其次，拓宽评价标准。是的，学习态度、成绩和道德品质的确重要，但除此之外的一些方面我们是不是也可以关注。篮球场上的动作更潇洒了，发脾气的次数减少了，书面越来越工整了，笑容越来越多了，等等这些生活中向美向善的闪光点都值得我们书写。在写本学期评语时拿出上学期的评语进行对比，看一下上学期提出的要求孩子有没有做到，从而进行表扬和鼓励。

再次，丰富评价主体。仅班主任撰写评语未免让孩子觉得单一枯燥，而家长评价、同伴评价都可以成为孩子了解自己的重要窗口。近些年，在我教过的每一届学生中，我总是会采用多种形式的评价，会组织至少一次同伴互评活动。我提供评语模板，要求至少写出三个优点和一个缺点，要求有真实细节描写，语言亲切感人，有正能量有激励性。孩子非常看重同伴的评价，这样的评语会取得不一样的效果。

我想，对于有条件的班级，还可以组织家长为孩子写评语。家长对孩子的情况最了解，引导家长关注孩子一学期的变化，特别是引导家长总结孩子的长处和优点有助于改善亲子关系，有助于家长客观真实评价孩子，有助于家长消解焦虑情绪。孩子平时从家长那里听到的多是要求和批评，如果在评语中看到家长对自己的认可，我想孩子是很开心的，同时也可以改善孩子对家长的态度。和谐的家庭关系本身就是孩子健康成长的最大动力。

本学期，我准备尝试开展“我为自己写评语”活动。我认为，青春期孩子的自我认知对他们的健康成长很重要，理性分析自己的优缺点，肯定自己的长处而获得成就感、愉悦感，反思自己的不足而向未来的岁月做一个承诺，能让自己变得更自律。我曾经在班里开展过一次以“我的高光时刻”为主题的班会，我感受到了他们在自我肯定时自我生长的强大力量，就像进入一个强大的磁场一样。

最后，评语大都写在每个同学的素质报告单上，放假时匆忙发放，拿回家随便让家长一看便束之高阁。我总是在想，这样的活动未免草率。

我已经在三届学生中进行过“期末评语大家猜”活动了。不管是我自己写的评语还是同伴写的评语，活动前我都会对孩子们保密。然后到放假前开一个班级总结会，有一个环节便是这项活动。我事先会做PPT，每张PPT上是一个孩子的评语，但没有名字。每放出一张PPT，我都会大声朗读给孩子们的评语，在我朗读的过程中，大家来猜这个孩子是谁，一起大声喊出这个孩子的名字，然后这个孩子上台领他的素质报告单，大家鼓掌向他表示祝贺。

由于有这样的活动，在撰写评语时，就要求评语必须符合孩子的实际情况，真实感人。由于大家都要去猜，所以每个孩子的评语都备受关注，而孩子对自己的评语也感受真切。由于是在公共场合且有仪式感，所以孩子对于自己被肯定的部分特别有成就感和价值感，而对于自己需要改进的方面也感受颇深，有利于下学期的改进。

当然，这只是我自己的一个尝试，我想会有更多的小伙伴研究出更多更好的方法。

我认为，所有的教育行为均应指向孩子的健康成长，要想方设法挖掘常规活动的教育意义，让活动价值最大化。

对于所有的教育活动来说，要考虑的首要问题是效果，如果没有什么用，那为什么还要做？如果必须做，那就要想怎样做才会更有效果。

“女神节”，我们教孩子做什么

班会课，组织孩子们进行了一次辩论——“女士优先与男女平等是否矛盾”，活动取得了一定的效果。这次教育活动设计的初衷，是想结合“女神节”的到来，让孩子们对“异性交往”“公平原则”有进一步的认识和体会。

一

利用节日开展活动是教育的一种重要形式。由于节日是真实存在的社会活动，孩子们耳濡目染不由自主会沉浸其中，有真实的感知和丰富的体验，所以结合节日开展的教育活动往往效果良佳，应该成为教育者认真研究的一个课题。

“女神节”其实是“三八妇女节”，很多学校和班级都会在节日期间组织一些教育活动，但我发现，大多数活动都跟“感谢母亲”有关。我个人觉得，不是太恰当。

“三八妇女节”全称是“联合国妇女权益和国际和平日”，自设立之初，“国际妇女节”为发达国家及发展中国家的妇女开启了一个新天地。日益发展壮大的国际妇女运动，通过联合国四次妇女问题全球会议得以加强，国际妇女节纪念活动已成为一个争取妇女权利和妇女对政治经济事务的参与的集结令。后名称演变为“女神节”。

由此可见，该节日的初始意义是“争取女权”，这在起源时期有着重要的价值和使命。当然，随着社会的发展，随着“男女平等”意识的强化和发展，“男女平权”理念深入人心，在当下有很好的凸显，业已成为常态和必然。在孩子成长的过程中，“异性交往”“性别意识”应成为社交礼仪教育和健康成长的关键课程，而“女神节”正好可以成为该项教育的有利契机，成为一个时间上的关键节点。

当然，“女神节”让孩子们认识母亲的伟大，表达对母亲的爱意也无可厚非，毕竟“感恩教育”“母爱教育”也是我们教育内容中的重中之重。但是，我们还有“母亲节”，还有很多关于“感恩”的教育契机，“母爱教育”在这些时候都可以得到很好的实施。相较而言，“性别差异”“异性交往”的教育契机和节点较少。在这个意义上讲，“女神节”有着较为稀缺的教育资源和非常宝贵的教育价值和意义，应该得到我们的重视，应该得到彰显。

二

这个节日我们怎样做教育？

对此，在孩子们的初中三年，我们可以有一个整体的设计，根据他们的年龄特点和接受能力，循序渐进、由浅入深地策划主题教育活动。

第一，可以让孩子们逐渐“认识异性”。每接到一个班级，我都会开展一次关于“异性交往”的主题教育活动，一定会要求“男孩子要宽容大度有礼貌，做暖男，做绅士”，会让孩子们讨论“为什么女士优先是国际社会公认的第一礼俗”。从而让孩子们认识到，男孩子和女孩子是有生理差异的，女性是人类的母亲，理应受到照顾。在社交场合，男生有义务主动尊重、关心、保护女生，并且要为女生排忧解难。国际社会公认，唯有这样的男生才具有绅士风度。当然，我也会给女孩子提出具体要求，例如要善解人意、原谅男孩子的调皮、原谅男孩子的粗枝大叶等。

心理学研究指出，小学阶段是认识人际关系的关键期，而初中阶段就需要锻炼人际交往的能力。“异性交往”是人际交往的重要组成部分。

利用“为什么要遵从女士优先原则”的讨论让孩子们明确“性别差异”和“异性交往礼仪”，有着重要意义。有些孩子以自我为中心，个性张扬，利己主义思想严重，不懂得为他人着想，不懂得同理同情，这样的活动可以弥补这方面的缺陷。

第二，可以让孩子们谈谈自己心目中“理想异性的标准”。我在每一届学生中都上过“遇见最美的自己”班会课，这也应该是最适合“女神节”的班级活动。“女神”是女孩子对自我的严格要求，是善良、纯洁、美丽、高素质女孩的美化称呼。那么，每个人心目中的“女神”形象是否一样呢？

每个人都可以提出自己心目中的优秀女孩是什么样，也可以提出自己心目中的优秀男孩是什么样。思考标准的过程就是一次自我教育，就是一次自我反思，这样的活动有助于营造一种积极向上的情感氛围，会给孩子们带来内化和矫正，会让他们朝着更加优秀的方向加速前进。

在班级“好女孩好男孩”标准制定好之后，每一个学期都要票选班级符合标准的“好女孩好男孩”，这可以督促大家持续努力，督促大家相互学习健康成长。

第三，可以将孩子们对于“异性交往”的思考带入更深层次。例如我组织的辩论——女士优先与男女平等是否矛盾。九年级的孩子经过两年多的初中生活，已经有了独立的思想，有了一定的思辨能力，可以设置一些关于两性话题的较高层次的讨论和交流，相信对他们的人生观和价值观都能有一定程度的帮助。

尽管这个话题有点深刻，不容易讲清楚，但孩子们的发言还是有很多亮点。例如“女士优先不是任何时候都优先，应该在某些特定的时刻优先”“男女生的身体特点不一样，他们所从事的工作也应该有一些差异。战争中冲锋陷阵的多是男生”。

辩论结束时，我给孩子们补充了约翰·罗尔斯在《正义论》中提到的正义原则之一——“差别原则”，也即一种“补偿原则”。约翰·罗尔斯认为应当对出身和天赋的不平等进行补偿，这种补偿原则其实是在一种不平等的前提条件下，以另一种不平等与之相抵，在实际的结果中达到一种无限接近公平的效果。我想，这次活动会给孩子们带去很多思考。

三

当然，在“女神节”，我们还可以有其他形式的活动。比如，可以组织孩子们认识和学习历史上杰出的女性，举办“女神专题故事会”；可以组织孩子们进行《简·爱》《小妇人》等读书观影交流会，鼓励孩子们从书籍、电影等文艺作品中认识女性，讨论“女神”该有的样子。

当然，我们在“女神节”的主题教育活动不应该单指向女生，而应该借这个节日来重视“性别差异教育”，“女神”要有女神的美丽气质，“男子汉”亦应有男子汉的阳刚表现。只有“各美其美，美人之美”，才能“美美与共，天下大同”。

当然，学校班级在进行“女神节”主题教育活动的同时，家长也应该有意识开展类似的家教活动，重视孩子的“性别差异教育”。

我始终认为，要敬畏自然、顺应天道，承认“男女有别”，重视和研究“男孩教育”“女孩教育”的不同和联系，而这个方面正是我们学校教育欠缺的地方，也就需要家长予以更多的关注了。

公开课究竟要公开什么

那一次，在区里的九年级复习研讨会上，我上了一节公开课。而上课的前一天下午，当我在教室布置上课的有关事项时，孩子们却给我出了一个小难题。

当时的语文课，我们都有一个课前演讲环节，抽取一名同学进行不超过5分钟的名著读后感分享。孩子们问我：明天公开课前，我们还进行这个活动吗？很多时候，遇到这样难踢的球，我一般都会踢回去：你们说呢？孩子们说：这是我们班的常规活动，为什么不进行呢？我说好的。

可是孩子们又说，按照规定，明天轮到小光演讲，他不一定会讲得好。老师，用不用换我们班的“学霸”讲，这是公开课，我们要让老师你有面子呀！

我当然了解小光了。这孩子不擅长表达，尽管很努力，但语文成绩始终不是太好。我看到，小光用力地抿着嘴，紧张地看着我。我说，谁说小光讲不好，只要他用心准备了，一定会讲好的。

后来的事实证明，小光准备得的确很充分，但不自信的他在公开课上演讲时紧张极了，声音低沉，基本都在念PPT，但他还是完成了他的演讲。课后我问他感觉怎么样，他说，还好，总算讲过了。我知道，他已经有了一次很有价值的经历。

上公开课，是教学工作中不可避免的经历，就连学生也深谙此道。不然，怎么会有这次公开课前孩子们建议我“作秀”的善举？

很多年来，社会各界对公开课褒贬不一，议论颇多。对此，我也有自己的看法。我觉得，上公开课，至少要遵循“三不”原则。

不炫

不得不说，在公开课快速“行走”的过程中，很多时候，我们忘记了为什么而出发。

对于公开课，《教育大辞典》将其解释为“教学的一种特殊形式，为供教师之间有目的地观看、聆听并进行评析的教学活动，可通过示范课、专题研究课、日常互听等形式开展进行”。可见，公开课的原始价值和意义在于“评析”，是开展教学研究的一项活动。通过公开课，大家对教学内容的选取、教学方法的使用、教学流程的设计进行讨论和交流，从而有所获有所得，对自己的教学起到改进提升的作用，最终有利于学生的发展。

而现在的很多公开课，却承担了太多的“责任”。一线教师需要公开课来获奖、评职称，名师需要公开课来被认可、不负威名，学校需要公开课提升自己的美誉度。

在如此目的性强的追求中，公开课就会要求美玉无瑕，就会要求全方位包装，就会走上“炫”的道路。你的公开课已经不属于你自己了，一节华丽的公开课背后有着备课组、教研组无数次打磨研讨，有着专业权威的指导安排，有着无数次修改彩排，变成了“众人搭台、一人唱戏”。

其实，公开课希望得到大家的认可是人之常情，本无可厚非，但脱离实际情况、不遵循教育教学规律一味求美求全求炫，便很危险。

同事讲，某名师借班上课前发来课堂提问的问题让孩子们预习，当公开课上孩子们没有按“剧本”顺利回答问题时，该名师责怪同事没有让孩子们认真预习。课堂上孩子们思维阻滞、认识偏误正是彰显名师教学功底之时，怎么能怪没有好好预习呢？而我们也应该思考，为什么在那样的时刻孩子们回答不出问题，是问题本身的缘故，还是前边的铺垫支架没有做好？这些才是公开课的价值所在。

我也听过一次某名师的公开课，课堂效果不是太好，而结束时，我听到这位老师在跟组织者一个劲地抱怨说这里的孩子素质太差了、太差了。

毫无疑问，这两位名师追求的就是“炫”的结果，一旦没有达到这样的结果便伤心失落、归罪他人，而不是反思自己的教学。

所以，我们见到的很多华丽的公开课才会有过度的课前准备，才会有庞大的创作团队。这样的公开课越来越像大片制作，那么颁奖时是不是也要像奥斯卡一样，不但有最佳主角，还要有最佳编剧、最佳导演、最佳道具，当然还要有最佳配角——学生？

好在，很多教育界有识之士在想方设法改变这种情况。比如很多地方赛课不会提前太多时间通知选手，就是为了防止过度准备和排练。

不假

公开课的目的是研讨和交流，是为平时的课堂教学提供样本示范或者研讨内容。公开课是手段，常态课是目的。但如果迷失了方向，公开课变为炫技，成为功利的舞台，就会走上作秀的道路。

现在的我还记得上学时候的两节公开课。

一次公开课，老师安排我上讲台板书解题过程。老师跟我讲，教育局几位领导要来听课，课堂效果很重要，要求我必须好好配合。他要我在课堂中间，在他安排一个同学上台板书错误的解题过程后举手，他叫我后我再上台板书。

得知这节课对老师那么重要，又要在某个时间节点举手，这个任务让我很紧张。上课时，我眼睛一直盯着老师，手心出了好多汗，心里一直在默念某某某板书后举手，至于那节课上的是什么内容，我现在全然不记得了。

还有一次，也是教育局的领导要听老师的课，我们事先排练了好几次。那时学校还没有自动控制的铃声，上课下课是敲钟。让我感到奇怪的是，每次排练的课和正式的公开课上，每当老师说出今天的课我们就上到这里时，学校的下课钟声总是会应声响起。当时心里想，我们老师对时间的把握也太精确了。过了几天，才从一个教师子女的同学那里得知，原来我们老师上课时，学校安排一位老师在窗外听，当课程结束老师说出那句话时，窗外的老师打一个手势，敲钟的老师便会敲响下课钟声。

从我上学到现在几十年过去了，公开课表演的情况有没有改变呢？

一位朋友对他的优质课比赛经历愤愤不平。他告诉我，主办方指定所有选手都到某学校借班上课，而事后他才知道，东道主选手上课的班是几个班的优秀学生临时组成的，且已经多次排练。

有时在公开课上，看到孩子们在很短的时间内将一个很难的任务完成，展示得异常精彩时，我总是和同伴相视一笑，轻轻地摇一摇头。

阎连科先生在《她们》一书中曾经回忆过他叔伯哥哥为相亲而借邻居家具摆设的故事，甚至连相亲时哥哥身上的衣服都是借来的。后来，成为他嫂子的姑娘告诉他们其实她是知道的，但嫂子说，为了能娶上老婆，不是家家户户都这样吗？

不常态

在这一点上，我和很多批评公开课的同仁观点不一致。

他们认为，公开课就是常态课，越常态越好。而我不这样看。

就像时装表演。模特们的穿着打扮总是能吸引大众的目光，引来大众对他们的评头论足。虽然，生活中的穿着不能像舞台上的服装，但时装表演总能为服饰的改变和流行带去思考和促进，让这个世界变得更美丽。

就像你请朋友们到家里来吃饭，总是会将家里的卫生搞一搞，总是会拿出你的几个拿手菜或刚学习的新菜品。朋友们在对菜品的品尝赞叹中交流经验，讨论厨艺，他们回家后可能如法炮制，可能拍照发给你交流心得，家庭的厨艺就是在这种交往中提升的。但是你不能去饭店定制几个菜拿回来硬说是你做的，害得朋友回家在厨房里油烟满面也做不出那样的色香味。而你却不善良地笑笑，哼，他们怎么会有饭店的条件和专业的大厨呢？

公开课如果没有创意和创新，没有新点子和变化，没有可供大家讨论交流的价值点，那么请大家来听课岂不是耽误大家的时间？这实在是不讲效率的行为。

我认为，公开课的常态化指的是教学条件的常态化，指的是学生认知基础的常态化，而绝不是教学思想和方法策略的常态化。

给辛老师的一封公开信

收到一位刚参加工作的老师的信息：

李老师，您好。不好意思又要来打扰您了。

李老师，我接的第一个班已经快两年了，我和我的学生似乎进入了一个磨合期，最近遇到了许多的问题，也不知道该怎么面对和解决。想问问您，听听您的建议。

我明显感觉到八年级的他们和七年级不一样了，平时我是比较严格的，但我付出了很多很多，最近我总是能感到几个学生想法很多，他们会抱团，对老师有很多小情绪。也从别的渠道听到了一些不好的声音，例如在背后说我的坏话。我听到了很是伤心，我的确特别在意这群学生的想法。但我该怎么面对他们呢？面对种种这些，我甚至开始怀疑自己了……我感觉到自己开始产生了厌班的情绪，我该怎么面对自己的心理？我现在有点乱也很心灰意冷，但不想让情况继续差下去。希望李老师有空的时候可以给我一些宝贵的建议。遇到这些，我也不知道该跟谁说，最先想到的就是李老师您了……谢谢您。

我决定给她写一封公开信。

辛老师：

你好！

谢谢你对我的信任！读过你的信息后，我觉得你出现的问题也是我刚参加工作时曾有过的状态，也是很多老师刚参加工作特别是初做班主任时都会遇到的问题。所以，我认真思考了一下，想尝试着做一个较为慎重的回答。

二

首先，我要为你点赞，并向你表示敬意。我觉得你是一位超有责任心的班主任，并且你非常善于解决问题，而不是采取抱怨和逃避的态度。

你之所以感到很伤心，是因为付出很多，你觉得你的付出没有得到回报。从那一次新教师培训后我们的简短交流，从我到你们学校做讲座后你的谈话，从你有时给我发来的你的班级活动，我都能感觉到你的用心和付出，我丝毫不怀疑你对班级和班主任工作的热爱和投入，你是一位有专业追求的年轻班主任。

你说你特别在意这部分学生的想法，我非常感动。从你的信息中可以看到，对你有意见的孩子只是班里的少数，而你却没有像很多老师一样只是关心班级里的优秀学生和听你话的学生，你对所有的孩子一视同仁，并且还特别在意对自己有意见的孩子。

是的，教育无小事。虽然每个孩子只是班里的几十分之一，但对一个个家庭来说，孩子可能是全部；一花一世界，一叶一菩提，每个孩子的眼中都是一个世界，如果一个孩子有问题，这个世界就会有问题。所以，每一个孩子都值得我们关注和付出。对于自己，人们往往喜欢放大优点、忽略缺点，而你却对孩子们的意见耿耿于怀，说明你真的是一个有教育情怀、愿意为每一个孩子着想的老师。

你说你产生了厌班情绪，有点心灰意冷。但在我看来，你并没有。如果真的是这样，你就不会说不想让这种情况继续下去，你可能就会认为这部分学生不可理喻，从而对这部分学生放任自流，或者抱着无所谓的态度采取简单的办法来处理。

显然你没有这样做，你在采取积极的态度应对。我相信，你在寻求我帮助的同时也一定会采取其他的办法，也许我的回答不能帮你太多，但我相信你一定会想尽一切办法解决好这个问题。因为，我能看到信息背后你对这个班级的深情，能看到你对班主任工作的热爱。

当然，你完全没有必要为这样的事情而过于痛苦。在我们的工作中，在我们的成长过程中，出现这样的问题是很正常的，我出现过，他出现过，大家都出现过。如果大家都能像你一样积极面对，想尽办法寻找解决问题的途径，在实践中反思，在行动中总结，那么，我们今后再遇到类似问题，可能就会很轻松地解决，或者说就不会再遇到这样的问题，那么我们就会变得越来越专业，就会更快地成长。

二

你带这个班已经快两年了，孩子们从刚入初中的懵懂无知变得逐渐自我，从最初对初中生活的新奇憧憬到现在的熟稔适应，从刚见面时对老师的客气试探到现在的肆意评判，而八年级又是很多孩子青春期的开始。客观上讲，最初带班的“双方克制愉悦美好期”早已过去，你和孩子们现在到了“磨合期”，所以八年级的他们与七年级不一样是很正常的，可能你原来没有做好这方面的心理准备。

你说你总能感觉到几个孩子想法很多，他们抱团，对你有一些情绪，还在背后说你的坏话。我首先想到的是你说的自己对他们要求很严格。对学生严格要求是应该的，但这个时候是不是去想一下这几个对你有意见的孩子，在你严格要求时他们的态度是什么。

我相信，你对他们的严格要求是一种爱，是一种恨铁不成钢，是一种想通过严格要求让他们迅速提高的强烈愿望。但他们是否明白呢？青春期的孩子自尊心强、要面子，我们严格要求时是不是没有考虑到这些？是不是在严格要求学生时没有让学生明白我们的用意和爱心？

当然，你在信息中没有说这几个孩子对你有什么意见，说了你什么坏话。出现部分孩子和我们对立的情况时，我们首先要分析，要找到真正的原因，然后根据情况采取措施。很多情况下，我们需要和孩子进行真正的沟通和交流。

让孩子意识到，我们是真诚的，我们愿意接受孩子们的批评和建议，我们愿意和孩子一起商讨解决的办法。在我看来，孩子毕竟是孩子，绝大多数都是纯真善良的，是可以坐下来沟通和交流的。倾听孩子们的意见和建议也并不会降低我们的威信，反而会拉近师生之间的距离。我就曾经在我现在的班级开展过一次“批评李老师的吐槽大会”，我觉得效果很好。

三

当然，与学生出现了对立情况，说明我们和孩子之间的关系出现了问题。我始终认为，良好的师生关系是美好教育的前提。只要师生关系和谐了，教育方式就显得没有那么重要了，你的所有想法和行为都可以成为有效教育。

在我看来，良好的师生关系应是“中庸”“和谐”。《礼记·中庸》里有“中也者，天下之大本也；和也者，天下之达道也”，这给我们很多启示。良好的师生关系中，班主任对学生应该有三种影响力，分别是“亲和力”“权威力”“榜样力”。

你的“亲和力”，决定学生“爱不爱你”。

我们有没有尊重和理解学生，把他们当作和我们平等的人来对待；我们有没有在意他们的一颦一笑一言一行，真诚分享他们的快乐，耐心化解他们的烦恼和困难；我们有没有让学生觉得我们是一个有趣、真实、善良的人，是一个既有金刚手段又有菩萨心肠的人。“亲和力”来自对学生的爱，来自对教育事业的热爱。

你的“权威力”，决定学生“服不服你”。

“权威”指使人信从的力量和威望。当然，从行政关系上看，班主任本身是有“权威性”的，但这种非人格力量形成的“权威”只能让人恐惧（在逼压下会导致学生反抗），不能让人折服。班主任学识渊博，课上得好；班主任懂学生心理，指导有方；班主任篮球打得好，才艺过人；班主任活动组织得井井有条，妙趣横生；班主任对待学生奖罚分明，公平公正……班主任可以——以爱服人、以识服人、以技服人、以德服人、以能服人、以勤服人、以绩服人……

你的“榜样力”，决定学生“信不信你”。

班主任要做“真人”。学生是欺骗不得也欺骗不了的。你是怎样说的你就怎样做，你是怎样做的你就怎样说。班主任要真诚坦荡，在学生面前我们是老师，要谨言慎行，但我们首先是人，不去装高尚、扮伟大。要求学生做到的，我们首先要做到，在学生面前提倡的，我们首先要身体力行去追求。“榜样”不是要求班主任成为“做题”方面的专家，而是要成为“做人”方面的榜样。

辛老师，我觉得你的问题一定是你和孩子们的关系出现了问题，不知道对不对。

四

当然还有一点，孩子们背后说你坏话、对你有意见，可能是家长对你有看法。某些家长不明白良好的师生关系对孩子健康成长的促进作用，不明白家长在孩子面前讲话的重要性。随意在孩子面前指责老师的不是，也会导致部分孩子对老师意见很大，背后说老师坏话。当然，辛老师，咱们这样说并不是说不允许家长给老师提意见，只是站在孩子利益的角度上说明，家长可以直接给老师、班主任提意见和建议，但最好不要在孩子面前指责老师。

当然，你是不是在家校关系方面做得还不够，还要你自己反思一下。良好的家校关系是促进班主任工作的催化剂，我们一定要努力。

五

小辛老师，不用伤心难过，遇到问题我们想办法解决。在这样的经历过后，我们的教育能力会提高，专业成长会加速，何乐而不为呢？

当然，退一万步讲，假如我们献出了真心，付出了努力，做出了改变，那几个孩子还是不能理解。我想，只要不影响班级教育教学秩序，我们哪怕受尽委屈，也还是要宽容那几个孩子。要相信时间会解决很多问题，孩子终会长大的，到一定时候，他们是会明白我们对他们的爱的。理解也需要等待。何况我们是受过专业训练的教育工作者，他们还是孩子呢。

最后还是要谢谢辛老师对我的信任，但愿我的回答能带给你一些帮助。

祝你快乐地工作，快乐地生活，一切顺利！

高中生与小红花

气温回升，春暖花开，又到了学习培训的黄金时节。我的邮箱每天都会收到论坛、报告会等通知，各种培训让人眼花缭乱。

几年前在珠海，参加一个全国性的班主任论坛。一位名班主任介绍带班经验，条理清晰，重点突出。她分享的是通过小组竞赛班级考核的方法规范学生日常行为，最主要的做法就是“小红花的使用”。听得出来，这是一位小学低段班主任，她的激励措施非常适合这个年龄阶段的孩子，效果应该不错。

我注意到旁边的一位年轻女老师，她全神贯注听讲，不停做着笔记，很认真。课间休息的时候，我与她聊了起来。原来她是刚毕业的大学生，应聘到了一所高中，刚刚做了班主任，学校派她出来学习。我问她，你回去会不会用刚才介绍的“小红花”方式管理班级？她说，既然这个老师介绍得这么好，我想回去试一试。

很显然，刚参加工作的这位老师没有注意到学段的不同。毋庸置疑，不同年龄阶段的孩子有着不同的心理特征，应该采取不同的教育方法。

年轻老师刚参加工作，经验不足无可厚非，但论坛组织者、培训主办方不分学段，会议主题不明确，这也不应该。

尤其是班主任方面的理论和实践，在专业化方向上很值得商榷。我在杭州听过一次分享，台上的老师讲述自己的班级故事，身为语文老师的她把教室做成了一个小型图书馆，组织学生课间读书，写读书笔记，背诵诗文。总之，她班级的日常便是读书，通过“书香”浸润学生的灵魂。

正听得入神，旁边一位老师凑过来对我说，她是啥学校的老师，像我们这些有中考任务的学校和班级，科学老师允许你这么做吗，数学老师不让刷题吗，英语老师不让背单词吗？根本不可能做到呀！

后来我们得知，演讲者是职校的一位班主任。

是啊，学段不同，学校性质不同，经验如何共享？而组织者显然没有考虑过这个问题，可谓不够专业，不根据实际情况做事。

某班主任杂志应当算国内比较权威的杂志了吧，但刊登的很多文章、论文却不标注年段、作者学校等信息，有时让人读了很是疑惑。当然，某些论文可能揭示了教育的普遍规律，应用范围很广，但大多数的论文应该具体情况具体分析，应该有应用范围的界定，方更为科学。

曾经到内蒙古某地参加活动，发现组织者将几天的活动分为通识培训和不同学段、不同学科的培训，划分细致，颇为专业。

所以，培训和学习要考虑实际需求和实际情况，要有针对性、实事求是才对。

例如，留守儿童居多的地区和学校，首先要解决的是在亲子关系不佳的情况下，孩子们如何健康快乐阳光成长，应多邀请这方面的一线实践者和相关的专家学者给予指导帮助。

如果孩子们大多是在学习内驱力方面存在问题，那么培训首先要解决的是如何让孩子们主动学习，这就需要先解决学习态度和学习心理的问题，而不是大谈特谈某高深专业学习法。

邀请大学教授、研究所学者介绍国外流行理论、国际前沿技术，开拓视野增长见识虽然确有必要，但不顾本地实际情况，也不管这种理论有没有落地实践的实证数据，就强行推广使用，这无疑是一种劳民伤财的形式主义。

而学习者呢？

我始终认为，参加业务培训的目的是提升业务技能，就是把所学理论用到工作中去，去检验所学的内容是否匹配自己的工作，然后在实践中总结反思，形成自己的做法，提高工作效率，从而获得职业幸福感。

业务培训和学习本身并不是目的。那么多的学习和培训如果不去落实，就只会是过眼云烟，而“实用”方为最高境界。

学习和工作不该成为“两张皮”，哪能——学习是学习，空对空谈理论；工作是工作，唱旧曲走老路？

否则，就像老家的那个胖妹妹，她的减肥就是每天在朋友圈更新学习到的各种减肥方法，而自己依然贵妃如故。

其实她不知道，她也许只要坚持做到“管住嘴，迈开腿”，就可以飞燕附体。

从团建游戏到集体荣誉感

“李老师，咱们人少，你不参加不行的!”

“加油，说什么也要赢一次!”

那天下午，参加了学校工会组织的团建游戏，我还被任命为“梦想队”队长。九名队员来自不同学科、不同年级。活动开始前，本队长召集人马，两位老师说有重要事情要请假，一位队员说，没事的，反正是玩玩的，人少就人少，不要太认真。

想想也是。这几天，右腿有点不舒服，就对大家说，我就不上场了，我给大家喊口号拍照片。

前两个游戏大家很随意，云淡风轻地笑着、跑着、闹着，自然成绩平平。

田径场上，人越来越多，口号也越来越响亮。

第三个游戏是“合力建塔”，运动量也不大，大家终于忍不住了。同伴说，不行不行，咱们人少，李老师不参加不行！另一个同伴说，我们想办法也赢一次呀!

我呢，也早已跃跃欲试，便迫不及待加入战队。于是，游戏的欢呼声更加高涨!

本就是临时拼凑的草台班子，本就说好了重在参与做做样子，可还是在活动的过程中好胜心、求胜欲疯长，在与其他团队的竞争中集体荣誉感爆棚，于是大家便有了想法，格外卖力。

可见，只要团队出现，集体荣誉感便与之俱来，而集体荣誉感强，大家便会奋勇争先，力争为团队争光。

成年人尚且如此，何况孩子们呢？所以，班级管理要重视集体荣誉感的培养。

集体荣誉感是指孩子们自觉意识到作为班集体一员的尊严和荣耀，

珍爱集体荣誉，自觉为班集体拼搏和付出的一种神圣情感。

在班级管理中，培养孩子们的集体荣誉感尤为重要。有了集体荣誉感，孩子们就会有主人翁精神，就会因集体荣誉而产生积极向上的强烈愿望，主动修正自己的言行，表现出正向的能动性和创造性。因而，班级的凝聚力会增强，良好的班风和班貌就容易形成。

特别是在独生子女占比较高的情况下，培养孩子的集体荣誉感有着更为重要的现实意义。独生子女自我意识强烈，有个性，甚至太任性，容易自私自利。而集体荣誉感有利于培养孩子的同理心和同情心，让孩子学会换位思考、宽容大度，有利于培养孩子的责任感和上进心。

如何培养孩子们的集体荣誉感？我认为至少要从四个方面入手。

第一，发挥班主任的核心作用。

火车跑得快，全凭车头带。对一个班级来讲，班主任就是车头，就是核心力量，就是一个班级的灵魂。在培养孩子们集体荣誉感的过程中，班主任要起到榜样作用。班主任不热爱班级，不在乎班级的荣誉，对班级的事情没有责任心，从来不为班级感到伤心或自豪，那他的学生们怎么会有集体荣誉感呢？

在某种程度上，班主任就是班级的象征。班主任的个人魅力就是班集体的魅力，孩子们对班主任的态度就是对班级的态度。班主任在培养班级的向心力和凝聚力方面起着至关重要的作用，一个优秀的班主任就是一个优秀的班集体。

第二，做好班级文化建设。

一个优秀的班集体，成员的集体荣誉感来自对班级的热爱和认同，来自共同的坚守和追求。在这个层面上，班级要有明显的标志和特色，要想办法避免班级建设的“同质化”。班级若没有明确的目标，人云亦云，没有共同的价值追求，就是一盘散沙。这样的班级存在感缺失，孩子们感觉不到班级的生命和活力，感觉不到班级的脉动和呼吸，只是把班级看作一间一起学习的教室，看作一群相伴学习的人。这种情况下，孩子们对班级的认可度极低，没有被强化的集体概念。

你看那些优秀的团建教练在团队形成的第一时间，都会让成员给自己的团队命队名、拟队呼、画旗帜，这其实就是在培养集体荣誉感。所以，班级文化不是汇报材料中的华丽语言，而是落实到班级建设中的有效举措。班名、班徽、班呼、班歌、班服、班报等彰显班级价值追求的标识物会成为点燃集体荣誉感的星星之火，而星星之火，可以燎原。

第三，培养孩子们的主人翁意识。

“班级是我家，建设靠大家”不是一个口号，而是一系列做法。应该充分尊重孩子们在班级建设中的主人翁地位，班规的制定、班干部的选举都要由孩子们完成。当然，班主任要成为“平等中的首席”，起到应有的引导作用。班级的事务要让每一个孩子承担和参与，从而让每一个孩子享受到为班级做事的成就感，享受到小主人的幸福感。相信每个孩子心中都有“善的种子”，因此要像魏书生老师一样，实施民主化管理，班级的大事小情和孩子们商量着来。

心理学有“我选择，我负责”之说，孩子们自己制定的班规、确立的约定，执行起来就会比较顺利；人们常说“我付出，我在乎”，每个孩子都付出汗水参与建设的班集体，他们才会珍惜，才会热爱。

第四，开展丰富多彩的班级活动。

对个人来讲，有效的班级活动能满足交往需求，能塑造人格，最大程度地让孩子们进行关于个人、他人、集体的角色体悟；对班级来讲，班级活动是完成班级目标、实践班级价值观、使班级走向成熟的必要举措；而最重要的是，班级活动能培养团队精神、责任感，能培养集体荣誉感。

每周的班会课是开展班级活动的黄金时间，班主任要守住自己的阵地；每个节日都是进行班级活动的重要抓手，要充分挖掘其中蕴含的教育意义和价值，让节日成为教育孩子的良好契机；学校布置的活动既然必须参加，就要认真领会其目的和意义，认真组织实施，起到应有的作用。

有了集体荣誉感，班级的很多事情就会变得相对顺利。就像参加的团建游戏，我们齐心协力，欢乐开怀。

致敬家委会，担当有作为（附班级家委会工作条例）

随着社会的发展，家长对孩子教育的参与度逐渐提高，这是现代教育发展的必然趋势，同时也是孩子健康成长的必然要求。苏霍姆林斯基说：教育的效果取决于学校家庭的一致性，如果没有这种一致性，学校的教育教学就会像纸做的房子一样倒塌下来。

家长对每个孩子的成长来说至关重要，一个班集体也一样，离开了家长的理解支持和帮助，同样不能良好发展。

所以，家委会的产生是教育规律的强力彰显，是班级发展的需要，是时代发展的潮流。

作为班主任和老师，要清醒认识到家委会存在的价值和意义，要重视这一份不可或缺的教育力量。

老师和家长，就像帮助孩子成长的两只大手，左手握右手，班级才能更优秀!

家委会是桥梁，班主任要善于主动沟通和交流

心理学中有“手表定律”一说。“手表定律”是指拥有两块以上的手表并不能帮人更准确地判断时间，反而会制造混乱，让看表的人失去对时间的判断。“手表定律”所指的另一层含义在于，每个人都不能同时挑选两种不同的行为准则或者价值观念，否则那个人的行为将陷于混乱。

所以，班主任与家长在教育孩子的方向上应完全一致，应该心往一处想，劲往一处使。否则，班主任与家长的教育理念不一样，是无法形成教育合力的。

所以，班主任的教育理念与教育追求、班级的文化制度，一定要主动与家委会沟通。家委会要完全明确班主任的计划与措施，完全理解班主任的良苦用心，从而做好向家长宣传和解释的工作。家委会是班级与家长之间沟通的桥梁，在理解班主任的基础上协调家校关系，也负责把家长的建议妥善地向班主任传达。

家委会是家教学习共同体，班主任要引导和助力

在影响孩子成长的诸多因素中，家长无疑排在第一位。一个优秀孩子的背后一定有优秀的家长。但家长的优秀需要引领，家长也需要成长、需要学习。

家长朋友们有着共同的情感体验和心理诉求，所以他们的交流就显得真实和迫切，同样，他们之间的影响也会显得积极和有效。社会学中的“同伴理论”告诉我们，利用“同伴关系”开展家教工作，是科学有效的教育行为。所以，在家教工作中，要重视和挖掘家长群体中的“同伴影响”。

也就是说，家长群完全可能成为一个家教学习的共同体，完全可能成为一个抱团成长的家教学习组织。

这就要求班主任认识到家长在孩子成长中的重要性；认识到班集体不仅仅包括学生，还包括家长；认识到只要家长做好了，孩子就不可能不优秀。

所以，班主任要和家委会一起努力，要让班级家长有学习的意识，有学习的材料，有学习的措施，有学习的制度。

学校是孩子们学习的场所，也应该承担让家长学习成长的责任。

家委会是珍贵的教育资源和力量，班主任要尊重和借力

班级有自己的教育理念和发展方向，班主任有自己的想法和做法。在与家委会沟通和交流后，下一步的实施就需要老师和家长群策群力。

在家委会的领导下，每个家长都是班级建设的一分子，都要朝着同一个目标去努力。建设班集体不仅要靠老师和孩子，更要依靠我们的家长。物资的保障、活动的参与、资料的完善等，都需要家委会的统一调度、积极行动。

另外，家长的工作性质不同、爱好特长不同、擅长的领域不同，每一位家长都可能成为教育孩子的重要资源。有擅长科学研究的家长可以为孩子作讲座，拓宽视野，扩充知识面；有一技之长的家长可以为孩子们展示，激发兴趣；有学习经验的家长可以给孩子们分享，共同进步；有场地资源的家长可以邀请孩子们参观实践，丰富见闻，增强动手能力。

总之，生活就是教育，所有的遇见都可以成为宝贵的教育资源和力量。

家委会是家长队伍的排头兵，班主任和家长要慎重推选

就像班级一样，家长群体中有不同的家长，就会有不同的理解和声音。因为孩子的问题，也会有家校不和谐的音符出现。这时候，就需要家委会的家长为大家做榜样，身体力行，做最好的家长。有最先进的家教理念，能最大程度理解老师、支持老师，能在家长中宣传解读老师好的做法，能协调家校之间的关系，这能让老师和家长形成最大的教育合力。

这就要求在家委会产生的过程中，班主任和家长一起宣传发动，把那些为人正派、做事公正、热心班级事务、有服务班级的时间和能力的家长推选出来。

他们是家长的榜样，是家长队伍的排头兵，他们的工作直接影响着班级发展和家校关系。所以，推选家委会成员是严肃的事情，同时也是班主任和家长共同的事情。

推选出优秀尽职的家委会成员是班级的幸事，也是家长朋友们的幸事。

附：班级家委会工作条例（暂定稿）

第一章　总则

第一条　班级家委会是家长的代表，是家长、老师之间沟通的重要桥梁，是家长理解、支持、参与班级管理的平台。

第二条 家委会要努力提高家长的家教理念，形成良好的学习共同体；要提高家长对班级管理的参与意识，有效形成对班级工作的支持和帮助；要与班主任、老师形成合力，推动班级各项工作高效有序开展。

第三条 家委会积极组织和带领家长参加班级建设，为形成团结奋进的班集体而努力。

第二章 职责

第一条 家委会是家长学习共同体的榜样团队，要与班主任配合，制定、落实家长家教学习的规划措施。

第二条 家委会作为家长代表，应充分发挥家长对学校及班级工作的参谋、督促作用，收集、整理、反馈家长的建议。

第三条 家委会要理解支持班级工作，与班主任密切配合，做好班级文化、理念的宣传解释工作。

第四条 家委会积极参与、配合班级、学校举行的教育活动，在常规活动中做好自己的工作。

第三章 组织

第一条 家委会属于自发性组织，所有的活动和言行必须遵守法律、法规、校规，并接受学校、班级、学校家委会的领导和建议。

第二条 家委会设主任1名、副主任1名、组织宣传委员2名、财务管理委员2名、后勤保障委员2名，共8名。

第三条 家委会实行民主推选制度，家委会主任、副主任、各委员由班主任和成员协商推选产生。

第四条 班级家委会成员如需进行增补或改选，具体规则由现任班级家委会和班主任协商确定。

第四章　分工

第一条 家委会遵循既分工又合作的原则，群策群力，分工不分家，小分工大合作，积极主动补台补位，互相帮助。每位成员都要维护整体利益，完成家委会交派的任务。

第二条 主任全面负责家委会各项工作，做好与班级、学校的沟通对接工作，协调各方关系，负责形成班级舆论的正确导向，召集家委会讨论、策划、执行，完成家委会安排的临时性工作。

第三条 副主任协助主任工作，具体负责家长家教学习共同体建设，完成家委会安排的临时性工作。

第四条 组织宣传委员配合班主任做好班级活动的策划和组织，负责相关活动的宣传工作，如文案撰写、资料收集、活动摄影、美篇公众号推送等，完成家委会安排的临时性工作。

第五条 财务管理委员负责家委会经费的收支及记账管理，对班级活动的开销项目进行决策、监督、控制，做好收缴费用、结算发放、定期公开等工作，完成家委会安排的临时性工作。

第六条 后勤保障委员负责各项活动的物资、学习资料、劳动用具的采购工作，在各项活动中做好安全保障和服务工作，完成家委会安排的临时性工作。

家访的六要素

时逢暑假，亦是家访大好时光。

家访是教育工作者的常规工作，是家校联系的重要途径，是保障孩子健康成长的必要手段。

我们知道，记叙文有六要素——时间、地点、人物以及事件的起因、经过、结果，要想写好记叙文，须关注六要素。

现在，也试着从这六要素来谈谈家访。

时间

从目的看，家访分常规性家访和特殊性家访。

常规性家访也叫普访，是对所有家长的联系访问，是常规性工作。而特殊性家访是针对个别学生突发情况和问题进行家访，所以特殊家访的时间不固定，出现问题后及时进行即可。

暑假时间相对较长，又是新旧学年交替之际，此时联系家长和学生，对过去的学年进行回顾和总结，对新学期进行规划和畅想，就显得很有意义。另外，暑假时间过长，孩子在家生活学习，没有坐标系参照物，同伴影响缺失，老师的关心和督促就显得尤其重要。

需要商榷的是七年级新生的第一次家访。

一般情况下，暑假前会组建新七年级的班级，班主任会知晓新班级学生的名单，但由于未曾见面和交往，一切都是崭新的，也是陌生的。

一种意见认为，由于师生之间是陌生的，所以暑假进行家访，意义特别重大。

而我却不太赞同。

家访应是双向的反馈和交流，家长向老师介绍孩子的情况，老师也应该向家长反馈对孩子的判断，其意义在于家校信息共享、求同存异、方向一致、团结合作。而新生暑假家访是单方面了解，没有反馈和沟通，就显得很单薄。由于老师对孩子没有初步印象和感性认识，家访时就没有针对性，也不能就孩子的真实问题给出建议。不少老师也反映，暑假新生家访后，依然对孩子不熟悉、不了解，感觉很模糊。

因此，我个人认为，新生家访应该在接班一个月左右进行，彼时，老师对孩子已经有一定认识，了解了孩子的特点和情况，就会给孩子成长提出一些建议。如果带着这样的基础和准备再进行家访，效果自然会更好。

当然，在孩子入校前，老师可以通过问卷调查等形式初步了解孩子的基本情况，以便做好开学工作。

地点

家访的地点在哪里？当然是学生家里了，要不怎么会叫“家访”呢？

新生家访时，哪怕辛苦一些，也一定要到孩子家里去。

家访是了解孩子的重要渠道。孩子成长过程中，家庭环境起着至关重要的作用。到孩子家里走一走坐一坐，了解孩子每天上学的路径，感受孩子成长的环境和氛围，对孩子的了解就会更具体和彻底，也有利于和家长沟通交流，提出合理化建议。

当然，到孩子家里去，要提前跟家长预约，要尊重孩子和家长的隐私，遵循保密原则。

当然，也要尊重家长的选择。如果家长的确有难处，不方便老师到家里去，我们就不能强人所难，要尊重理解家长，可以邀请家长到学校来。

说起家访的地点，还有一点不得不说。到孩子家里去，我非常喜欢看孩子的房间（如果孩子和家长允许的话），看看他的玩具，看看他书架上读过的书，就有了对孩子的感性认识和具体认知。

我觉得，如果不是新生家访，不是特殊家访，倒不一定必须到学生家里去。我们可以邀请家长到学校去，或者也可以采用电话家访的形式。

人物

说到家访的人物要素，不得不说一下班集体的团队构成。

毫无疑问，班主任是班级的灵魂，是班级的引领者和组织者；孩子是构成班集体的主要人群；而很多情况下，我们往往会忽略任课老师和家长这两个群体。家长对孩子教育的重要性毋庸置疑，任课老师呢？他们的努力和辛劳不但直接影响着班级孩子的学习成绩，而且他们的一言一行都会成为教育的重要力量。建设优秀的班集体离不开任课老师和家长的努力。一个优秀班集体的建设者，包括班主任、任课老师、家长和学生。

所以，家访不仅仅是班主任一个人的事情。

班级初建，就要与任课老师和家长沟通和交流，让他们明晓和理解班级的发展方向与教育理念。家访时，也可以和任课老师一起到学生家里去。请任课老师参加家访，可以密切任课老师与家长、孩子的关系，增进任课老师对孩子的了解，通过家访的沟通和交流，增强团队意识和班级凝聚力。

家访时，最好请孩子的父母和其他家庭成员都参加，因为孩子的成长是整个家庭最重要的事情。班主任、任课老师和家庭中的所有成员通过沟通和交流，形成明确的行动方案，形成合力，孩子才可能更好地健康成长。

家访时，孩子用不用在场呢？

我觉得，孩子应该参与前半场家访。家访不仅仅是了解家庭和孩子的渠道，也应该成为帮助孩子健康成长的教育契机和能量场。在了解孩子性格兴趣、爱好特长之时，家长和老师真诚的赞许和期望会给孩子有益的心理暗示，从而成为孩子积极向上的力量。

当然，老师和家长还要就孩子目前的情况进行讨论和交流，确定下一步成长的行动措施。这样的时刻，孩子回避为宜。

起因

探讨家访起因，实际上是明确家访的意义和价值。

随着经济发展和社会进步，家长对孩子教育的重视度和参与度逐步提升，“家校协同教育”越来越受到社会重视，“家访”这一传统的家校合作形式业已焕发出极强的生命力和蓬勃的生机。

2023年1月，教育部等十三部门发布了《关于健全学校家庭社会协同育人机制的意见》，意见要求“学校充分发挥协同育人主导作用”，“要认真落实家访制度，学校领导要带头开展家访，班主任每学年对每名学生至少开展1次家访，鼓励科任教师有针对性开展家访”。

家访，可以全面实地了解孩子家庭成长环境，了解亲子关系，发现孩子成长的潜在问题，为接下来的教育提供方向和思路。

家访，是与家长深入交流的良机，可以充分了解孩子的成长背景、家长的教育理念和方式，引导家长采用正确的教育理念和方法。

家访，是家校沟通、合作的有效渠道，可以推动学校教育与家庭教育完美结合，保障学生健康成长。

家访，是反馈学生在校情况，促使家长全面了解孩子的途径。通过与家长沟通和交流，让家长明确班级育人理念和方向；通过对孩子家校情况的综合分析，达成家校合作最大一致性。

需要注意的是，家访不仅仅是为了发现问题，更为重要的，是为了寻找孩子健康成长的最佳途径。

经过

家访可以分为访前、访中、访后三个阶段。

家访要做好充分准备。在家访前，要和随访老师一起熟悉孩子和家庭的基本情况，回顾孩子的在校表现，特别要明确孩子的优势和长处，明确此次家访要解决的首要问题，明确谈论的重点话题。要提前与家长和任课老师做好时间的协调沟通。

家访时，要充分尊重和理解家长，从家长的工作和生活入手拉近彼此距离，遵循共情原则。对孩子以鼓励表扬为主，就孩子在校表现挖掘闪光点认可肯定，征求家长对班级、孩子的意见和看法，委婉提出问题，和家长商讨让孩子进步的策略和做法。家访要紧紧围绕目的进行，态度诚恳，营造和谐氛围。

家访后要与随访教师交换意见，明确下一步的跟进措施。要及时记录家访信息，建立完善学生档案资料。要关注家长和孩子的后续行动，反馈家访后孩子的行为变化，以便进一步修正和完善陪伴孩子成长的方案。

结果

谈到家访结果，就要讨论家访是不是真的能为教育教学服务。

我认为，家访是溯因。

通过家访，找到孩子个性的成长根源，和家长一起探讨影响孩子健康成长的因素，从而提醒家长也告诫自己与孩子交往的注意事项。家访是要帮助家长梳理家教思路，但也一定要有自省的自觉。

家访是启智。

应该认识到，随着社会发展以及家长家教意识和素质的提高，不少优秀家长的家教理念和智慧都会给我们带来思考和启发。家访过程中，要善于发现这样的家长和家教智慧，除了自己受益外，还要介绍和推广，组织其他家长学习，推动家长学习共同体快速成长和进步。

家访是借力。

家访不仅仅是家校沟通的形式，还应该成为教育孩子的活动。尤其是，家访中一些新发现和新思考，会给孩子的教育带来新力量，会成为教育孩子的新契机。

当年我到2019届的一个孩子家家访，发现她家露台上有喂鸟的器具。经询问得知，孩子喜欢小鸟，她会定期在露台上准备食物和水。时间长了，成群的鸟儿定期翩翩而来，人鸟相谐，画面唯美。后来，我在班级展示了孩子喂鸟的图片，对孩子的善良和爱心大加赞许。之后我发现，这个孩子变得越来越阳光、越来越积极向上了，而她照顾鸟儿的故事也成为班级爱心教育的珍贵资源。

此外，要注意避免任务式家访。完全为了完成学校布置的任务，走马观花走形式，拍照上交，万事大吉。还应避免告状式家访，所有的问题都让家长扛，搞得家长怨孩子怒。

用“六心”陪伴“问题孩子”成长

“问题孩子”每位老师都会遇到，而与他们“斗智斗勇”也是我们的必修课。

对待“问题孩子”，须有六心——爱心、信心、平常心、慧心、静心、欢喜心。

爱心

爱因斯坦说：只有爱才是最好的教师，它远远超过责任感。

在所有影响教育效果的因素中，毋庸置疑，“爱”应该放到第一位。因为爱是一切成功教育的根源，没有爱，便没有精心的付出和实现自我的快乐。

中国台湾教育家高震东曾说：“爱自己的孩子是人，爱别人的孩子是神。”当老师当然需要爱心，但班里有那么多孩子，并不是每一个孩子都会得到相同的爱。

一般情况下，学习成绩优秀、懂事听话的孩子，老师会更喜欢一些，因为从世俗的角度看，这部分学生会给老师带来轻松愉悦，更容易让老师有成就感。尤其在当下的教育环境中，片面追求升学率、过分注重优秀指标的考核让太多的学校老师变得功利起来。你看每年高中招生的生源抢夺大战，其本质不就是抢夺高分学生吗?

在这一点上，我们真的应该向医护工作者学习。什么是名医？能够妙手回春，能够治疗顽疾，能够把病人从死亡线上拉回来的医生是名医！再看看我们的名校，抢夺高分学生而教，然后标榜自己是名校；生源不好的学校，也可以把高分学生聚在一起组成某某班，于是有了高升学率，标榜自己也很牛。

这种情况下，谁来关注问题学生的发展呢?

托尔斯泰说：幸福的家庭都是相似的，不幸的家庭各有各的不幸。这句话对于班级同样适用，“优秀的孩子都是相似的，问题孩子各有各的问题”。

为什么要爱“问题孩子”？

因为，“问题孩子”也是可爱的孩子呀！

他只是在某些方面和其他孩子比起来略显不足，但他也有很多闪光点。只要我们愿意看到，他完全可以是可爱的。

那个成绩倒数的孩子在运动会上奋力拼搏，跑出优异成绩；那个经常不遵守纪律的孩子参加班级值日时热爱劳动满头大汗；那个内向沉默的孩子书面娟洁秀美，文章行云流水……哪一个孩子不可爱呢？很遗憾，在应试教育下，我们经常“一分障目，不见可爱”。不是孩子的问题，是我们的问题呀！

其次，班里有很多孩子，每一个孩子是班级的几十分之一，我们也许觉得其中之一没有那么重要，但对一个家庭来说，每个孩子都是父母珍爱的宝贝，是家庭的百分之百。

我常常记起一句话：“如果你想让自己的孩子遇到什么样的老师，你就做那样的老师。”我也常常用一句话提醒自己：“教育以慈悲为怀，为人师者，要有天下父母心。”

一般来讲，“问题孩子”得到的批评否定多，包容关爱少，其实更需要我们的爱。我们不爱他，谁爱他？

此外，爱不仅是教育的一种生产关系，更是“优质生产力”。

《孟子》中言：“爱人者，人恒爱之；敬人者，人恒敬之。”

我始终认为：良好的师生关系是教育成功的一半。尤其是对于“问题孩子”，他可能更敏感，更能感受到我们对他的爱，也更能对爱着他的我们做出积极回应。

如果爱他们，会让他们变得更好，那么，我们为什么不呢？

信心

很多人有一个误区，觉得教化问题孩子太难了，大多会以失败告终。所以，不少老师对教化问题孩子信心不足。

我们需要明确一个标准——是不是“问题孩子”有明显的正向转变才算我们有所贡献？我觉得不是这样。

王晓春老师《问题学生诊疗手册》中提到过“教育问题生的上策、中策和下策”。他说：“教育的下策是维持现状，教师当维持会长。不要小看这一点，它可能很重要。对很多老师来说，眼前最现实的办法，或者说暂时不得不采用的办法就是维持，所谓维持就是最大限度降低问题生对集体、对教学的破坏作用。虽然我们不能改变他们，至少能稳住他们，寄希望于他们成长过程中的自我治疗，寄希望于未来生活对他们的教育。”

可能很多人觉得王老师在帮我们推卸责任，而我觉得，这正是王老师最让我敬佩的一点。他没有夸大教育的作用，不像一些所谓名师的报告一样鼓吹一次谈话改变终生、一种方法包治百病。事实上，教育一个孩子特别是“问题孩子”，远比我们想象的要复杂得多。

当著名教育家陈鹤琴老先生说出“没有教不好的学生，只有不会教的老师”的时候，他绝对没有想到会给老师们带来这么大的压力，会遭到这么多老师的反对。我个人认为，对于这句话要有正确的理解。一个孩子的成长不仅取决于学校教育，也受遗传和家庭教育、社会教育的影响，作为教育工作者要清楚自己的力量和其他力量是一个合力。当我们的行为没有很快取得成效时，不要轻易否定自己，要从多个角度研究后再下结论。要坚信，自己正确的教育行为一定会给孩子带来正向的发展力，只不过暂时没有显现出来。

另外，教不好、教好的“好”如何理解呢？孩子的学习成绩没有提高，但好习惯多起来了；孩子的语文没有提高，但数学有了进步；孩子的学习没有进步，但人越来越阳光、开朗和自信……这些变化算不算“教好”了呢？孩子虽然维持现状，但没有变得更糟，算不算“教好”

了呢？

我们之所以有挫败感，是因为当下教育把考试成绩作为评价的唯一标准，把“朝投暮收”作为评价标准，这不符合教育规律，不符合孩子健康成长的规律。

所以，对于“问题孩子”的教化，我们要有信心，要坚信——付出一定会有回报。

平常心

我觉得，平常心就是顺其自然，遵守规律，不虚狂，不妄为；平常心就是既积极追求又不苛求完美，从容淡定。

对待“问题孩子”要有“平常心”。

首先，不要急躁冒进。

每个班级都有“问题学生”，对于“问题学生”，每位老师都没有十足的把握凭一己之力彻底使其发生转变。

教育不像“自然科学”，有相对固定的定律和公式，就像王晓春老师在书中提到的：“教育真正重要的方面恰恰是无法量化的，无法做到严谨。”

曾经读到过《一地鸡毛才是教育的“真相”》一文，文中有这样的内容：

> 没有人告诉我们教育最常用的方法就是“反复抓，抓反复”，没有人告诉我们教育是一场怎样艰难的拉锯战，有时候直到学生毕业，还是颗粒无收。走上岗位后，没有人告诉我们让我们非常苦恼的如此种种，其实老教师也同样面临着，只是工作的时间长了，见怪不怪、习以为常了，才保持了从容的面容。
>
> 年轻的你，要放下心中对教育的误会，真正开始脚踏实地地日出而作、日落而归。要经得起辛苦耕耘却有可能颗粒无收的失落，要像农民一般背灼炎天光地精耕细作，才能感受到身心疲惫后收获

时的酣畅淋漓。

其次，切莫妄自菲薄，因为失败就放弃努力。

“冰冻三尺，非一日之寒”，在教化“问题学生”的过程中，遇到反复是很正常的事情，俗话说“事有反复，好事多磨”。很多时候，正是在反复的过程中，我们不放弃探求的脚步，才能发现人生真谛，到达理想彼岸。

例如王晓春老师曾介绍过“迟到型学生”的问题，他们迟到的原因有“恐惧学校和老师”“家长纵容”“家长包办过多”，我觉得还可能有“交通工具影响”“学生懒惰”“师生关系”等原因。

如果我们遇到一个经常迟到的孩子，简单谈话、给予惩戒后，孩子过一段时间又开始迟到，我们就承认教育失败从而放弃，就不会有后来针对各种原因的尝试，就不会总结出好的经验。

再次，不必过于看重外界评价和他人的眼光。

在教化“问题孩子”的过程中，事情的来龙去脉、我们的付出和努力、孩子的发展情况，“如人饮水，冷暖自知”，我们要有自己的判断和坚持。

对于“问题孩子”，我们采取了措施，付出了努力，孩子慢慢转变。某天孩子突然又违纪，我们不能因领导的批评、家长的放弃就否定我们自己。同样，我们也不能因教化“问题孩子”过程中一次好的转变、一次表扬而欣喜若狂，认为万事大吉。

“平常心”要求我们有忍受不完美的胸怀，要求我们忘怀得失，宠辱不惊，全心做好自己。

慧心

李镇西老师说：“没有爱就没有教育，这是真理；有了爱也不等于有了教育，这也是真理。前者告诉我们，教育的前提条件之一是对孩子的爱；后者提醒我们，教育仅仅靠爱是远远不够的，教育还需要智慧。”

是的，对待“问题孩子”，我们不仅要有爱，还要会爱；而会爱，就需要有慧心。

慧心是感受万物智慧的心，是探究人世之道的心。

陪伴“问题孩子”要求我们知晓孩子身心成长规律，熟悉教化“问题孩子”的方法。解决“问题孩子”的问题需要科学研判，需要采取科学的方法。

慧心从学习中来。

《道德经》言：“人法地，地法天，天法道，道法自然。”万物运行都有一定的法则，做事情要顺应自然法则。孩子身心成长有其规律，“问题孩子”的形成也有规律，那么，要陪伴“问题孩子”成长，解决“问题孩子”的问题，就需要知晓其身心发展的规律。

首先，善于向书本学习。书本是人类经验的总结，是世间秘密的聚集。

陪伴“问题孩子”，需要我们阅读大量的教育学、心理学、脑科学等本源性知识，知晓这些知识可以帮助我们分析问题产生的原因，帮助我们确立正确有效的帮扶措施。例如读人本主义心理学先驱阿德勒的理论，了解安全感对孩子成长的重要性后，就会发现有些“问题孩子”出现问题的原因是安全感缺失，那就需要和家长一起帮助孩子增强安全感。

经验类书籍是前人实践的总结和反思，是工具的仓库，可以直接让我们获得解决问题的方法。王晓春老师的《问题学生诊疗手册》就是一本这样的书。王老师把“问题学生”分为十八类，每一类都有具体的“病因分析”和“药方”，我们只需采用“拿来主义”，遵章行事即可。当然，读这类书籍不能教条主义，现实中的问题还需要具体分析，要懂得增删和变通。

其次，善于向优秀同事学习。

与书本相比，身边优秀同事的做法更加真实可感，学起来更方便易行。这就要求我们做有心人，留意身边同事好的经验和做法，虚心向其请教。从模仿开始，勤交流，善思考。

慧心从实践中来。

实践是认识的唯一来源，一切真知来源于实践。

我们每天面对的孩子的问题都是鲜活的研究材料，要将学到的理论和做法运用于工作实践中，一边验证我们学到的内容，一边不断尝试自己的方法，根据实践总结出行之有效的真正属于自己的方法。

曾经读到《非暴力沟通》这本书，并在解决学生的极端情绪问题时，有意识地运用其中知识。多个事件处理下来，便反思方法的有效性，总结出“解决极端情绪五步法”——“接、宣、叙、还、处”。曾经与许多老师分享，大家颇感兴趣。在江西抚州，一位老师还与我热烈讨论，建议最后再加上一个“询”字步骤，我欣然采纳。

在实践中做实验者，在实践中做研究者，会让我们获得有效方法，从而让我们的工作变得轻松自如。

静心

“静”是我们民族推崇的大智慧。

“致虚极，守静笃。万物并作，吾以观其复”出自老子《道德经》第十六章，它的大致意思是：使心灵保持虚和静的至极笃定状态，不受影响，万事万物并行发生时，我用这种心态观察事物循环往复的规律。

《礼记·大学》中有“知止而后有定，定而后能静，静而后能安，安而后能虑，虑而后能得”，也在强调“静”的重要性。

为什么在“问题学生”陪伴中，要强调“静心”？

因为面对“问题学生”，很容易产生“畏难情绪”“厌烦之心”。而越有畏难情绪，越是心烦气躁，心便不会安静，便不能真正思考问题，不能有助于孩子的成长。“问题学生”的问题得不到很好解决，又会加重“畏难情绪”“厌烦之心”，便会进入恶性循环。

很多时候，“问题学生”的状况发生得很急迫，情况紧张，但越是这样的时刻，越需要我们冷静。

对于“问题学生”的问题，我始终认为，“析原因”比“敏于行”更重要。就像晓春老师所说：“没有具体问题具体分析，就不能对症下药。”

比如，对于“经常与同学发生冲突”的“问题孩子”，王老师把问题产生的原因分为六种：语言表达能力差，思维方式独特，缺乏人际交往技巧，以自我为中心，个性缺点，利益冲突。

你看，仅仅是“经常与同学发生冲突”这个常见的小问题，王老师就可以分析出六种原因，而针对每一类孩子，解决的办法一定是不一样的。

如果没有静下心来分析原因、思考对策，只是一味地急躁盲目行动，那效果一定不会好。

欢喜心

“问题孩子”的问题很多，与“问题孩子”斗智斗勇难度很大，过程也长。

这样的时刻，我们的“欢喜心”尤为重要。

作为老师，你忧愁烦恼也好，喜乐平和也好，都会遇到“问题孩子”，既然逃不掉，为什么不快快乐乐陪伴“问题孩子”成长呢？

首先，把陪伴“问题孩子”当作一次静待花开的欣赏。

每一个孩子都是花朵，只是花期不同。“问题孩子”也一样，他也有自己的亮光。

是我们陪在他们身边，而不是别人。是我们，在浇灌，在培土；是我们，在感一叶的渐绿，在看一枝的生长。

因为付出了努力，才会有等待喜悦的欣赏。

其次，把陪伴“问题孩子”当作提升自己教育能力的阶梯。

很早就听过魏书生老师的报告，对他“小马拉大车”的理论记忆犹新。

他说，在工作中挑了重担不需要抱怨。你是小马，领导让你拉了大车，刚开始很艰难很费力，但在这个过程中你在成长，相对于那些轻松的小马，你在适应的过程中增长了能力，今后遇到大车你能拉得动，遇到小车你会拉得很轻松。何乐而不为呢？

就像陪伴“问题孩子”，这个过程中的努力付出、思考总结，都会变成我们今后工作中的经验和方法，会让我们的能力提升，会让后来的工作轻松自如。

应该感谢这些孩子，给了我们锻炼的机会和增长才干的阶梯。

最后，把陪伴“问题孩子”当作人生的一次修行。

人生诸事不可能永远顺风顺水。河流奔腾有坦荡平原，也有险峻高地，然而，正是平顺湍急、曲折变化才成就其奇绝壮美。

同样，遇到“问题孩子”，要有欢喜心。

他们也是人生对我们的馈赠，也有其价值和意义。他们的存在，能让我们体验成长的万般变化，能让我们丰富自己的阅历，能让我们认识人生的细腻和多种可能。

面对他们，重新认识自己，超越自己，进行一次自我完善的修行。

“伸手要钱”有什么用

和工作室的小伙伴参加杭州市班主任论坛，听韩似萍老师关于家校关系的讲座，获益匪浅，其中韩老师的一个举例引发了我的思考。

一

韩老师讲，数理逻辑智能和言语语言智能在所有智能中显得特别重要，是因为现在应试评价体制下，孩子学习主要依靠这两种智能。

这是韩老师让我佩服的第一点。

她不像有些专家，总爱大讲特讲概念术语，讲浮夸的话，讲正确的废话。我听过很多人讲诸多智能的重要性，但他们不知道在现有教育环境下多元智能的应用情况，看不见或假装看不见教育的真实样貌。孩子们的升学要靠分数，而考试是逃不掉的，他们很少讲或从来不讲。而韩老师很真实，直面真相，讲实际的话、接地气的话、有用的话。

接着，韩老师给家长提出建议，这些建议很具体，这里整理一下，也分享给大家。

增进语言智能的方法：

举办一些“益智问答”的聚会；

玩文字游戏（如颠倒词、拆拼字、填字等游戏）；

用录音机录一段你自己的讲话，而后听这一段录音；

订阅一份高水准的报纸及一份文艺杂志，并经常阅读这些报纸杂志；

每周阅读一本书，并且开始收藏书籍，建立个人图书馆；

参加演讲俱乐部，准备一篇非正式的、长约十分钟的演讲；

每天写日记，或是写下任何心中所想的事；

留意日常听到的、由不同的人所用的不同口语表达（方言、俚语、音调、词汇等）；

定期与家人、朋友聚在一起讲故事，自己编一些笑话、谜语或双关语；

阅读时若遇到生字，标记起来，并且查字典。

增进数理逻辑智能的方法：

与朋友或家人玩一些逻辑思考的游戏；

学习珠算；

准备一个计算器，以便随时应用，计算一些日常生活中所遇到的数学问题；

与家人共同讨论在新闻报道中提及的数理、科学新知识；

练习简单的心算；

阅读一些关于数理科学方面重大发现的资料；

参观科学馆、天文台、水族馆或其他科学中心；

练习用推理归纳的方式解决问题；

订阅一份科学期刊；

找一个数理知识较差的人，去教他数学或其他理科方面的概念。

韩老师的这个举动更让我佩服。

她不是只在宏观的角度高谈阔论，不是只在理论的层面清晰严谨，而是会提出行动方案，甚至给出具体的操作性极强的动作分解。

我不是说理论不重要，理论当然很重要；但理论必须来自实践，理论应该能够指导实践、与生活实际相结合。如果完全是“空对空”，完全是“唱山歌来，这边抄来那边炫”，那么听起来、看上去可能很美丽，但终究是“用尽多少个秋冬，换来一场空”。

所以，对于一位名医，正确判断病情后的有效处方很重要；对于一种全新教育理念，真实务实落实很重要。

二

古人云：道为术之灵，术为道之体；以道统术，以术得道。

也就是说，若没有术，那如何体现道？道有何用？

杭州之前核酸检测常态化，学校也不例外。每周一、三、五早上，孩子们都要到校做核酸。孩子不允许带手机到校，核酸检测时当然就刷不了手机上的健康码。那怎么办呢？需要家长在App上给孩子申请一个核酸检测二维码，然后把它打印出来。每个孩子都拿有一张纸质的二维码用来到校做核酸。

然后，麻烦就来了。因为是一张单独的A4纸，有些孩子经常丢，有些孩子折叠后扫不出来，班主任苦不堪言，学校检测效率大大降低。

忽一日，学校通知班主任收集孩子们二维码的图片，后印制成市民卡大小、背面有不干胶的小卡片，让孩子们贴在市民卡上。因为孩子们入校都要刷市民卡，已经养成带市民卡的习惯。将二维码贴在市民卡背面，既不能折叠，也不易丢失。

果然，已经过去两周，班里再没有孩子丢失过二维码，学校核酸检测的效率大大提高。

小小举动换来大大改善，不知道是哪位同事想出的办法，真的要为他点赞！

如果我们每天只是强调二维码的重要性，只是宣传教育孩子保管好二维码，而不采取将二维码贴在市民卡背后的措施，相信效果一定没有现在好。

就像原来“出门必念‘伸手要钱’”的做法，如果只是强调要带好该带的东西，那或许总要忘掉哪一个，而出门一念“伸手要钱”四个字，身份证、手机、钥匙、钱包就会记在心上。

你看，这样的“术”也许微不足道，但也可以“头头是道”。

那天，面对准备去做核酸检测的孩子们，我想，这也太烦琐了，每次都要体育委员讲注意事项，什么要穿好校服戴好口罩了，什么要注意排队间距一米了，不要追逐打闹了，要按要求安静有序做核酸检测了，等等。

我突然想起了“伸手要钱”，于是，我教给体育委员，让大家出发前喊两遍口号再出教室排队：一米线，不讲话；校服口罩二维码。

孩子们喊得很响亮，也觉得很好玩、很有趣，便记住了。

三

当然，什么事情都不能走极端，也不能一味迷恋术而忘记道——走着走着，就忘记了为什么出发。

有幸又一次聆听我非常崇拜的余映潮先生的讲座，深感先生勤奋依旧、严谨依旧、风采依旧。我最早迷恋余先生，是因为他的“板块式教学设计”。他的教学设计很巧妙，层次清晰、条理性强，且语文知识丰富明确，很适合一线教师学习。

彼时，疯狂上网到处搜寻余先生的教学案例，将其直接运用在自己的课堂中，还认为自己很高明、很聪明。但后来发现，在孩子们眼中，我的课堂越来越枯燥无趣，他们学习兴趣大减，效果自然很差。

是的，我只是学到了余老师的皮毛，在“术”的层面越走越远，而不管不顾学生的知识背景和心理背景。

而余老师语文教学的道是什么？是以课堂、学生为本，以语文知识为本，以言语训练为本。看来当时的我真的是“一术障目，不见大道”，生搬硬套，贻笑大方。

明代江盈科《庸医治驼》讲了这样一个故事：一位医生自夸，再驼背的病人经他早上治疗，晚上便可直腰。一驼背者信而往之。该名医让病者趴一门板上，再用一门板压在其背上，名医上去踩之踏之。驼背者虽背直，然亡也。驼背者儿子告官，名医申辩道：我的职业是医驼背，我只管治人驼，哪管人死活呀！

这样医驼背的术，怎么会长久？

“伸手要钱”是良术不假，但宗旨是什么？是让人懂得“未雨绸缪”，让人养成做事情提前规划的好习惯。如果因“伸手要钱”而记住了“身份证手机钥匙钱包”，而把出门做事情的材料忘在家中，并没有让自己养成好习惯变得更优秀，“伸手要钱”有什么用？

“一米线，不讲话；校服口罩二维码”喊得很整齐，核酸检测时文明有序，而在其他时间场合不讲文明不讲秩序，那么口号喊得再响亮、队伍排得再整齐，又有什么用？

战国时期哲学家孟子说：“以道驭术，术必成。离道之术，术必衰。”他大概讲的是——术不离道，术必维道。

德国哲学家康德告诉我们，人是目的，而不是手段。他在《实践理性批判》中说：“你要这样行动，永远都把你人格中的人性以及每个他人人格中的人性同时用作目的，而不仅仅用作手段。”我想，他说的应该是——目中有人。

不但有自己，更要有他人。

由“经验学习圈”谈研修之道

“经验学习圈理论”，是大卫·库伯在总结约翰·杜威、库尔特·勒温和皮亚杰经验学习模式的基础上，提出的经验学习模式。

他认为，经验学习过程是由四个适应性学习阶段构成的环形结构，包括具体经验、反思性观察、抽象概念化理论、主动行动实践。

我的理解是这样的：只要做事情，无论是谁，都会获得经验，当然，对于同一件事情，每个人的经验不同，也有正误之分；所以，就需要反思，需要研究，对于一件事情，需要对多人的经验进行归纳与演绎、分析与综合、比较与概括，形成合乎逻辑相对科学的理论；而获得理论后要把这些理论再次与行动实践相结合，用这些理论来解决实际问题，并在解决问题的过程中积极探索和验证，形成新的更为完善的经验和理论。

所以，这四个阶段缺一不可，它是环形结构，是循环反复的。在循环反复中，我们的认知变得更真、更善、更美。

一

经验学习模式要求我们在工作中做有心人，做研究者。

生物界有“蚂蚁死亡漩涡”现象。蚂蚁在行进中有一个“领军蚁”，其他的蚂蚁通过闻它分泌的气味来跟随。但是如果“领军蚁”出现问题，或是前边蚂蚁的判断出了问题，大家没有了方向，就只能跟着转圈圈。一圈又一圈根本停不下来，直到精疲力尽死去，但后边的蚂蚁还是不停止，踩着伙伴的尸体继续转圈圈，直至全军覆没。

可见，在行走的过程中，不能只是行走，还要总结和思考，带上自己的大脑，寻找最佳的路径将事情做到最好。

很多年前，我的一位领导让我观察过两位班主任。张老师对于班级事必躬亲，自习课经常坐在讲台上管理学生，学生打扫卫生时亲自上阵示范指导；王老师呢，经常坐在办公室里遥控指挥，通过班干部小助手管理班级事务，出现问题他便动脑思考，换一种方法尝试，但是班级看起来没有张老师的班级表现良好。

这位领导问我，你愿意做张老师还是王老师？当时的我说，张老师勤奋负责，应该更优秀。

领导说，那你再想想，十年后张老师还是那个忙忙碌碌事必躬亲累得筋疲力尽的张老师，他的学生能力也没有得到锻炼和提升；而王老师呢，应该总结了一套有效的班级管理方法，游刃有余轻松自如，他的学生也学会了管理，有思想有能力。

哪位老师更优秀呢？

是的，每个人都在做事情，但不一定每个人都在思考总结。经验需要积累，但有心人一定积累得更多，研究者一定积累得更专业。

二

对于自己的经验和别人的经验，我们都需要再思考。

刚工作时，接受的培训很少。第一次到教室上课，心有点慌，怎么走进去呢？自然而然想到了我上小学时老师的样子，便把两只胳膊背到后边，让自己的表情凝重起来。

就这样，19岁的我背着手老气横秋严肃无比地走进了叽叽喳喳鲜活喧闹的教室。

你看，我的经验直接是“拿来主义”，不经自己大脑的判断和斟酌，还自认为找到了一种高效的学习方法。

学生不遵守纪律怎么办？有一次，我发现，学校最厉害的那位老师惩罚学生的方式是让学生面壁，并且要求学生的鼻尖必须紧挨墙壁不许离开。

原来是这样呀！

我很兴奋，认为自己遇到了良术，学到了妙招，觉得找到了解决学生违纪问题的金钥匙。

后来认识了余映潮老师，他务实的作风、严谨的态度一下子迷住了我，他的人格魅力让我佩服得五体投地。我疯狂上网到处搜寻余老师的教学案例，直接拿过来用在自己的教学中，觉得自己也便成了优秀的语文教师。

其实不然。

经验一般来源于个体，是个体在自己的工作情境中通过实践获取的方法和结论，普适性不一定好。人家的经验可能适用于人家，不一定适用于自己。即便是自己得出的经验，随着环境的变化，也不一定正确。

我曾经总结了一个排座位的方法。排好座位后，我会按照座位分组，因为班级有常规管理的小组竞赛。当时我们规定，每个小组的组长必须是女生。

因为我觉得初中阶段的女孩子集体荣誉感更强，更有责任心，并且我还想激发青春期的男孩子保护女生的绅士风度。所以，那一届我班级的小组长全部是女生。一届带下来，孩子们很团结，各项工作进行得很顺利，于是我觉得让女生做小组长是一个好办法。

但到了又一届，情况迥然不同。

刚开始，按照我的想法，所有的小组长都是女生。但随着同学交往的深入，我发现状况不断、事故连连。有的小组长一遇到管理上的困难便焦虑万分，上课都不能专心；有的组里的男孩子太顽皮，女生小组长觉得管不住便直接放弃。总之，女生小组长的成功经验在这一届孩子身上骤然成了失败的教训。

后来我想，这个经验的确是错误的。

因为“一刀切”的“简单化”一定是反科学的，违背身心发展的个体差异性，有的女孩子适合做小组长，有的女孩子不适合做。

三

既然经验靠不住，那么理论呢？

理论来源于实践研究，一般指具有指导意义的认知和结论，指较为科学的概念和原理。由于理论具有普适性，所以我们要多学习理论知识，来帮助我们高效工作。

尤其这几年，我特别愿意阅读在实验结论基础上写就的心理学、教育学、脑科学著作，这些理论往往显得真实，且实操性强。不得不说，这些理论给我的班级管理带来了诸多益处。但对待理论绝不能犯教条主义的错误。

科尔伯格 “三水平六阶段道德发展理论”，是心理学中的重要理论，很多专家学者在德育研究中都会提到。

这个理论表明，小学阶段孩子的道德判断水平以“行为的功用和行为满足需要”为准则，处在“实现自利”的阶段，教师可通过奖励“小红花”和进行惩戒，来让孩子获取利益、损失利益，引导孩子健康成长。而初中阶段的孩子就不同，他们的道德判断水平以“人际和谐”为标准，根据这个特点，初中的班主任和任课教师就要充分尊重理解孩子，形成“和谐的人际关系”，“奖励小红花”就不合适了。

刚开始听到这样的理论，觉得很震撼，也觉得很正确，便按照这样的理论进行班级管理。但在实践中逐渐发现，有些孩子还是很喜欢老师奖励的“小红花”，一块巧克力可以让他高兴一天从而提升自控力，一袋小食品可以让他价值感提升，学习有劲头。

这是啥情况？难道理论有问题吗？

后来我发现，每个孩子的成长速度是不一样的，有的孩子发育早，有的孩子发育晚，有的孩子已经是小大人了，有的孩子还幼稚无比。

也就是说，就道德判断水平来说，有的孩子已经进入到“人际和谐”阶段，有的孩子还停留在“实现自利”阶段。

所以，不同的孩子要不同对待，不可以凭借理论一刀切。

实际上，我们获得的经验、学到的理论都需要我们在积极行动中有意识地运用和验证，从而形成我们自己的经验和理论。只有这样，理论才是有价值的。

所以，“理论之恩，当经验相报”，“投我以理论，报之以行动，报之以反思，报之以经验”。

如果我们拼命学习理论只是为了拥有理论，如果学到的理论不参与我们的工作和实践，那么理论只是一堆文字而已，只是用来附庸风雅、装点门面的书架上的仿真书而已。

知识划分的“陈述、程序、策略”与班级管理的“人治、法治、文治”

1976年，心理学家安德森把知识分为两类——陈述性知识和程序性知识；之后，梅耶又认为，除陈述性知识和程序性知识外，还有一类叫策略性知识：这便构成了现代认知心理学中重要的知识分类。

对此，我的理解是这样的。

陈述性知识是“知识”，是“描述”，是告知和强调，是对“是什么，为什么，怎么样”的解释说明。

程序性知识是“技能”，是“行动”，是训练和控制，是对“做什么，怎么做”的促进提升。

策略性知识是“环境”，是“影响”，是激发和引导，是对“我要主动做”的潜移默化。

现以我在班级管理中的“不抄作业”策略为例试着说明。

作为班主任，我告诉学生“不要抄作业”，通过自己的告知和强调来达到“学生不抄作业”的目的——这种措施运用的是“陈述性知识”。

首先告诉学生为什么不能抄作业——抄作业容易养成懒惰的习惯；抄作业是不诚信的表现；抄作业会让自己的学习成绩下降；抄作业会让同学瞧不起；抄作业会受到老师批评；抄作业时很紧张，影响身心健康……

其次要告诉学生怎样的行为会被视为抄作业（这一点很重要，有些孩子界限不明确）。例如做文言文阅读上网搜译文也是抄作业，正确的做法是让词典帮助自己；遇到不会的数学题，上网搜一下解题思路，理解后自己独立做出来不算抄作业；等等。

最后强调一定不能抄作业。

这个过程其实就是讲道理。很多情况下，讲道理就是在运用“陈述性知识”做事情。

程序性知识呢？我觉得是执行和落实“不抄作业”的要求。

对抄作业的孩子进行惩戒；要求孩子们互相监督，设立“独立作业提醒员”岗位；要求家长关注孩子“独立完成作业”情况，每周抽查孩子错题订正；有堵有疏，设立“作业帮帮团”帮助作业困难的孩子做作业；明确孩子不会做作业的求助渠道；布置适量作业，允许部分孩子少做作业……

以上的内容大多是行动而不是知识和概念，这是建立一套不让孩子抄作业的程序，创建有利于“不抄作业”的模式。在运转这套程序和模式的过程中，达到让孩子“不抄作业”的目的。

策略性知识呢，不太好说清楚。

我觉得策略性知识就是为达成目标的所有行动之和。最理想的状况是由他律到自律，由刻意到自觉，由外化于行到内化于心。宏观讲，就是创建“不抄作业”的文化；微观讲，就是形成一个“不抄作业”的环境。

我们注意到，策略性知识指向“自己内心”。

如果陈述性知识解决“为什么不能抄作业，什么行为是抄作业”，程序性知识解决“怎样做作业，怎样保证不抄作业”，那策略性知识就是要解决“怎样认识自己的抄作业行为，怎样认识做作业行为”。

策略性知识强调自我反省，涉及“元认知”。比如说，班级形成“自觉主动学习”的环境，形成“做最好的自己”的文化氛围，每一个孩子在这种环境和文化中自然会受到影响，自然会积极调整自己的行为，从而做到“人人不抄作业”。

当然，这是我们的理想，现在、将来都需要孜孜不倦追求。

所以，你看，这三种知识分类是不是对应三种班级管理境界——人治、法治和文治？

首先说“人治”。

人治就是所谓的“火车跑得快，全靠车头带”。班级管理的“人治”模式，主要靠班主任的言语说教，很多情况下，“管理基本靠吼，带班基本靠守”。

班级纪律情况不好，班主任会利用半节课来痛批学生，当然也可能会表扬遵纪的学生。然后“容嬷嬷式的眼神凝视”会经常闪现在教室的窗外。班主任希望通过表扬和批评，希望通过自己的监督起作用。

教室卫生状况不好，班主任会痛批学生，在值日的时候和孩子们一起劳动，并不断巡视检查整改，“动口也动手”。

并不能说实施“人治”的班主任一定不优秀。如果他威信高，人格魅力强，孩子们都是他的“崇拜者”，那么，他的“人治”管理反而最高效。一理服千军，一令动万人，他会以最小的管理成本获得最大的管理效益，何乐而不为呢?

只不过，这种管理非常依赖班主任的个人能力和精力时间，有可能班主任在与不在不一样，班主任忙与不忙不一样，而且换个班主任就一定不一样。这种事无巨细、事必躬亲的管理方式，也给班主任的体力智力带来极大的挑战，怎一个忙字了得，怎一个累字了得!

更为关键的是，从某种意义上讲，教育不是管理是成长，而“人治”模式大多没有激活孩子们的自主性，更多培养的是孩子们的被动性服从，是缺失自我的认可接受，是没有灵魂的听话乖巧。

再来说说“法治”。

我所理解的“法治”，是规章制度，是程序模式，是路线流程。

很多年前，去火车站、景区等公共场合，组织排队、维持秩序的经常是一个戴红袖章、拿特大号喇叭的人，他拼命地喊：“不要挤，不要挤！要排队，要排队!”而疯狂的人群不为所动，依然不排队，拼命挤。

我觉得那幅画面就是“人治”的生动呈现。很多情况下，人们是不是遵守秩序，是不是文明排队，取决于“红袖章”的嗓门和威权力。很多年前，我真的见过在火车站维持秩序的警察，拿一根长长的软软的竹竿，气势汹汹挥舞着来指挥排队。

过些年，再去这些公共场合，我发现门口不再有红袖章、大喇叭、长竹竿，而有了铁栅栏形成的固定通道，仅一人可以通过，并且有意设置成曲折的路线，增加了长度。

简直太聪明了！这是管理模式上一次质的飞跃！

这时候，不用讲道理用强力，所有的人便自然而然排队进场，秩序自然形成了。

如果红袖章、大喇叭、长竹竿是“人治”，铁栅栏通道便是“法治”。

就像前边讲的“不抄作业”的“程序性知识”，给了大家做作业的流程，给了抄作业的惩戒，给了被发现抄作业的极大可能，不抄作业的同学便多了起来。

那是不是“法治”模式就没有缺点呢？当然不是！

“法治”的一刀切属性忽略了个性需求，比如说界定“抄作业”就比较困难——有同学告诉我：这道题不会做，看一下同学做的我一下子就有思路了，同学的答案对我的学习是有帮助的。对于该同学来说，的确，他的“抄作业”是一次很好的学习。

由于“法治”的内容将人的关注点聚焦在形式上，就往往会忽略目的，会产生投机和对抗。比如，“钻法律的漏洞”。比如，个别孩子想方设法“抄作业”，不让老师和同学发现，并以此为乐，觉得好玩。

此外，“法治”相对来说是生硬的，不够温暖和人性化。比如，你扛着大包小包掐着点奔跑到火车站门口，眼看就要误车了，可你还要在弯弯曲曲空无一人的通道里折返跑三分钟，你是不是有一种想把铁栅栏拆了的冲动？

还有，“法治”的程序性是需要成本的，需要人力也需要物力。比如，在学校，“独立作业提醒员”除了自己学习，还要关注同学做作业的情况；比如，如果每个孩子都自觉独立完成作业，家长就不用定期检查孩子的错题本订正情况了。

最后来谈谈“文治”——“班级文化建设”。

班级文化建设就是以学生的健康成长为本，创建所有孩子的共同信念和价值观。

我认为，通过班级核心价值观，也就是通过班风来引领孩子们健康成长就是“文治”。“文治”与“人治”“法治”的区别是它“以生为本”“从心发力”，“文治”是在育人。

“文化”的魅力有多大?

我在《知识窗》2015年第9期读到过一篇文章。

加拿大科学家克里斯托弗·查尔斯发现不少柬埔寨人患有严重的贫血症，于是试图帮他们解决这个问题。但他提出的食用铁补充剂和含铁丰富的食物都行不通，因为这些人在经济上根本负担不起。他建议把小铁块放进锅里煮，也可以补铁。可柬埔寨的妇女却不愿意，认为这个做法有点麻烦，也有点奇怪。

最后，查尔斯研究了柬埔寨的历史文化，决定把铁块做成鱼的形状，因为鱼在柬埔寨文化中是好运的象征，据说，谁看到了鱼谁就有好运。这样，小铁鱼受到了所有柬埔寨人的欢迎，整个柬埔寨人做饭的时候都会放小铁鱼一起煮。查尔斯还提醒说，在汤中添加一点柠檬汁，会使铁吸收得更好。之后，在查尔斯的铁鱼得到应用的12个月内，数百位村民的贫血症被治愈了。

查尔斯总结说，该项目给了他一个宝贵的教训：“你可以想出世界上最好的治疗方法，但如果人们不使用它，它也没有用。”

查尔斯的小铁鱼获2015年戛纳国际创意节最佳产品设计大奖。

你看，同样是铁，普通的铁块不被接受，做成鱼的形状就大受欢迎，小铁鱼是文化具有强大影响力的有力证明。

同样，班级文化，如果潜移默化影响每一个孩子；班级核心价值观，如果成为每个孩子的愿景，如果成为每个孩子的内驱力，那么孩子的健康成长将顺理成章。

近些年，我教的每一届班级，都致力于“做最好的自己”“让人们因我的存在而感到幸福”“我们和他们不一样”核心价值观创建，努力打造“自强、自善、自尊”的班级文化品牌。“做最好的自己”实质是

“自强”，“让人们因我的存在而感到幸福”实质是“自善”，“我们和他们不一样”实质是“自尊”。

有人认为，文化管理是虚幻的，没有办法去落实。对此，我不太赞同。

“文治”实际就是有核心价值观的“人治”和“法治”，三者并不矛盾。在实施班级文化管理的过程中，“人治”“法治”是基础管理，最终要指向文化管理、走向文化管理。

就像策略性知识，建立在陈述性知识和程序性知识的基础上，用来调控学习活动和认识活动，目标指向更有效地获取新知识和运用已有知识来解决问题。策略性知识，通过陈述性知识和程序性知识起作用。

那么，做一名有威信、学生喜欢、有人格魅力的班主任，建立健全科学的班级规章制度，就是实施班级文化管理的保障。

班主任的人格是班级的血肉，是柔性的；规章制度是支撑班级管理的筋骨，是刚性的；而一个班集体的文化是精神，是魂魄。

人无魂不活，无魂不精；而班集体无文化，则不稳定、不鲜活、不长久。

当然，班级文化建设是一个系统化建设，我们所有的做法都应为此而努力。

时间、地点、人物维度下的教育细节

马克思说“一步实际行动，比一打纲领更重要”，而老子说“天下大事，必作于细”。教育真的要关注细节。

那什么是细节？我认为，细节就是细小的环节和关键的节点。

时间

周五放学，布置了复习名著的作业。要求从这学期阅读的六本书中选择一本自己喜欢的书，从内容概括、喜欢原因、书之最等角度做PPT，准备向班级同学分享，周一语文课将随机抽同学做分享。

周一，先在一个班上课。按照周五的布置，随机抽取同学来分享。

活动伊始，孩子们兴趣还高，但渐渐地，他们变得心不在焉。可能单调的分享形式让他们觉得枯燥，演讲的同学有点敷衍，想草草了事；听讲的同学无精打采，昏昏欲睡。

接下来要去另一个班上课了，怎么办？如果还是采取这样的方法，那一定还是这样的结果。

想了想，我决定换一种方式。

到了另一个班，我说，这节课我们来进行“我最喜欢的一本名著”小组演讲竞赛。每个小组派出一名同学负责评分做裁判，剩下的同学参加比赛。每个小组在分享前，我抽到哪位同学，哪位同学就代表小组上台演讲，得分就是小组的得分。最后我们比一比，哪个小组得分最高，有奖励！哪个小组得分最低，要接受惩罚。

“小组竞赛”像一剂兴奋剂让所有同学精神振奋，谁也不愿因为自己让小组得分低，所有同学都非常关注演讲同学的表现，想知道他们小组的得分情况。

所以，被抽到的同学积极分享，听讲的同学专心投入，课堂气氛大为改观。

尽管这节课很精彩，但我发现还是有问题。

被抽到的某些同学由于周末准备不足，尽管特别想为自己小组赢得高分，但真的是“无备而来”，有心无力。

于是我想，这个作业的目的是什么？是要一个精彩的展示过程吗？显然不是。

作业的目的是期末复习，是要大家在复习的时候认真细致。如果小组竞赛的规则在周五布置作业时向大家明确，他们会不会认真一些？答案是肯定的。因为他们如果知道周一有可能代表小组演讲分享，自己的表现将决定小组的名次，那他们一定会认真准备。

看来，布置任务的时间很重要。

大课间，学校组织各班跑操。

尤其是天气炎热的时候，孩子们跑起来会出汗会更累，跑操秩序就会有点乱。

有些班主任就会陪着孩子们跑，有班主任在旁边，孩子们会受到监督和鼓舞，秩序自然就会好一些。但部分班主任，或是体力不支，或是服装装备不对，往往坚持不了和孩子们一起跑完全程。前两圈还可以努力跟上，后两圈便气喘吁吁狼狈退场，总是坚持不到最后就放弃了，每天都是这样。

有几次，我给熟悉的小伙伴建议：如果跑不了全程，你最好不要陪跑前两圈，要陪跑后两圈。

为什么呢？

我说，一般来讲，学校有广播指令，孩子们跑前两圈体力充沛能保持队形。容易出问题的是后两圈，因体力消耗，懒惰情绪滋生，也容易受未跑同学干扰，秩序就会不好。如果在他们最艰难的后两圈陪跑，孩子们会受到鼓舞和监督，就会努力保持队形，得到的帮助更大，秩序就会好起来。

看来，行为切入的时间也很重要。

所以，五天后的一个活动需要通知带东西，当然是活动前一天通知效果好；吃饭时接到班主任的告状电话，当然是让孩子吃过饭后再讨论最好，但如果觉得自己的情绪比孩子的健康更重要则另当别论。

地点

那天在走廊等着上下一节课，张欣跑来告状，说王凯刚才推了他一下，我马上找来王凯询问情况，批评教育。

平日的王凯是一个尊重老师、通情达理的孩子，但他此时的态度却出乎我的意料。尽管承认自己推了张欣，但他似乎并不愿意认错。

奇怪，这是怎么了？

疑惑的我打量着沉默又倔强的王凯，看着他不时瞟向旁边同学的眼神，看着走廊上来来往往的同学，我好像明白了什么，对他说：没事了，先上课吧。

课后，我把他带到楼层中间的小会议室，会议室没有其他人。果然，这一次的沟通很顺畅，他承认了自己的错误。

我问，上节课批评你，你为什么不说话？

他看我一眼，说：好多人看着我呢。

看来，不是我批评错了，而是我批评他的地点错了。

我曾经问小伙伴们一个问题，我说你在课堂上向一个孩子提问，或者是一个孩子举手回答问题，你是站到这个孩子身旁，还是在离他比较远的地方和他交流。

很多小伙伴都回答，一定是站到这个孩子身前和他交流，因为离得近，说话彼此可以听到，也可以感知对方的眼神和肢体语言。

但我不是这样做的。恰恰相反，我会离他比较远，且尽量保持斜线的最大距离。

为什么呢？

我觉得，课堂是所有孩子的课堂，一个孩子和老师对话也是他和所有孩子对话，而我和他对话也应该是我和所有孩子对话。

我离他最远，他有可能因此把说话声音提高，让我听到的同时也会让教室里最远的孩子听到；而如果我听不到他的声音，那意味着我周围的孩子也听不到他的声音，我就会鼓励他声音大一些。

如果我站到他身前，离他很近，我就感知不到我身后和左右孩子的表现，我就没有办法把我和他的交流变为我和全班孩子之间的交流，我也无法用我的眼神和肢体语言来监督鼓舞全班同学认真听和专心思考。所以，很多时候，如果老师站到发言同学的身边交流，时间稍长，其他孩子就会感觉与他们无关，从而游离于课堂之外，甚至形成糟糕的课堂纪律。

斜线的最大距离，可以保证发言同学和老师面向班级大多数同学，有利于形成全班师生之间的交流，也有利于形成良好的课堂秩序。

所以，教育行为中的地点也很重要。

《朱子家训》中有“当面教子，背后教妻”之说，说明教育批评的对象不同，方式方法也要随之改变。我觉得这就是教育细节中地点的体现。

地点，理应成为教育细节考量中的一个重要维度。

人物

那天，办公室的小伙伴齐声称赞我们班的李锴同学，说这个孩子有爱心、耐心，有责任心，说他把走廊上的花卉和绿植照顾得生机盎然，甚至有起死回生之术，让一株根枯叶黄的盆栽开出了鲜艳的花朵。方老师还特意带我去看那朵异常妍丽的花，以此为证。

说实话，我很惊讶。

因为，李锴同学一个月前还是我们班的作业催缴登记员，但是他经常忘掉自己的职责，经常忘了登记，才被我换到了“护花使者”的岗位上。在我的心中，他是一个责任心不强的孩子呀。

可是，眼前灿烂的花朵摇曳着，似乎在嘲笑我的判断。

班里的几个孩子叽叽喳喳：李锴可喜欢花了，下课没事了就来浇水打理。

看来，李锴不是没有责任心，只是没有让他做擅长的事。

你看，人还是那个人，做的事不一样，就变成了另一个人。

而同样的事，不同的人去做，结果也会大相径庭。

同样的道理，不同的人去讲，效果也常常迥乎不同。

上幼儿园之前的小朋友最听妈妈的话，因为小朋友也是很聪明的，他知道在家里妈妈是权威。而上了幼儿园，妈妈的话便不太管用了。因为小朋友发现，妈妈不是权威了，爸爸妈妈都听老师的。所以，从幼儿园起，家长如果想让孩子做什么，就常常说是老师让做的，这往往会很有效。同样的道理，家长讲可能孩子不听，老师去讲孩子一定听。

是的，在我看来，这不是个例，而是科学道理。

科尔伯格“三水平六阶段理论”认为，从幼儿园起，孩子的道德推理水平是“服从权威以避免惩罚”。所以这个阶段，在孩子看来，谁是权威，谁说的就是真理。当然，最理想的情况是，家长要成为孩子教育的主导，努力成为权威。

到了初中阶段呢？科尔伯格认为，这个阶段的孩子更注重和谐的人际关系。也就是说，很多时候，不是我们的道理不对，是讲道理的人和被教育者的人际关系不对。

我曾经给某些家长建议，请孩子最崇拜的吉他老师帮家长给孩子讲道理，请孩子最尊敬的家族长者和孩子谈心解决问题。

当然，也可以求助孩子最好的伙伴。我就曾经多次做过这样的事情。

如果某个孩子的问题很多，你可以先观察了解一下，判断他在班级里最好的朋友是谁，然后真诚地与他的好朋友沟通和交流，拜托他和你一起来帮助这个孩子。如果你足够真诚，如果他真的是这个孩子的好朋友，他就一定会帮忙的。事实上，特别是你不在场的时候，他会做得非常好。

西方谚语“魔鬼藏在细节里”，是在讲细节会给我们带来意想不到的影响；我们的名言“一朵具体的花，远胜过一千种真理”则更为形象。

我想，“一朵具体的花”就是“天下大事，必作于细”的“细节”。

当然，如果还是觉得“细节”太宏观不好把握的话，不妨从“时间、地点、人物”三个维度去尝试改变。

暑假咋规划，让我们听听孩子的话

暑假来临，“神兽”归家，愁坏了他们的爸妈。

媒体有非常应景的各种暑假规划建议，教育专家、校长、老师等纷纷发声，给出或宏观或具体的暑假规划建议。看到多篇这样的文章狂轰滥炸，我想，暑假回家的是孩子，怎样规划他们的生活，为什么不去听听他们的想法？

我想，能否进行一场辩论，进行一次票选，听听孩子的心声。

首先，我让孩子们以“我对暑假规划的看法”为主题，进行十分钟的微写作，要求孩子们匿名提出自己的意见，鼓励孩子们自由真实表达。并且承诺，我一定会让他们的爸爸妈妈看到他们的意见，而且不会让他们挨骂。

我提出四个问题供他们参考。

一、你最讨厌大人（学校、老师、家长）在暑假规划中的行为是什么？

二、你觉得最应该规划的内容是什么？

三、你觉得在暑假规划中最需要得到的帮助是什么？

四、你觉得暑假规划应该怎么做？

我原想，孩子们应该在第三和第四个问题上有很多话可说，但没想到的是，绝大多数孩子都把目光聚焦到了第一个问题上。看来，他们觉得被压迫太久，要借这一次活动表达自己的诉求。

孩子们的观点总结如下：

一、暑假规划是我们的规划，而不是家长和老师的安排，为什么他们要主宰我们的生活？

二、家长往往都希望把时间安排满，不给我们自由的时间。

三、非常讨厌家长把时间安排得很精确，越精确，越觉得自己受到了控制。

四、老师和家长只是让盲目刷题，从来不去考虑目的和意义。

五、最讨厌老师和家长让我们把整个暑假一次性安排。实在是“压力山大”，何况前边执行不了就没意义。

六、平时学习紧张，有些放松的活动不让进行，盼到暑假，又说不努力学习会跟不上，也不让进行。

七、只追求补课的数量，不追求学习的质量。

八、整天唠叨我们不按照规划做事，并且还加量。

九、规划中有允许使用电子产品的时间，可到了使用电子产品的时间却唠叨讽刺挖苦。

十、关于外出活动，去哪里玩、见什么人，家长总是喜欢让我们服从他们的安排。

十一、家长希望暑假的生活和学校一个样。

十二、家长谈到假期规划就要讲自己假期的刻苦学习和优秀成绩，进行道德绑架。

看来，孩子们怨言不少。根据他们的文章和发言，我又提炼了几个辩论的话题，让大家辩论，辩论后让大家举手表决。

第一个辩论话题是：你希望假期规划不进行、由自己主导完成还是家长主导完成？

这个问题孩子们争论得很激烈。

对于“用不用规划”这个话题，“规划派”占了绝对上风。“去规划派”的主要观点是规划了也没用或规划了自己压力很大。马上有很多同学反对，他们说，没有规划就会躺平，就会去玩，就会懒惰、一事无成。

“自主派”的主要观点是，我们的生活学习当然需要我们自己安排，如果让家长安排，那都是他们喜欢让我们做的事情，没有多少玩的时间，没有多少放松的时间。即使我们提出建议家长也不会听。家长不了解我们的学习状况，强行安排对我们没有益处。

“家长派”的主要观点是，如果让我们自己安排，那一定都是玩的时间。人都是有惰性的，家长是有经验的，他们来安排更有助于我们的发展。

听着他们的发言，我觉得结果已经不重要了，重要的是在这个过程中，孩子们会理性思考做事情的目的，而不是做事情的情绪。在这个过程中，孩子们认识了自己，也理解了家长。

强行终止辩论，大家举手表决。

A. 不用规划　　0票

B. 自己主导规划，家长可建议　　23票

C. 家长主导规划，自己可建议　　16票

D. 完全由家长规划　　0票

第二个辩论话题：按每天的任务来规划还是按每天的时间来规划？

“任务派”的主要观点是，如果划分的时间很细，会有压迫感，多数情况下第一项任务在规定时间内没有完成，就会影响接下来的任务，经常在规定时间完不成任务就会放弃规划。如果只是规划每天完成几项任务而不规定具体的时间，就会有自主感，自己可以安排，也有兴趣。

“时间派”的观点是，如果不明确具体的时间做什么，只是有一个大概的任务，就会先玩再学习，到了后边，任务就会完不成。

举手表决结果：

A. 每天规划精确到小时　　20票

B. 以半天为单位规划任务　　19票

这个环节最出彩的是，在辩论中大家认识到了“任务派”有可能走向“拖延症”，“时间派”有可能走向“强迫症”，最好的状态是两者的中间状态。

第三个辩论话题：假期规划的周期多长最适宜？

A观点：每天晚上规划明天的活动。理由：规划太长时间，前边做不到，后边就会放弃，对自己没信心。再说，每天自己的情况都在变化，可以根据前一天活动情况来调整和规划第二天的活动，很灵活，又

有效。

B观点：10天做一次规划。理由：规划时间太长是假的，做不到，时间太短又没有计划性，10天做一次规划既有计划性，又可以根据实际情况去调整。

C观点：一次做好整个暑假的规划。理由：假期做什么，要有全盘考虑。一次性做好规划，按照规划去做就行，不用纠结，效率高。

D观点：大规划与每天规划相结合。理由：可以有一个阶段性规划，把假期分为几个阶段，每个阶段规划好做什么，然后按照阶段内容再规划每一天的活动。

这个环节让我惊喜的是提出D观点的张歌同学，我观察到，他一直在冷静地听别人阐述，在分析和思考，最后提出自己的观点，果然，得票最多。

表决结果：

A. 10票　　B. 5票　　C. 7票　　D. 17票

第四个辩论话题：使用电子产品的时间如何规划?

A观点：不用规定。自觉的同学不用规定，不自觉的同学规定了也没用。

B观点：要精确到每天的时间段。每个人都很难抵挡电子产品的诱惑，规划的时间最好精确一点，可以帮助自己合理使用不沉迷。

C观点：最好规定每天能用多长时间，什么时间段使用由自己决定。这样会有自主性，被控制感不强。

D观点：不使用就好了。不用纠结，不影响学习生活，一定不会沉迷。

E观点：奖惩性约定。每天高效完成任务可以奖励使用时间，未完成任务减少使用时间或不允许玩，根据完成任务的结果来定。

表决结果：

A. 6票　　B. 3票　　C. 17票　　D. 2票　　E. 18票

之所以这项表决的票数超过了班级人数39，是因为在表决E项时，前边举手的同学问我可以反悔吗，我说可以。这足可以证明奖惩的激励性。

这个环节让我感动的是，在讨论“不用规定时间”这个观点时，周天同学说我支持这个观点是因为我觉得我能管住自己，还有几个同学点头赞同。

还有，邹乐同学竟然在一片质疑声中说自己可以不使用电子产品（当然指玩游戏、刷视频等容易沉迷的行为），正义凛然；而在一阵怀疑的喧嚣中，倪文同学也举起了手。

我说，你们俩可是在全班同学面前做了一个承诺，他们点点头。

列宁说：“没有抽象的真理，真理都是具体的。”

是的。你看，孩子们的暑假规划没有那么简单。

让活动为孩子的成长赋能

——当年那些“种理想”的孩子，你们还好吗

假期整理资料，看到以前的照片，便又想起了0501班的孩子。

那是我2005年在老家许衡中学教书时带的一届学生，他们九年级时，学校布置“挖树坑”的劳动任务，我和他们一起开展了这次活动。

从此，照片中的四棵树成为我们的青春记忆，成为0501精神寄托的重要信物，成为我们人生回望时一抹亮丽的色彩。

一

当年，我还为此写过一篇文章，发表在《教育时报》，也成为我专业成长中的重要一笔。

树坑与理想

学校在开会时给各班布置了挖树坑的任务，每个班挖四个树坑。

回办公室的路上，不少班主任都在抱怨。

“又是劳动，现在的学生娇生惯养，根本没有劳动的兴趣，他们谁也不想干呀！”

“我们现在是初三了，还让学生参加劳动，耽误学习的事情学生肯定不情愿!”

“不就四个树坑吗？还不如我替他们干了算了！”

我带着同样的情绪回到了办公室。

坐在办公桌前，想着就要给学生布置劳动任务了，怎样说才好呢？我思考着，忽然，一个想法在脑中形成。

我来到教室，开始了我的“演说”。

“同学们，我们已经是初三，马上就要离开我们生活学习了三年的学校。我们生命中三年的岁月已在这里度过，多少年后回想我

们在一起的日子，相信大家一定会感到温馨和难忘。正好学校给我们布置了挖树坑的任务，那么我们就来开展一项有意义的活动‘挖树坑，种理想’。每一组同学认领一棵树，你们要为自己的树想一个与众不同、响亮的名字。每个同学在毕业时肯定会有很多话要说，那么就让我们每一个人在卡片上写下我们对学校、对同学的祝福，写下我们自己的理想。让我们挖好树坑，把我们的理想种进去，再栽上树，让理想和小树一起成长。多少年后，我们相聚在亲手栽的树下，再次畅谈我们的理想，那该多有意思呀！”

我的一席话让孩子们沸腾起来，一张张小脸涨得通红，掩饰不住内心的激动和兴奋。

我讲了学校要求的树坑标准后，又说：“现在老师给大家十分钟的讨论时间，以小组为单位，你们可以根据老师的提议商量一下你们小组的具体做法。”

我的话还没有结束，孩子们已经等不及了，他们迅速围起来，热烈讨论起来。还有的同学示意自己小组的同学说话声音低一些，唯恐他们的妙计被别的组听到。这个时候，我倒成了一个闲人。

下午的劳动开始了，场面的热烈、创意的新奇令我这个发起者惊叹。同学们争先恐后地从家里带来了各种工具。男同学要照顾本组的女同学，想显示一下男子汉的力量，可女同学也不甘示弱坚持要参与，有的女生站在一旁加油，有的女生给男同学端水。

一个树坑把他们凝聚在一起，一个树坑把现在和未来连接在一起，那种互相帮助、互相关心、团结友爱的气氛便在劳动现场四溢开来，浓得让我这个“局外人”幸福得合不拢嘴。

“老师，我们树的名字叫‘神舟八号’，你说好吗？”

“老师，偷偷告诉你，我们每个人还写了一段给你的话，不过现在不能告诉你，等将来我们相聚在树下时，我们才会说给你听。”

“老师，你看，我们专门买了一个塑料杯，把我们的东西都装到这里边，埋在树坑里才不会烂。”

“老师，我们组想请你给我们每个人写一段话种进去，好吗?”

……

孩子们在挖树坑的同时，还忍不住向我透露他们的创意，希望得到我的认可，我忙碌并感动着，我知道此时再强调树坑的标准已是大可不必了。

周围班级的同学和老师都诧异地看着我们：“他们怎么了，怎么都疯疯癫癫的?”

我不记得当时我是怎样回答的，我只知道，孩子们把自己组的小盒子埋进去时，每个人都上去踩了几下，他们的脚步是那样厚重踏实，而他们的身姿又是那样轻盈美丽。

我知道，当他们踏上去时，他们的理想之舟已开始起航……

二

班级活动是实现班级目标的根本保证，是落实立德树人任务的重要途径，班级活动的质量决定班级建设的成果。

班级活动，要有培养学生人格的自觉意识。班级活动的目的不是完成学校任务，不是轰轰烈烈声势浩大造成影响宣传报道，甚至不是为了拿到奖项，它只有一个目的，即“育人”。

“挖树坑，种理想”，给我的启示有三。

第一，“挖树坑，种理想”是“赋能”。

原本就是一个普通的劳动任务，但“种理想”与孩子们生命成长联系起来了，就有了精神层面的意义和价值，孩子就有了动力，就有了成长。

就像“水滴石穿”，原本是一种物理现象，水滴从高处落下来形成冲击力，重复的冲击力让石块磨损，时间长了，形状改变。但“水滴石穿不是水的力量，而是坚持的力量”，这个解读让自然现象哲理化，就有了拨动心弦的力量。

就像“520”，原本就是一个普通的数字，但谐音让它与人类的生命情感联系起来，就变成了暖意满满、爱意满满的动人表达。

可见，想方设法让我们的活动与孩子的生命成长、心灵情感联系起来，便能赋予孩子积极向上的能量。

第二，“挖树坑，种理想”是“换一种思路看问题”。

“挖树坑”原是一项劳动任务。当年，作为九年级毕业班的孩子，学习压力大、时间紧迫，但学校任务又不得不做，即使满腹牢骚、满腔怨言、不高兴做也得做，被迫去做、心情糟糕，自然也不会有效果。

而着眼孩子们的成长和情感态度价值观，把劳动任务当作教育活动的有利契机，当作教育资源，通过设计让其具有教育意义，便成为孩子们学习生活中难以磨灭的青春记忆。

所以，很多时候，需要换一种思路看问题。

作为教育工作者，眼中有学生，心中有教育，想方设法将眼前平凡琐碎的教育日常与学生成长联系起来，做有心人，便会有创意。

第三，“挖树坑，种理想”是“打造有班级共同愿景的标志物”。

对于班级文化建设，团队集体荣誉感和凝聚力很重要，承载共同愿景的标志物很重要。那年，0501班的孩子们一起参与了这项活动，后来，我们树坑上长出来四棵树，那四棵树，就成为0501大家庭的象征。

就像故乡是乡愁的承载，故乡的老屋是乡愁的寄托一样，这四棵树也成为0501班孩子们的精神回望，成为他们的心灵栖息地。

离开学校才一年，他们就迫不及待联系我：老师，约个时间，回去看看咱们的树吧。

三年后高中毕业，他们又联系我：老师，啥时候再去看看咱们的树？

他们的确是来看树的，是想看看他们种下的小树长多高了，看看他们的理想长多高了；但他们其实又不是来看树的，是来寻找他们的青春岁月，是来寻找他们曾经的自我和灵魂。

很可惜，后来，学校改建操场，我们的四棵树不见了；后来，我也离开了家乡，在远方奔忙。

但我相信，我们从来没有忘记过0501的满满温情。在梦中，我们的理想之树四季常青。

当年那些“种理想”的孩子，你们现在还好吗?

孩子不是生产线上的产品，批量生产，整齐划一

——作业本上忘写名字，这问题其实很难完全解决

新学期，新教材，新作业本。

很多老师收作业，都会发现一个老问题——经常有孩子的作业本上不写名字。

首先，作业本封面上要写名字，一定是老师要求过的。

其次，孩子作业本封面上不写名字也一定不是故意的。

也就是说，在作业本封面上写名字并没有成为孩子一个好习惯。

那么，如何改善这种状况呢？

一、明确缘由

开微班会，组织孩子们讨论：为什么要在作业本封面上写自己的名字？

1. 写上名字，老师在批改的时候，如果发现哪本作业出现需要个别交流的问题，就能立刻找该同学交流，有助于老师同学及时个别交流。

2. 作业本封面有名字，同学们在发作业时会很方便；而没有名字的作业本，还需要辨认字体才能找到同学，而很多情况下仅凭辨认字体是找不到主人的，就会把作业本暂放，耽误同学及时订正，也容易丢失。

3. 有时候需要核查哪些同学未交作业，而封面没有名字的作业本核查起来很困难。

4. 有同学喜欢将名字写在扉页，老师找名字还要翻一下，特别是同学发作业时也要翻一下，影响发作业的速度，也给发作业的同学带来麻烦。

继续组织孩子们讨论：作业本的封面为什么没写名字？

1. 开学第一天还记得，有些作业是几天后交的，就忘了。

2. 需要写名字的书和作业本太多，好找到的就写了，不好找到的就没写。

总之，尽管情况不同，但核心是“忘了”。

二、制定规则

让孩子们明白了作业本的封面为什么要写名字，就要和孩子们约定规则。告诉孩子们一般在学期初会有很多新的作业本，每本作业本的封面都要写上名字，如果违反了这个规定，就要接受惩戒。

可以有写说明书的惩戒，反思一下为什么要写名字，为什么没有写名字……

可以有帮课代表发一周作业的惩戒。一般情况下，班级发作业都是教室里的同学主动帮助课代表，而接受惩戒的同学必须帮助课代表发作业。

可以……

三、行为支持

各学科或每项作业第一次交作业前，请课代表提醒大家写名字。

开学第一天，给足够的整块时间，专门做一件事情——给所有教材、作业本的封面写名字。

任课老师在每一次发新作业本时，给孩子们专门的时间写名字。

……

四、赋予意义

给作业本封面写名字是一个行为，要给这个行为赋予价值和意义。

比如，我们班级的班训有一句话是：让人们因我的存在而感到幸福。我们就会强化给作业本封面写名字与班训的联系。

给作业本封面写名字，有利于老师查作业、批作业，也有利于课代表发作业，是让老师和同学感到幸福的一件事，我们要做到：让人们因我的存在而感到幸福。

……

五、给予体验

当然，做好了以上的事情，是不是所有的孩子就都不会忘记了？

一定不是的。

这不，一次新收的作业本又有几个孩子没写名字。

再开一次微班会。

这次微班会的内容是：请每个忘在作业本上写名字的同学发一次作业（当然，这次作业里边有未写名字的，有名字写在扉页的，有字迹潦草的，有名字写得很小不容易发现的）。并且，这一次作业本有点厚，搬起来有点重。

他们艰难地发完了作业，我请他们写了自己的感受。

生一：

昨天李老师让我们去发作业本，里面有好些没名字的作业本，当抱着如山般高、如铁般重的作业本时，看到没有名字的便觉得有些厌烦了。双手都在抱作业本了，根本没有闲手去翻开第一页看看有无名字，如果在封面上写上名字就方便多了。

所以这次发作业让我知道了，发新书时第一件事就是要先写上名字，不要等到发作业时才发现名字没有写，这样做，给发作业的同学造成了麻烦，让他感到烦琐。所以我们要让人们因我的存在而感到幸福，不要麻烦别人。

生二：

周五快要放学时，老师抱着一摞作业本走进了教室，并把没有写名字的同学都叫了出来，让我们每个人发全班的作业。之后我才发现，如果不把名字写在封面上，会给发作业的同学带来麻烦。全班的作业本一直抱在手上，时间长了会感到很重，而且又要翻开找名字，这会让发作业的同学感到不幸福，这也违反了我们的班训：让人们因我的存在而感到幸福。我接下来会多关心别人，多替别人着想。

生三：

因为一次作业本没写名字，就会给许多人带来麻烦。

身为课代表，我总是因为班里的同学不写名字而在发作业上浪费许多时间，我总是感到气愤。但是今天早上，我就这样把没写名字的作业本交上去了，也没有在交作业的时候多看它一眼，这是为什么呢？我还是疏忽了，本打算将所有作业本都写上名字的，但是却觉得麻烦。5秒钟的小事，却会浪费发作业同学整个课间的时间，明明我都体会那么深了，却不想，心里讨厌的那个人是自己，害人害己。我感到非常抱歉，我会把所有作业本一起写上名字的。

……

我想，教育行为尽量做到：动之以情、晓之以理、导之以行、授之以渔、戒之以规、持之以恒。

让大家体会老师和发作业同学的辛苦，激发他们让他人幸福的积极性，是动之以情；讨论和交流为什么要写名字，是晓之以理；给出专门的时间写名字，是导之以行；教他们用姓名贴贴在光滑封面上写名字，是授之以渔；制定惩戒的规则，是戒之以规；不断关注这件事情，持续行动帮助孩子养成好习惯，是持之以恒。

那是不是就能保证所有孩子不会忘记呢？

我想，我还是不能保证。

孩子不是生产线上的产品，批量生产，整齐划一；教育是农业，孩子的成长本就是参差不齐，不同花期。

某些论文著作中的方法总是立竿见影、马到成功，像童话；而生活中的事情总是不够理想、不够完美，是真相。

就像让孩子给作业本封面写名字。有些孩子严谨务实、执行力强，只要有规章和制度，他就会做得很好；有些孩子情商高、善解人意，只要我们说明为谁做，为什么这样做，他理解了就会去做；有些孩子有个性，天马行空爱挑战，但只要他真实体验了，认识到了，就会去做。但不得不说，无论你怎样做，总是会有一些孩子粗枝大叶不拘小节，他就是总会忘掉。

那我们怎么办?

把我们该做的做好。

帮他写上名字，包容他，等待他成长就好。

因为懂得，所以慈悲；因为懂得，所以爱真

刚刚过去的教师节，网络、媒体中的“爱心”潮水般扑来，我又想到了“师爱”话题。

毋庸置疑，作为教育工作者，爱学生不仅是美德，而且是天职。

《中小学教师职业道德规范》第三条明确规定：关爱学生。关心爱护全体学生，尊重学生人格，平等公正对待学生。对学生严慈相济，做学生良师益友。保护学生安全，关心学生健康，维护学生权益。不讽刺、挖苦、歧视学生，不体罚或变相体罚学生。

是的，因为教育是特殊行业，教育工作的对象是人，并且是孩子，是最需要特别照顾和付出全部精力对待的群体，所以直接把“爱”作为规范提出。

但“爱”属于情感范畴，不好明确判断，也不能准确衡量，所以有人说“教育是个良心活”。

老师是不是爱学生，学生最清楚。爱学生的老师，往往也会受到学生的喜爱。

但现实往往不是这样。就像有时的我，对孩子严格要求，“恨铁不成钢”，我当然认为是“爱学生”的表现，但孩子却不一定喜欢我这样，甚至可能会躲着我，逃离我。

这又是为什么？我想可能有两个原因。

一

首先，我真的是爱学生，但学生不理解我。

比如，我真的是爱学生，想提高班级成绩，让孩子们有满意的分数，有满意的高中上，所以，中午我不让他们去玩，让他们在教室里疯狂刷题；晚饭后也不让他们玩，看着他们疯狂背书。

我当然很辛苦了，但孩子们却不领情。他们讨厌我，认为是我让他们的生活变得枯燥无比，学习也毫无乐趣。

比如，下雪了，为了让孩子们亲近大自然，与少见的雪花有亲密接触，我带他们去操场打雪仗。你看，我是爱他们的吧？

为了提高他们观察生活的能力，为了提高他们的写作能力，带他们打雪仗前，我布置了让他们仔细观察、打完雪仗写一篇作文的任务。你看，我是爱他们的吧？

我当然煞费苦心，但孩子们不领情，他们觉得我让他们打雪仗就是为了写作文，怨声载道，雪仗打得毫无生机。

难道真的是我爱学生，学生不理解我吗？

其实不一定！

是我不懂得孩子的心理，我的爱是不理解的爱！

生活需要张弛有度，学习需要劳逸结合。心理学和脑科学研究表明：持续高强度的学习会造成学习疲劳，疲劳状态下的学习不但低效，而且伤害身体。退一步讲，如果真的需要强化学习，我也要想方设法激发孩子的学习内驱力，而不是一味地强行命令和看管。

打雪仗本身就是孩子放松的活动，是孩子全身心亲近大自然的活动，是孩子们的游戏时间，当然需要宽松和安全的心理氛围。而布置写作文任务给了孩子紧张心理，带来了压力和不适，孩子们当然不情愿了。

所以，抱怨孩子不理解自己的爱，其实是我们不理解孩子，没有给予孩子需要的爱。

再如，不同的孩子需要不同的教育方法，有些孩子需要严格要求，有些孩子需要鼓励包容，但如果我们不理解，有了相反的行动，尽管我们是真的想让孩子进步，但这也是错误的。

所以，不理解的爱，会给孩子带来痛苦和伤害。

二

其次，我爱学生，但真的是自私的爱。

我经常反思：我是不是为了让自己教的语文学科分数高一些，就不管不顾孩子们的时间精力，总是布置很多作业让他们多花时间在语文学科上？我是不是还经常跟他们说，让你们多练习多刷题就是为了让你们多学一点，考到满意的分数？

其实，孩子们需要的是整体成绩的提高，我多占用了时间，他们的其他学科就会弱下来，虽然语文学科的成绩有可能提升，但总成绩可能不升反降。

那么，我究竟是爱孩子，还是爱自己？

我口口声声说爱学生爱班级，为了让他们拿到朗诵比赛一等奖，为了让他们享受到成功的快乐，是不是不管不顾孩子的感受，也不跟孩子做心理辅导，就不让那个形象不好的孩子参加，不让声音难听的孩子参加，让他们在班级比赛时待在教室或躲在角落里？

究竟是孩子特别需要这个一等奖，还是我特别需要这个一等奖？

那么，我究竟是爱孩子，还是爱自己？

我是不是经常借爱孩子的名义爱自己？

我想，真正的爱是奉献和付出，而不是要求和索取。

我爱校园花坛中的鲜花，我就会不断去浇水去施肥，让它开得更艳更美，看护它、欣赏它。

而口口声声说爱鲜花，却不经主人同意就把它折下来，插在自己的房间来愉悦自己，这是自私的爱。

而自私的爱，再怎样迷痴，都是自私。

三

真正的“师爱”，一定会得到孩子的认同和回应；真正有爱心的老师，也一定会受到学生的喜爱。

有爱心的老师，懂得孩子的利益最重要。

艺术界有句话叫“戏比天大”，体现了对艺术和观众的尊重。教育界也有类似的一句话叫“课比天大”，体现的是对课堂和学生的尊重。

作为老师，如果经常不把孩子的利益放在眼里，经常不跟学生接触，没有时间辅导学生，没有时间跟学生谈心，没有时间跟学生游戏，怎么能有爱心?

有爱心的老师，懂得奉献和付出最重要。

老师面对的孩子基础不一样、情况不一样，老师面对的家长各有各的特点、各有各的情况。很多时候，面对出现问题的孩子，抱怨和批判是没有用的。设身处地替家长和孩子想一下，他们也着急，他们也痛苦，他们最需要的是善意的理解和专业的帮助。

而对孩子的爱，就体现在我们多努力一点，多思考一点，多付出一点。

有爱心的老师，懂得理解孩子最重要。

爱是一种情感，也是一种智慧。作为老师，不仅要有爱的情怀，还要有爱的能力。这就要求我们去努力学习和提高自己，努力学习学科教学理论和孩子身心健康成长规律，尊重人性，尊重常识，尊重科学。

当然，也请相信人性，相信科学和常识，真正有爱心的老师一定会遇到喜欢你的孩子，那么，当师生关系和谐，教育就会有美妙的境界。

让我们一起努力，做真正有爱心的老师。

因为懂得，所以慈悲；因为懂得，所以爱真。

谈谈初中课堂纪律管理

最近的公开课展示活动特别多，很多时候都要借班上课。既然是展示课，那一定要追求课堂效果，尤其看重学生的发言表现，于是一般情况下，大家都会找自信活泼的班级上课。

同事们之间经常有这样的说法：这个班是乖的，平时上课是安静的，但带去上公开课不合适；这个班平时上课太活泼，上起来很累，但上公开课是合适的。

那么，问题来了。不谈公开课、展示课的话，什么样的课堂是理想的课堂？什么样的课堂纪律是好纪律？一个班级如何形成好的纪律？

纪律的必要性

课堂是通过有计划的师生活动完成教育目标的组织系统，它的正常运转需要良好的秩序。美国社会学家白克马说：“社会秩序决不能偶然产生。既经产生，如无外力控制，亦不能维持；因个人常各寻私利，而盲然于社会利益。”

社会秩序是这样，课堂秩序也是这样。我觉得，白克马所说的“外力控制”即是纪律保障。可见，课堂纪律是维护课堂秩序的必要手段。

但课堂纪律所起的作用并不仅仅指向课堂，它更应该成为一种育人的手段。

通过对学生的纪律教育培养规则意识，是他们走入社会前的准备，是成为优秀社会公民的前提；遵守规则实质上也是一种契约精神和诚信品质，纪律教育应成为培养孩子社会性的一种手段。

纪律教育可以让学生思考“真正的自由”。人类最高级的自由，是自律，是对自我的掌控。著名心理学家，奥地利的维克多·弗兰克尔说过：“人类最高的自由，就是在任何既定的环境中，都有权利对自己的态度和应对方式做出选择。”

纪律教育也可以让学生思考个体与集体的关系，是培养团队意识、集体荣誉感的良好手段。纪律往往与集体利益相联系，在遵守纪律的过程中，在维护集体利益的过程中，对自己的喜好和利益做出何种程度的让渡，是每个孩子走向成熟的必然思考。

什么样的纪律是好纪律

首先，纪律要有利于解放所有学生的形和神。

我认为，纪律不是束缚，是解放。纪律要有利于解放课堂上所有学生的形和神。

形是课堂外在的表现，是课堂表达，是动口和动手能力。好的纪律应该营造一种适合学生勇于表达的课堂氛围，在这样的课堂中，所有学生都愿意积极主动表达，分享自己的感受和思考。

神是思想，是思维和创造力。好的纪律应该能够有利于所有学生静思默想，保证思维的专注度与纵深度，从而发展学生的创造力。

好的纪律应该让课堂上的积极主动表达与安静沉思默想转换流畅。需要表达时，学生心无顾忌踊跃分享；需要思考时，班级鸦雀无声思绪流转。其实这就是课堂中“束缚”与“自由”的中庸之道，二者要平衡和谐，收放自如。

很多老师很喜欢“快，静，齐”的口令，喜欢“配合型”的乖学生，喜欢对课堂的绝对控制感，喜欢整齐划一的形式，这也无可厚非。但课堂的初衷是什么？是学生的获得感，是课堂的质量。有时候我们可能过分强调纪律，但忘记了课堂需要的是秩序。好纪律表现出来的往往是良好的秩序，而并不是严苛的纪律和整齐划一的形式。

其次，纪律要有利于形成良好的师生关系。

从本质上讲，教师和学生对课堂效果的期望是绝对一致的，有着共同的愿景，所以课堂秩序需要师生协同努力共同维护。

很多老师和学生认为，纪律是教师管理学生的手段——我觉得，这一认识极其错误。课堂是教师的课堂，更是学生的课堂，教师和学生都是课堂的主人，是完成课堂教育教学任务的两个方面，是“双主体”。理想的课堂，教师对学生的期望和学生对教师的期望应达成一致，而纪律是完成这个任务的手段。纪律既保障教师的利益，也保障学生的利益，是教师和学生的共同追求，在这种共同追求中，师生的关系应达到最大程度的友善和谐。

为什么一谈纪律就伤害师生感情？我觉得是没有发挥孩子们在纪律建设中的主体性，从一开始，他们就站到了课堂和我们的对立面。

再次，纪律要有利于达成“他律”与“自律”的和谐。

秩序需要外力控制毋庸置疑，特别是处在青春期的孩子，他们活泼好动，自我意识强烈，还没有形成稳定的秩序观，所以必须依靠“他律”来保证其遵守约定和规则。

在这个方面，他律有着较为可靠的高效性和稳定性。他律还是实现自律的催化剂，对于自律的产生有着举足轻重的意义。但是，只有他律容易形成对抗和否定，不利于良好品质的形成，不利于进行自我实现。

斯宾塞说：“长期以来的教育误区，就是把教育仅仅看作是在严肃教室中进行的苦行僧的生活，而忽视了对孩子来说更有意义的自然教育和自助教育。”

相对于他律来说，自律才是行动的内因，内因变化才会有质的变化，也只有学会自律才是真正意义上的成长。

所以，在纪律形成的过程中，我们应启发引导学生思考纪律对于个体成长的重要性，引导学生自己制定班级各项规章制度，让学生学会自我控制、自我反思、自我改进。

最后，纪律要有利于完成个体与集体的共同期待。

集体主义教育是班级管理永远的话题，也是班级纪律管理的有效抓手。由于课堂纪律是需要共同遵守的行为规范，所以有着明显的集体主义烙印。课堂纪律与团队意识密不可分，纪律的出发点是维护所有人的利益即团队的利益。团队利益实质上体现的是个体利益，个体利益必须服从集体利益。

在纪律制定建设的过程中，一定要强力彰显集体意识，完成个体与集体的共同期待。一个有集体主义团队精神的班级一定是纪律严明的班级，反过来说，良好的纪律一定有利于优秀班集体的形成和发展。

初中班级课堂纪律问题现状及原因

初中阶段孩子青春期的到来导致他们自我意识强烈，初中班级课堂纪律因此出现了违纪形式多样、同伴沉默、遵纪意识淡薄以及对抗情绪激烈等特点。

因为自我意识的觉醒，这个时期的孩子会变得敏感，会有自己的想法。有时因为家庭或同伴的原因，会长时间不开心，情绪不稳定，课堂上就会表现异常。交头接耳、嬉笑打闹是小学生课堂违纪的主要表现，到了初中后，他们对于同性和异性交往敏感起来，由此产生的拉帮结派互传纸条、游离课堂出神发呆等现象多起来；初中生的课程难度增加，特别是到了八年级，缺乏良好学习习惯以及学习态度不端正的同学在多次学习受挫后，就没有了兴趣，觉得课堂无聊，便“无事生非”，上课看课外书甚至玩手机等现象多起来。因此，初中生的课堂违纪形式较为多样。

初中阶段的孩子与小学相比，不再喜怒形于色，不再确信老师的话永远正确。这个阶段的孩子把同伴关系看得无比重要，所以他们在班级同学违纪时大多保持沉默，不愿与同伴发生冲突。这个时期，他们很担心被同伴认为是“胆小鬼”“怕老师”，所以在课堂上不好意思拒绝同伴的某些要求。有些孩子的违纪是受周围同学影响的。

由于这个阶段的孩子自我意识增强，过度追求个性和自由，他们的遵纪意识便会淡薄，不少孩子认为学习不学习是自己的事，与他人无关。他们特别在意自己的存在感，如果在学习和班级正常的活动中不能获得老师和同学的认可，有些孩子就会在课堂上通过违纪来出风头，刷存在感。他们自尊心强烈，非常在意自己在同伴面前的形象，如果对老师感到不满，就会发泄自己的情绪，在课堂上故意违反纪律、顶撞老师。

学生扰乱课堂纪律大多是学生自身的原因，但其背后也有教师和家庭的原因。例如，教师责任心不强、业务能力一般、个人魅力欠缺、不尊重学生自尊心等；在家庭方面，则有家长要求过高、溺爱、教育方式不当导致亲子关系不和谐等。

课堂纪律管理策略

进行课堂纪律管理，要从维护良好的课堂秩序出发，从培养人的目的出发。

罗素说："儿童必须或多或少地听命于他们的长者，而不能使他们自己成为自己利益的保护人。在教育中权威在某种程度上是无可避免的，施教者必须找到按自由精神来行使权威的途径。"所以在课堂纪律管理中，教师必须有为、善为。

（一）建立良好的师生关系

"良好的师生关系"是有效教育教学的保证，尤其对于初中阶段的孩子来说，有着更为重要的价值和意义。心理学研究表明，从11岁开始，儿童的道德认知是建立在人际关系之上的，也就是说，这个时期的孩子把人与人之间的关系看得无比重要，所以，要想使这个年龄阶段的孩子接受你的教育和管理，就必须考虑你和他的人际关系。心理学上的情绪判断优先效应也告诉我们"要解决问题，先解决情绪"。陆游曾说："汝果欲学诗，工夫在诗外。"有些老师的课堂纪律管理高效，原因可能不在他的管理，而在于他和学生之间的关系是良好的。

那么，什么样的关系是良好的师生关系？根据多年的教育实践，我认为应该用"亲和力、权威力、榜样力"三个关键词来描述自己眼中的和谐师生关系。

首先，教师应有足够的亲和力。自古就有"亲其师，信其道"的说法，更为重要的是只有孩子觉得老师是可以亲近的，才会走近老师，向老师敞开心扉，老师才能了解孩子的真实情况施以影响。但是，不讲原则的亲近，没有距离感的亲近也绝对是不可取的。过于亲近会让学生无所敬畏，行为随意无度，孔子讲的“近之则不逊”就是这个道理。

其次，教师应成为学生心中的权威。马克斯·韦伯认为，任何组织的形成、管治、支配均建构于某种特定的权威之上，适当的权威能够消除混乱、带来秩序，而没有权威的组织将无法实现其组织目标。的确如此，权威地位会让学生对于老师的安排产生高度自觉的认同感，老师特别是班主任的权威地位会使课堂纪律管理变得高效而有序。

最后，教师应成为学生的榜样，要求学生做到的，自己要先做到。这里主要强调道德品质、生活和学习习惯方面的内容。子曰：“其身正，不令而行；其身不正，虽令不从。”教师特别是班主任的言行举止在班级管理中对学生具有潜移默化的重要影响。在任何情况下，身教都重于言教。

（二）紧紧依靠集体舆论的力量

课堂纪律的管理指向良好的课堂秩序，良好的课堂秩序是班级共同利益的体现，所以，课堂纪律管理必须借助集体舆论的力量。心理学研究也表明，团队凝聚力可以滋生个体的责任感。所以，在课堂纪律管理中，一定要培养学生的集体主义意识和团队归属感，利用团队意识来管理课堂纪律。

我在团队归属感培养中采取了“申报事务专员”的做法，也就是将班级的所有事务分设成各个岗位，所有的同学申报适合自己的“事务专员”。从收发作业到区域保洁，从考评统计到开窗通风，都有“专员”负责。班级的每个孩子都有为班级出力的岗位和事情，人人有事干，事事有人干。

对班级公共事务的参与增强了大家的团队归属感，每个孩子都有主人翁意识，所以就会形成强大的积极的集体舆论。在这种集体舆论面前，纪律管理便会有效起来。另外，将纪律情况纳入对各个小组的月考核，公布考评结果后组织小组成员反思与总结，集体的力量会让违纪的同学心有歉意，自责自省。月考核结果排名最后小组的组长要接受当众做俯卧撑的惩罚。我经常发现末名小组内违纪最严重的同学在组长做俯卧撑时坐立不安，有时候违纪的同学会跑到组长旁边主动陪做俯卧撑，这说明他的内心因为团队被惩罚受到触动。我相信，这种自省的力量会比教师批评的力量大得多。

（三）有效利用班级纪律规定

“没有规矩，不成方圆。”每一个班级都有自己的班级纪律规定，但每一个班级的纪律表现情况却不一样。即使两个班级的纪律规定内容一样，但实施的情况却未必一样。那么，对于班级纪律规定要注意什么？

首先，班级的纪律规定要公认、公正、公开。其中，“公认”最为重要。心理学有一个现象叫“我选择，我负责”，对于纪律规定尤其关键。纪律规定一定要经全体同学讨论，要引导学生从集体利益、团队意识出发，特别是要激发班级里容易违纪同学的讨论热情，通过他们的认可。

其次，班级的纪律规定制定完毕后一定要做好落实，特别是刚开始实施的阶段。这一阶段是最关键的时期，要让班级规定落地，让班级的每一个学生都认为这个规定是动真格，不是摆设，不是空话。坚持一段时间，学生好的课堂习惯便会形成。

再次，在处理学生违纪时，班主任要对事不对人，不进行道德绑架。班级的纪律规定一般都对违纪行为有明确的惩罚措施，学生违纪后，依据纪律规定进行惩罚即可，切不可小题大做。一般情况下，学生违纪后都会有歉疚心理，这是学生向好的表现。但有很多班主任，在学生违纪后不按照约定，根据自己的情绪随意进行惩罚，就会造成学生的对抗心理。还有部分班主任在学生违纪后特别喜欢对学生进行道德上的评判，更是极为不当。学生违纪后本来心情忐忑、心存歉意，但当班主任夸大事实进行道德评判时，学生就会产生逆反心理，从而顶撞老师，破罐子破摔，变本加厉违反纪律。

最后，不要相信有制度有惩罚就是万能的，恰恰相反，没有自律的他律更危险。纪律管理的最高境界是自我管理，心中有敬畏，眼中才有规则。康德说：“这个世界上唯有两样东西能让我们的心灵感到深深的震撼，一是我们头顶上的灿烂天空，一是我们内心崇高的道德法则。”学生的道德法则来自哪里？来自我们的教育，来自我们的学校文化和班级文化。所以在一手抓制度管理的同时，还要一手抓文化管理。文化管理的力度一定要比制度管理的力度大，要让他律成为自律的辅助系统，成为自律的保障系统。

（四）遵循正面积极强化原则

在班级纪律管理中，我发现，有些班主任每天都要在班里批评纪律不好的现象，批评违反纪律的同学，结果纪律情况也并没有很好地改观。这个时候，我们就要注意到心理学上一个著名的理论——斯金纳的强化理论。该理论告诉我们，正强化比负强化更有效。所以，在强化手段的运用上，应以正强化为主；同时，必要时也要对坏的行为给以惩罚，做到奖惩结合。很多时候，我们眼里只有违纪的同学，没有遵纪的同学；只希望通过批评提醒减少违纪现象，没有想过通过表扬肯定来鼓励遵纪行为。

我在批评惩罚违纪同学时往往采取个别谈话的形式，但每天一定会在班级不厌其烦地公开表扬好人好事，时间长了，班级就会形成正能量场，班集体就会向善向好。

（五）遵循永远理解学生原则

事实上，孩子毕竟是孩子，绝大多数孩子没有不想得到老师表扬的，所以，如果他不遵守纪律，一定不是他的本意。在违纪的背后，一定有原因，作为老师和班主任，我们的任务就是找到问题所在，加以解决。因此，在学生违纪后，一定要先耐心地倾听，找到真正的原因。例如经常违纪的学生一般都是学习上的后进生，很多任课老师降低了对这类学生的学习要求，有些老师甚至没有要求，而这些学生“无事便生非”。再加上这类学生在班级存在感较低，他们便用违纪来刷存在感，违纪便成了家常便饭。对于这类学生，首先要发现其闪光点，给他们展示的舞台，维护他们的自尊心；其次可以让他们给老师当小助手，彰显他们的存在感；另外还要与任课老师沟通，让任课老师对他们有学习要求，哪怕是低的要求。如果有些学生的自控力不强，座位周围有诱发其上课说话的同学，那就需要调整他的座位，为其创造良好的遵纪环境。总之，理解学生、找到原因是解决问题的前提。

（六）提高自己对课堂的掌控力

第一，把课上好上精彩。上课是教师最重要的工作，把课上好是对教师最基本的要求。教学实践告诉我们，课上得好的教师，他的课堂纪律一定是好的。所以提高自己对课堂的掌控力首先就要让自己的课变得精彩，让课堂变得有趣，让自己变得可爱，让学生没有时间违反纪律、不好意思违反纪律。

第二，在接到一个班的第一节课时，一定要向学生明确自己对课堂纪律的理解和自己的要求，并将这种要求坚持下去。

第三，每一节课都要有一个良好的开端。进入课堂，学生还没有完全从下课的状态调整过来，教师一定要采取一定的手段合理地引入到自己的课堂。

第四，用好非语言沟通和间接提醒。比如上课时有同学不够专心，可以走到他的身边摸一下他的头或敲一下桌子，学生就会明白老师的用心。也可以在这个时候向其提问课堂知识，这种间接提醒的方法屡试不爽。

第五，学会评估学生的各种违纪行为的危害程度，善于忽略转瞬即逝的学生违纪现象，尽量不中断自己的课堂。有时候，学生之间的一个鬼脸、一个眼神并不影响课堂活动的进行，并且这个动作过后他们会相安无事。在这样的时刻，教师就应该继续自己的活动，不要停下来批评学生，否则，小事会变成大事，顺畅的课堂会因此停滞。

（七）协调好任课教师与学生的关系

课堂纪律问题很多时候发生在任课教师的课堂，处理不好任课教师与学生的关系，会让班级工作变得很被动。所以，处理好任课教师与学生的关系也是考验班主任智慧的一道难题。

第一，班主任要与任课教师就班级纪律问题做好沟通，让任课教师充分理解自己关于纪律管理的一些想法和规定，做到思想一致、行动一致。心理学上的“手表定律”表明，每个人都不能同时挑选两种不同的行为准则或者价值观念，否则这个人的行为将陷于混乱。班主任与任课教师的一致对学生来说也是这样。

第二，班主任要帮助任课教师树立威信。任课教师在学生心中的威信是良好课堂秩序的有力保障。班主任要不吝溢美之词，要经常给学生介绍任课老师所做出的成绩、获得的荣誉，让每一位任课老师在学生面前都变成“牛师”。当然，绝对不能在学生面前说任课老师的缺点。

第三，班主任要想方设法增进任课教师与学生之间的感情。任课教师与学生的感情深厚了，课堂就和谐了，违纪现象就会减少。任课老师病了告诉学生，让学生上课时对老师说一句“老师辛苦了”；任课老师在办公室表扬了哪个学生，班主任“夸大其词”讲给学生；邀请任课老师去学生的比赛活动现场加油呐喊、倾情助威；带领学生去帮助解决任课老师的某些困难。班主任要善于穿针引线、铺路搭桥，成为学生与任课教师和谐关系的催化剂。

总之，班级纪律是良好班风学风的基础，是班级课堂活动有序进行的保障，做好班级纪律管理工作有着极其重要的意义。只要我们遵循课堂纪律管理规律，遵循学生身心成长的规律，班级课堂纪律管理就会越来越好。

初中家校沟通策略

俗话说父母是孩子的第一任教师。孩子从出生甚至还是胎儿时就开始接受父母的教育，孩子的行为习惯、思维方式等都受到父母的熏陶和影响。家庭教育在孩子健康成长的过程中起着举足轻重的作用，是学校教育、社会教育所不可替代的。

初中的孩子处于人生的关键成长期——青春期，父母前期的教育和影响已经在孩子身上留下了深深的烙印，一般来讲，“问题孩子”的背后一定有家长的“问题”存在。如果家长在孩子成长的这个时期，不能科学有效地引导和帮助孩子，孩子的成长就会出现更大的问题。而孩子青春期“成人感”的出现，又会使这个时期的孩子与父母交流出现一定的障碍，出现我们眼中的“叛逆期”。因此，这个时期，家长对孩子的理解和尊重，对孩子青春期问题的有效引导和疏通就显得尤为重要。但现实生活中，大多数家长缺乏科学有效的教育孩子的策略和方法，因此，提高初中阶段家长的家庭教育能力就显得更为迫切。

从班级的层面看，传统的家校沟通形式有打电话、约谈、家长会等，沟通的内容主要是班主任单向输出要求和建议。在社会飞速发展的今天，在科技化信息化知识化进程加速推进的现在，传统的家校沟通策略已不能适应社会的发展。那么，新形势下如何做好家校沟通工作?

一、让孩子告诉家长

青春期孩子最大的特点就是觉得自己长大了，自己有自己的想法，觉得父母应该理解自己、尊重自己。但偏偏有些家长还是觉得孩子毕竟是孩子，必须听家长的。还有些家长不关心孩子的学习生活实际，不能走进孩子的内心，不去想方设法提升自己的家教水平，错误的判断、武断的作风往往导致亲子关系的僵化甚至恶化。出现这种情况在很大程度上是由于家长和孩子没有进行真正的沟通和交流。如果单凭班主任和老师与家长的沟通，家长没有真切感受，可信度大打折扣。所以，在这个问题上，最重要的是创设有效情景，让孩子教育家长。

七年级的第一学期，孩子们刚从小学升到初中，面对的课程和老师的教学方法与小学阶段大相径庭，孩子们有些迷茫，有些胆怯，有些不知所措。但很多家长不了解孩子的心理变化，一味从初中阶段学业重、难度大的情况出发，严格要求孩子，生怕输在初中阶段的起跑线上。这种家长的严格要求与孩子的不知所措造成了错位，形成了矛盾。在七年级的第一次家长会之前，我让学生写了一篇作文《我的新学校》。其中叶兰写道："在班级中，我常常感觉到孤独，因为眼前的同学对我来说实在太陌生了；并且初中的学习节奏不知比小学快了多少倍，有时只要往窗外一看，回过头来，已不知老师讲的是什么了；初中里的老师管得比小学要松得多，干什么都得靠自觉，这让在小学里被老师管得紧紧的我，感到无所适从。"董欣写道："老师常说，长大了，要学会负起责任，要有责任心，我们不明白，只知其一二，点点头；父母说，长大了，要自己照顾自己，要独立，我们不清楚，只是懂个大概，点点头。懵懂的我们，在浓雾中探索自己的目标，一步步，跌跌撞撞。可是雾总是不散的，我们努力冲破，但是好像旧雾散又有新雾来，我们甚是烦恼。更多的时候，我们都是一个人默默流泪，自舔心伤。"还有很多同学也都写出了自己的心声。我把这些材料收集起来，在家长会上，读给家长听，不少家长潸然泪下。后来，张悦的爸爸告诉我："你开的家长会让我真正懂得了孩子的心，他们刚升上初中，需要更多的关怀而不是要求呀！"

九年级上学期，由于孩子们中考复习的压力很大，而很多家长也很着急，在教育孩子的时候情绪激动、方法简单，所以我将家长会的主题定为"爸爸妈妈，帮帮我"。这次家长会，我完全交给学生来组织——他们主持，他们设计活动内容。通过家长会，他们把自己的心里话告诉了爸爸妈妈，把对爸爸妈妈的要求告诉了爸爸妈妈。"我压力很大，希望爸爸妈妈不要一直对我提中考!”“爸爸妈妈，我需要你们告诉我具体方法，我需要你们的帮助，而不只是要求和批评!”家长会过后，我明显发现很多家长开始向我咨询正确的家教方法，改变了自己原来的不当行为。

通过孩子告诉家长，更能使家长明白孩子的心理，更能使家长认识到自己家教理论学习的不足，能增强家长的学习紧迫感。现在，当我需要改变家长的某些态度或行为时，我经常组织孩子们写文章，然后把文章发到我们的家长群里。事实证明，家长更看重孩子的真切感受和看法，让孩子教育家长，往往有意想不到的效果。

二、借专家教育家长

在班级层面，班主任家校沟通的传统做法是班主任给家长建议和要求。随着时代的发展，信息化社会使得原来相对封闭的专业知识走向了大众，家长对教育的认识和理解也有了质的飞跃。原来家长接触的家教理论和知识不多，所以大多听老师的。而现在由于社会的进步，家长的家教水平也在提高，并且由于家长接触到的家教信息过多且良莠不齐，信息的多元性往往会造成家长的认识与教师的偏离，所以家长在家庭教育的层面对班主任的信服度下降。这就要求班主任在做家校沟通工作时转变观念，由原来的单向输出转变为家长成长学习的共同体。而“权威原理”认为：权威对影响我们的行为有着强大的力量，我们的内心深处根植着对权威的敬重，权威的专业意见和素养往往能给我们提供有益的指导。所以我们应该善于通过介绍权威的教育理论和专家，和家长一起走上更为专业的学习道路。

许婷，家庭条件不好，学习成绩差，没有突出的特长，也没有太多朋友，悲观消极。孩子经常旷课迟到，学习没有目标，对周围的人和事总是很冷淡。终于有一天，孩子给我打电话说：“老师，我觉得上学没意思，我不上了!”家长也打电话给我表示束手无策。经过了解，我发现家长工作忙，又因为孩子成绩差，认为孩子不争气，对孩子情感冷淡，批评过多。当时我正好在学习浙江省德育特级教师、杭州市教育科学研究所韩似萍老师的“生命能量系统”理论，便从“情感支持”系统出发，通过班级同学给她打电话，周末让同学去找她玩，让她感觉到同伴的温暖和支持，感觉到班级的温暖和支持。没几天，许婷正常上学了，并且整个人的状态也变得积极阳光起来。家长觉得很神奇，我便借机把韩老师的“生命能量系统”理论介绍给家长。由于家长看到了我运用理论的教育行为改变了许婷的生命状态，便很是信服韩老师的理论。家长学得很用心，也在逐渐进步，而随着家长的变化，孩子也逐渐阳光自信起来。

学生王阳玩手机上瘾，我同样把韩似萍老师介绍给了他的家长，家长通过给韩老师打电话和微信聊天，认识到了自己的不足。王阳的妈妈跟我说：“韩老师很严肃地批评了我，孩子迷恋手机，我们家长有很大责任，是我们的教育方法出了问题。韩老师真的很专业，我们真的要好好学习了！”于是王阳家长走上了家庭教育的学习之路。家长的观念变了，孩子的情况也一天天好起来。王阳妈妈还经常给我分享她学到的家教理论，我也获益匪浅。

现在，我经常在家长群里转发一些我认可的家教理论和做法，给家长介绍一些书籍，通过权威的让人信服的理论与专家，让家长积极主动地学习家教理论。只有当家长学习进步了，改变了，孩子才有可能发生积极的变化。

三、请家长带动家长

“物以类聚，人以群分。”家长是一个特殊群体，他们有着共同的情感体验和心理诉求，所以他们的交流就显得真实和迫切，同样，他们之间的影响也会显得积极和有效。社会学中的“同伴理论”告诉我们，利用“同伴关系”开展家教工作，是科学有效的教育行为。所以，在家教工作中，要重视和挖掘家长群体中的“同伴影响”。

班级活动的开展需要家委会的支持和帮助，需要热心的家长参与。

我教1409班时，刚开始家长参与班级活动的不多，不够热心。我们在组织学生社会实践“到图书馆做义工”时，只有两名家长参加。于是，我对这次活动进行了图文直播，并且在直播时，有意将直播镜头对准参加活动的两名家长，将他们在活动中的用心与辛苦介绍给所有的家长，将孩子们对他们的感谢传递给所有的家长。在家长群家长的点赞声中，终于，李凡爸爸说：“下一次，我组织孩子们去敬老院做义工！”不少家长表示一起参加。高雨宁妈妈说：“孩子爸爸是退伍军人，他可以帮孩子们训练一下队列的！”一次活动直播激发了家长参与班级活动的热情，其背后的原因不是直播，而是榜样示范、同伴影响。

八年级的家长会前，我将班里孩子出现的问题分类梳理，也在家长中做了问卷调查，确定了家长最想解决的几个问题，然后分别寻找每一个方面做得最好的学生家长，事先告诉家长让其准备发言材料，请家长在家长会上发言，介绍自己的做法。顾佳玲的妈妈介绍了“孩子的学习动力从哪里来”，郭梦强的爸爸发言的题目是《做一个善良热心的人》，周航的妈妈介绍了“孩子为什么可以进步一百多名”，李红的妈妈介绍了“如何培养孩子良好的卫生习惯”，徐慧的爸爸介绍了“怎样管理孩子使用电子产品”。几位家长的发言吸引了所有家长的注意，他们听得很专注，还有家长认真做着笔记。我相信，他们一定有所收获。家长会结束，我又组织大家组建不同的微信群，邀请有同类疑惑的家长进相应微信群，如“学习动力群”“卫生习惯群”“电子产品管理群”等。建微信群是给大家一个交流的平台，组织大家在群里交流一些学习资料、学习心得、家教经验和教训。由于有相同的问题和困惑，有相同的需求，大家在群里学习交流得很积极，特别是来自同伴的经验更是得到了大家的认可。由于同伴之间的带动，大家学习家教方法的热情很高，家长的家教水平得到了很好的提升，学生的一些问题也相应得到了解决。

四、用文化影响家长

心理学中有“手表定律”一说。“手表定律”是指拥有两块以上的手表并不能帮人更准确地判断时间，反而会制造混乱，让看表的人失去对时间的判断。“手表定律”的另一层含义在于，每个人都不能同时挑选两种不同的行为准则或者价值观念，否则那个人的行为将陷于混乱。

在班级建设中，我们经常发现，班主任和班级所倡导的育人理念不能得到有效实施，其中有一个容易被人忽视的原因是，家长的育人理念和班级的理念不匹配，有时候甚至是相悖的，这就让孩子很难选择或行为混乱。所以，家长和班级的教育方向必须是一致的，这一点很重要。我们经常用班级文化来影响孩子的成长，其实在这个层面，我们的班级文化也要起到影响家长的作用；班级保障孩子的健康成长，也应有教育家长的功用。只有这样，家庭、学校、孩子才是一个整体，才能发挥最大的作用，取得价值最大化。如果所有的学校、所有的班级都把家长作为我们教育影响的对象，社会的正能量将会得到极大增强，我们的社会便会更加和谐。

近几年，我在班级管理中逐渐认识到了用班级文化教育影响家长的重要性。建班之初，我便会引导家长和学生讨论、交流和确立我们的班级文化。“做最好的自己”“让人们因我的存在而感到幸福”“我们和他们不一样”是我们的班训，是我们班级文化之魂，我们倡导“自强、自善、自尊”的班级文化。

在班级文化建设的过程中，我们始终把家长和学生都看作我们班级的成员。班级文化的确立不仅交给学生讨论，也交给家长讨论。围绕班级文化的班徽、班歌、班服的确定，家长全程参与。班级每个小组根据我们的班训设计班徽，提交作品后，分为学生投票和家长投票两个环节。家长在群里交流讨论投票的过程其实是对家长的一种影响和教育。首先，让他们明确我们班倡导的价值观是什么，我们希望孩子成长的方向是什么；其次，我们希望家长要为孩子做榜样其实是对家长的一种教育和影响，孩子要成为什么样的人，我们希望家长也成为这样的人。通过投票确定好班徽后，我们请家长对班徽说明进行补充，最后定稿。所有家长在活动的过程中积极认真，相信他们也一定有触动，一定有提升。对于班歌、班服，我们用同样的办法和过程来确定。通过这样的过程，我们的班级文化深入学生内心的同时也深入家长内心。在教育孩子的过程中，不仅家校目标一致，而且家长在这样的活动中也同样受到了很好的教育，也会有宝贵的成长。学生刘涛说："我爸爸原来一直跟我讲'人不为己天诛地灭'，自从我升到初中后再也不说了，并且还要求我做一个善良的人，他变了。"

班级有家长微信群、钉钉群，我们牢牢守住这个彰显我们班级文化的阵地。彰显班级正能量的人和事，我们一定第一时间在群里发布，在家长的点赞声中，正气得到弘扬；班级出现的不良现象，我们也组织家长讨论，在家长充满正义的呼声中，个别家长错误的思想意识得到了修正。在创建班级文化的过程中，班级文化对家长的"无痕教育"发挥了很好的作用。

综上所述，新时代新形势下，家长的知识背景、心理状况、思想意识已有了不同于传统的特点，只有我们认清现实，遵循规律，多想办法，多实践，多反思，多总结，家校工作才有更好的明天。

家校冲突中的沟通原则

随着社会的发展，人们对美好教育的需求越来越迫切，家校合作也越来越受到各方重视，在这种背景下，家校合作进入到良好的发展期。但随着家校合作密度和频度的增加，随着家长参与意识与维权意识的提高，家校冲突的现象也逐渐增多。各类媒体上此类报道屡见不鲜，校园吵闹者有之，诉至法庭者有之，甚至有的大打出手危及生命健康。家校冲突如果处理不当，将会削弱教育工作者的积极性和创造性，直接影响学生的健康成长，给家校合作带来沉重的打击。结合多年的工作实践和思考，我认为，作为教育者个体，解决好家校冲突，可采用以下沟通的原则和策略。

一、接纳认可原则

一般认为，家校冲突会带来不良后果，会破坏良好秩序，有害无益；对于教育工作者来说，是工作没有做好，是家校沟通能力欠缺，是能力不足、工作不力的表现。

首先，这种观点是错误的。德国著名社会学家韦伯曾提出身份集团概念和关于学校教育受制于社会支配集团利益的观点，他指出：学校教育发展的动力来自不同身份集团之间的冲突。诚然，家庭和学校是不同的群体组织，有着各自的利益追求和特点，从本质关系上讲，存在冲突是一定的。家长对学校的高标准严要求和教育工作者奋力形成的现状可能存在着某种差距；家长和教育工作者双方对教育的理解和作为也一定存在着不同；利益对象为个体的家长与利益对象为群体的教育者在价值利益追求上也有着天然的区别。所以，家校冲突是必然存在的现象。但正是有了这种冲突，才会引起教育者和家长的反思，在解决冲突的过程中两者都会产生思想的启迪和境界的提升。在动态的平衡中，良性的教育局面才会逐渐形成。也就是说，从这个意义上讲，家校冲突有积极的意义。

其次，家校冲突纯害无益的观点不利于家校冲突的解决。心理学告诉我们，很多时候，影响我们行为的不是事件本身，而是我们对事件的态度。拒绝、惧怕家校冲突会让我们在家校冲突来临时过于愤怒而意气用事，过于自责而失去理智，这种情绪和状态都不利于更好地解决家校冲突。反而承认接纳家校冲突会让我们心态平和、保持理智，能够冷静思考解决的方法，会从中反思自己的不足，习得教育的新技能，从而有利于学生的发展。

再次，从更高境界的哲思出发，根据事物矛盾普遍性的思想，家校存在矛盾冲突是完全正常的。毛泽东说："事物的矛盾法则，即对立统一的法则，是唯物辩证法的最根本的法则。"恩格斯说："运动本身就是矛盾。"基于这样的认识，我们可以站在较高的视界，怀着平静的心态，去对待和解决这很平常的问题。家校之间的矛盾冲突是在同为立德树人的目标基础上的矛盾冲突，双方因具有不同的视角、利益和出发点，既有矛盾性，又有统一性。而解决矛盾的过程，则是推动事物发展和上升到一个新阶段的过程：使家校在共育里得到共赢，家长和老师在合作中彼此理解，进而达到心心相印；也会极大促进家庭教育和学校教育形成蓬勃向上的局面。

当然，接纳认可冲突并不是说我们漠视家校合作，并不是说我们在家校合作过程中不积极不作为。接纳冲突的意义在于，让我们在努力工作的过程中面对家校冲突能够泰然处之，有效沟通，合理化解，并从中受益。就像人类对待疾病的态度一样，我们遵循生命规律锻炼身体预防疾病，但生病之后要坦然接受积极治疗。

几年前，一位家长因孩子座位问题对我意见很大，有一次找到学校和我理论。家长考虑的是自己孩子的利益，而我要考虑班里所有孩子的情况，所以有矛盾是正常的。那次冲突过后，我认真思考了教室排座位的问题，经过多年的实践，现在已形成较为科学的方法，学生和家长都觉得很公平，再也没有出现过关于座位的不愉快。

如果不是那次冲突，我也不会对座位问题如此关注，也不会有现在较为科学的排座位方法。从这个角度看，我甚至还要感谢那一次冲突。

二、同理同情原则

家校冲突是家长对学校、老师的意见积累到一定程度的爆发，突发事件的产生大大超出了家长的心理接受水平，所以一般来讲，在发生家校冲突时，家长大多带有激烈的情绪。因此，处理好情绪是解决冲突进行沟通的第一步。

（一）认同情绪

脑科学研究表明，当情绪激烈时，大脑中负责理性思考的前额叶部分就会被抑制，人就不够理智。所以在冲突中，当家长情绪激烈时，我们首先要认同接纳家长的情绪，允许并鼓励家长合理宣泄情绪，想方设法让家长的情绪稳定下来。先处理情绪，再解决问题。

（二）用同理心理解家长

如何认同接纳家长的情绪，这就需要同理心。同理心就是设身处地替对方考虑，就是换位思考。在家校冲突中，家长并不是基于家长和老师的关系而对老师有看法有意见，而是对孩子的遭遇以及利益损失不满才对老师产生极端看法。所以，家长是为了孩子健康发展，为了维护孩子的利益。老师也要通过归因思维来认识家长的激烈情绪，要试着把自己放到家长的位置上，想一想自己孩子受到伤害时的心境，还没有做家长的老师要想一下自己受到伤害时父母的情绪状况。如果我们有同理心，就不难理解家校冲突中家长的情绪了。

（三）基于学生需求理解家长

家校冲突的根本是学生利益，是由家长和老师对学生利益的不同认识产生的。作为教育工作者，我们所做的一切是为了学生的发展，而现在，家长为了学生的利益向我们提出不同的看法与批评。在目的上，我们和家长是一致的，我们不是对立的关系。非暴力沟通有一个基本观点："我们所做的一切都是为了满足我们的需要。没有真正的敌人，他人所做的任何事情，都是他所知限度内，能够满足需要的最好方式。冲突无法解决的根本原因在于人们倾向于评判彼此的对错，习惯性使用错在对方的暗示性语言，这些沟通方式让人与人之间产生隔阂。"基于非暴力沟通的原则，当我们关注家长基于学生的需要时，我们便容易做到和家长同情。

只有和家长同情，我们才能理解并尊重家长，才能在家校冲突中安抚家长的情绪，助其合理宣泄，才能在沟通时真诚地倾听家长的需求，从而解决冲突。

有一次，我班数学老师因课堂纪律批评某同学时过于严厉，导致该同学情绪崩溃回家痛哭不止。家长很生气，认为数学老师嫌弃孩子、打击孩子，于是到学校找到我这个班主任，说处理不好这件事他就要去教育局告这位老师。当时我先给家长道歉，说："是呀，作为父母，看到孩子哭，肯定是心疼的。我也是孩子的家长，要是我家孩子哭成那样，我也会很生气的。"家长听我这样说，认为我是能够理解他的，于是跟我讲了孩子在家里的很多情况。我在一旁始终认真倾听，不断鼓励他说下去。我发现，家长倾诉一番后，情绪逐渐稳定下来。家长情绪稳定了，我才开始进行下一步的沟通（后文接叙）。

三、共利协行原则

家校冲突的显性矛盾是家长和老师的不良关系，但根本原因是家长视角的孩子利益受损。只有老师认识到这一点，并沿着这个方向进行沟通，确保孩子的利益得到保障，确保家校双方的共同利益，并协助家长行动，才能够有效化解冲突。

（一）抓住本质

辩证唯物主义告诉我们：现象离不开本质，任何现象都由本质所决定，都是本质的某种表现。家校冲突虽然表现为家长和老师的冲突，但我们知道，维系两者之间关系的是孩子。孩子发展得好，家长和老师的关系就和谐；孩子发展得不好，家长和老师就发展为消极关系。或者说，家长认为孩子的利益得到了保障，他和老师的良性关系就得以彰显。所以，家校冲突是现象，孩子发展才是本质，是家校双方共同的利益追求。在家校冲突的沟通中，要善于抓住这个本质，使复杂的问题简单化。

（二）求同存异

既然家校冲突表现为家长视角的孩子利益受损，那么化解冲突要么是“解释”，改变家长的认识；要么是“解决”，确保家长认为孩子的利益得到保障。当然最好的方法是综合运用“解释和解决”，努力做到求同存异。

给家长“解释”有两种情况：一种情况是因为信息不对称，所以家长的看法和老师不一样，这就需要把真实的、更多的信息提供给家长，使家长和老师的背景信息相同。背景信息相同了，看法就会趋同。另一种情况是家长和老师的理念不一样，这就需要老师和家长沟通交流，如果不能达成一致，就遵守“求同存异”的原则，求“保障孩子利益的同”，存“双方认识的异”。

“解决”就是明确行动，开始行动。在化解家校冲突的沟通中，通过家长的倾诉，我们要迅速判断家长眼中的孩子利益受损点，从而迅速改变自己的行为或追加行为，彰显孩子的利益，让家长满意。在这个过程中，尽量淡化和回避与家长无法达成一致的看法和理念，求同存异。当我们的解决方案能够确保孩子利益时，一般情况下，家长也会搁置争议，求同存异。

如前文提到的因数学老师严厉批评造成的家校冲突。家长情绪稳定后，我才开始与家长沟通。首先我跟家长解释，说数学老师一向认为孩子有数学学习的潜力，对孩子抱有很大希望，所以孩子上课违反纪律才会很生气。数学老师是想通过严厉的批评让孩子认识错误，体会老师对他的良苦用心。但可能没有考虑到孩子的心理承受能力，急于求成了。我接着又说，如果我们把数学老师的原意告诉孩子，孩子就不会难过痛苦，反而会觉得数学老师是认可他的，是愿意帮助他的，从而会树立学好数学的信心。如果我们去告数学老师，那么今后孩子在班里如何跟这位老师相处？有了心理阴影，如何学习呢？这样处理，数学成绩不但会下降，其他成绩也会下降。即使学校答应你让孩子到另一个班学习，那个班的同学和老师也会知道这件事情的，他们也会对孩子有看法和议论，孩子同样不能好好学习呀！

由于我始终站在孩子的利益角度进行分析，始终在维护孩子的利益，所以我说的话家长很认可。看到家长态度有所缓和，我便又进一步沟通。我说，如果我们和孩子讲清楚数学老师的用意，让孩子理解老师的良苦用心，孩子的受挫能力也会得到提升，在人生的道路上遇到同样的问题也会换位思考，学会找寻事件的积极意义，变得乐观坚强，这对孩子的成长有很大帮助。再说，数学老师已经知道孩子现在很伤心，他也一定会找孩子聊天，关注孩子心理状况，并且也一定会用更多的时间来帮助孩子提高数学学习成绩。请家长放心，作为班主任，我也会和数学老师一起帮助孩子学习数学的。

家长来找我，是认为孩子的心理受到了伤害，孩子今后没有办法再学好数学了。而我的解释让家长感觉到事情不是他想的那样，并且我的行动方案让他感觉到孩子不仅数学成绩不会下降，而且还会得到老师更多的关注和帮助，更重要的是孩子还会变得坚强和乐观。因为孩子利益得到了最大保障，所以家长当然会接受。至于数学老师批评指责孩子的言辞是否恰当，我有意回避不去评判，在这样的情况下，家长也不会再去计较，我和家长做到了“求同存异”。

四、预防为先原则

前文提到对于家校冲突要接纳认可，但并不是说家校冲突越多越好。习近平总书记多次强调“办好人民满意的教育”，在平时的工作中，我们也要有“家长立场”。教育的服务对象是学生，也是家长。在确定教育教学行为时，我们要考虑家长的认可程度。孩子满意，家长满意，家校冲突便不会发生。《黄帝内经》有“上工治未病，不治已病”之说，对于家校冲突，我们也要以预防为先。

（一）理念渗透，趋同教育观

家长和老师的文化背景不同，对教育的认识也不同。很多时候，家校冲突是由于教育理念的差异，如严格与宽松，如成绩提升为主还是品德教育为主等。所以在平时的工作中，要注重对家长进行科学教育理念的渗透和影响，力争达到教育价值观趋同。在多年的班级管理中，我始终追求“让人们因我的存在而感到幸福”的价值观。所以，在每一次的家长会上，我都会强调这个理念，表扬这方面做得好的同学；在家长微信群中，我多次宣传这个理念，也用这句话来表扬做得好的家长。在我们班，这个观点深入人心，所以，每当我严厉批评那些自私的同学时，家长都非常配合，没有丝毫不满。为了让所有家长统一思想，我还会邀请专家给家长做讲座，会请优秀的家长介绍经验。总之，家长和老师对教育的认识一致了，家校冲突就会减少。

（二）密切家校关系，增强信任

所有的合作行为都是建立在信任基础上的，特别是教育行为，家校合作的效果建立在两者的信任上。曹善正、熊武川先生指出：“教育世界的复杂性和教育情境的不确定性决定了教育行动对信任的依赖性。”家长和老师的关系融洽，互相信任，教育的效果就显著；否则，没有尊重感，便没有工作效率。

因此，教师特别是班主任要注重与家长关系的和谐，建立高度的信任感。班级活动邀请任课老师和家长参加，既密切了师生关系、亲子关系，也密切了家师关系。多向家长介绍老师取得的成就、获得的荣誉，多向家长介绍任课老师的辛勤付出；多组织学生开展“夸夸我们老师”的活动，引导学生多发现老师的优点，学生也会把这样的信息反馈给家长。只要家长尊重老师、信任老师，家校冲突就不会发生。

（三）提高预见力

预见力就是对事件发展的走向和结果进行推测判断的能力，这对于预防家校冲突来说非常重要。在教育教学行为中，特别是在家长敏感的环节，我们要严格要求自己，把事情做得尽量完美。如排座位、评优评先、惩戒学生等容易引起家长意见的环节，我们就一定要警惕。有一次在准备家长会时，我让班长把本学期班级活动的照片制成演示文稿，准备在家长会上播放。我在检查时发现唯独没有王鹏同学的照片，班长说找不到他的照片，说也不会有家长发现的。我说不行，我发动所有同学把手边的照片发给我，从中找到王鹏的照片加了进去。因为我知道，家长会时，每个家长都会等着看自己的孩子，王鹏的家长如果看不到自己的孩子，他一定会有想法的。在工作中，只有我们未雨绸缪多为家长考虑，才不会出现那么多的家校冲突。

总而言之，在沟通中，只要我们找到造成家校冲突的根本原因，只要我们遵循人际交往的原则，运用科学的沟通方法，家校冲突就不难化解。

基于“深度学习”的家校行动策略

疫情期间，学生在家学习，在进行“学习状况”调查时，不少家长反映：孩子学习很认真，周末节假日大多数时间都在房间写作业，可为什么考试成绩始终不能提高？针对家长反映的问题，反思这些孩子的在校表现，的确如此。总有部分孩子严格遵守纪律、积极完成作业，但一到考试就备受打击。他们的回报与付出始终相差很远。并且，学校里出现这种问题的孩子还很多。究其原因，大多是浅层次学习状态造成的。

深度学习理论告诉我们，深度学习的发生，基于学习者的内在需求和学习兴趣，取决于个体的学习投入程度和学习坚持力，关切学习过程的真实体验。所以，如果要提升学生的学习效果，就要从深度学习特点入手，要求家长和老师达成共识，共同采取行动。

一、引导家长改变意识和行为

苏联教育家苏霍姆林斯基说：“儿童只有在这样的条件下才能实现和谐的全面的发展，就是两个教育者，即学校和家庭，不仅要有一致行动，要向儿童提出同样的要求，而且要志同道合，抱着一致的信念。”尤其在深度学习上，很多家长的认识有待提高。所以，班主任必须重视与家长的交流与沟通，加强引导与影响，使家长的意识与行动符合深度学习理论的要求。

（一）关注学习品质和人格发展，及时鼓励赞赏孩子

深度学习理论强调：要在这样的“一般发展”之上，促进学生作为具体的、社会历史实践主体的成长和发展，形成有助于学生未来自主发展的核心素养，强调学生作为社会主体所必须具备的健康的身心、高水平的文化修养、较强的实践能力、高尚的精神境界。

而初中阶段，由于升学的压力，很多家长每天只是关注孩子作业，

提高成绩是他们对孩子的唯一要求。成绩提高就表扬孩子，成绩下降就批评孩子。这种做法忽视孩子学习品质与人格的发展，忽视孩子作为人的全面发展。

并且，这种做法导致基础差、成绩差的孩子没有成就感，会让孩子逐渐丧失学习热情。但为了让家长满意，他们大多通过抄袭来完成作业，通过学习的表象让家长满意，学习显然是没有效果的。核心素养是深度学习追求的终极目标，家长关注孩子未来发展的核心素养，在多方面寻找孩子的闪光点，会让孩子得到认可，受到鼓舞；人格发展是孩子成长的根本，家长要关注人格发展，表扬孩子关爱同学，赞赏孩子心系集体等。这种给予孩子成就感的做法，不但有利于培养孩子的核心素养，也会增强学习内驱力，促进孩子深度学习。

（二）和孩子一起确立恰切的学习目标，让孩子有信心从容学习

孩子在学习上的冷漠和焦虑可能来自家长的过高要求。部分家长对孩子的否定与打击让孩子完全失去学习信心，从而形成习得性无助心态。这部分学生成就动机低，在家长的要求下，他们往往不能给自己确立恰切的目标，所以就应付学习。他们对于失败的恐惧远远大于对成功的希望，因而再也不敢相信自己会成功。

部分家长脱离实际、非客观理性的过高期待会让孩子进入一种焦虑状态。应激研究认为，过度的焦虑会使人丧失信心，降低认知能力，干扰思维活动的正常进行，从而严重妨碍个体对认知任务和外界环境变化的应对。由于短时间内达不到家长的成绩要求，无法满足家长的期待，而这部分孩子又渴望得到家长的肯定，于是他们就关注过程，只是被动地多刷题完成作业，表现出努力和拼搏的样子，从而获得认可和自我安慰。

所以，家长要和孩子平等对话沟通，理性分析孩子的实际情况，给孩子恰切的学习目标，让孩子觉得通过自己的努力完全可以达成。并且在学习的过程中，家长要允许孩子犯错，允许孩子阶段性停滞不前。这样的做法就会让孩子变得有信心，变得从容，有利于“深度学习”。

（三）为孩子的“深度学习”提供支持性环境

任何学习的发生都需要相应的外部条件和内部因素。学习的外部条件是指学习的支持性环境或给养基础，包括整体的学习氛围和促进学习发生的激励机制与活动载体。随着手机阅读和电子阅读的流行，学习者每天大量浏览网络，常常游离于与学习无关的资源中，往往形成多任务的信息查询和浅层次阅读现象，易导致注意力分散，甚至出现“学习迷航”或偏离学习目标的结果。

特别对于初中阶段的孩子，一方面他们处于青春期，自我意识的觉醒使得他们强烈要求拥有手机使用权；另一方面，他们控制冲动的能力欠缺，对手机的诱惑抵抗力薄弱。对此，家长要特别理性和谨慎。

首先，家长对孩子的学习要给予充分的信任和尊重，绝对不去打扰和影响孩子，为孩子营造浓厚的学习氛围，不让孩子因为家庭的事情分心分神。

在学习环境的创建中，家长还要特别关注孩子电子产品的使用情况。随着信息技术的发展，“碎片化”“图片化”学习特别容易让孩子的学习停留在浅易层面，多信息和图像刺激让孩子逐渐失去思维的逻辑性与连贯性，当然就没有学习的深刻性。更何况，很多孩子假借学习需求，迷恋手机和网络，走上了手机成瘾的不归路。在学习环境中，电子产品已经成为影响孩子“深度学习”的主要因素。所以，家长一定要关注孩子使用电子产品的情况，努力将影响降到最低。

二、和任课教师一起确定行动措施

孩子的学习是多学科行为，只有所有的任课教师统一认识，一起行动，班级的“深度学习”才会有好的效果。班主任要广泛征求任课教师的建议，进行沟通和交流，进行共同约定。

（一）布置适量作业

研究表明，“过量任务”是“深度学习”的死敌。斯滕伯格认为：理解和处理问题都需要时间。如果要求一个人进行创造性思考，就要给他时间。如果考卷中堆砌了太多的问题，学生答不完，或者给学生布置的家庭作业多得做不完，他们就没有时间进行创造性思考。

现实学习生活中，由于每一位老师都是站在自己学科的立场上布置作业，所以几科作业加在一起就会很多。而部分孩子每天疲于应付作业，仅仅把目标定为完成作业，这其实是一种被动学习。学生没有时间进行梳理和复习，没有时间进行知识的联系和迁移，学习效率自然就很低。还有个别老师占用学生的自习课时间来上课或集体辅导，更是让学生没时间做作业，没时间自主学习。因此，班主任要和任课教师沟通和交流，明确学科作业的时间，提倡布置整理和复习的作业，并且约定不占用学生自习课的时间，给学生充分的自主学习时间。

（二）各学科建立学习小组

“深度学习”理论表明，交流互动是一种重要的学习策略。建构主义认为，学生的知识并非通过教师传授得到，而是在特定的情境中，借助教师或同伴的帮助，利用必要的学习资源，通过意义建构的方式获得。学生通过对知识的交流与共享，相互反复激发、评价与修正，逐渐形成新的认知，达到对知识的深层理解。

所以，学生在学习的过程中迫切需要分享和交流，需要和同伴讨论学习内容，从而激发学习的积极性，形成新的认知。而每个学科学生的学习情况又是不一样的。所以，班主任要和每位任课教师沟通，让他们根据自己学科学生的基础与特点，组建学习小组，组织学生开展讨论和交流活动，特别是布置和组织课外的讨论和交流。

（三）建立落实反思的学习载体

教师通过营造学习文化，引导学生树立反思意识，养成反思习惯。学生通过反思来明确自身的知识经验与学习能力，并据此制定自己的学习目标与学习计划。

诚然，反思是一种重要的高阶思维能力，是“深度学习”的一种重要策略。如果引导学生树立反思意识，养成反思习惯，通过反思来矫正学习行为，促进自己的“深度学习”，那么班级的学习质量将会大大提高。

班主任要与任课教师达成共识，除了课堂上有意识引导组织学生反思外，还要建立能够让学生反思的载体，组织学生在课外学习中进行整理和反思。理科建立“错题整理本”，文科建立“积累整理本”。各科教师要布置具体要求，班主任还要与家长沟通交流，老师和家长一起督促孩子持之以恒。

三、以“主题班会”为出发点，积极开展班级活动

（一）召开 “深度学习”主题班会

一般来讲，孩子们清楚学习目标和学习品质的重要性，他们经常制定学习目标和计划，知道学习要勤奋刻苦努力。但对于学习策略和学习方法，对于为什么努力学习却成绩不佳往往不太明白。特别是部分孩子在努力学习效果不佳后失去自信心，迷茫无助，非常需要帮助。在这种情况下，召开“深度学习”的班会就显得意义重大。

要组织孩子学习“高阶思维”“学习金字塔”等深度学习的理论，让孩子明白什么样的学习才是高效学习。根据“深度学习” 理论，组织小组交流和自我反思，小组成员相互指出问题、提出建议，每个孩子都要认识到自己在学习过程中的问题。通过这样的活动，每个孩子都会找到自己的不足，会明确下一步的改进措施。

（二）榜样示范和反思总结

仅凭一节班会课来解决“深度学习”的问题是不现实的。班会课过后，必须组织后续的活动，例如开展定时“榜样示范”和“反思总结”活动。

美国心理学家班杜拉认为，人类的大多数学习都是通过示范过程而观察学会的，在替代的基础上所发生的直接经验中产生，这一编码的信息在以后的场合中就作为某一个行动的向导。

特别是初中的孩子，他们对于同伴的言语和行为更容易接受和模仿。所以每周都组织 “深度学习”做得好的孩子介绍经验，进行榜样示范，让孩子告诉孩子该怎样做。

每周定时组织关于“深度学习”的反思活动，让每个孩子就本周“深度学习”的表现进行反思总结，提醒自己养成“深度学习”的习惯。

（三）营造有利于“深度学习”的班级环境和氛围

“深度学习”的标志是高阶思维，需要学生开动大脑，抛开杂念，是一种需要深度参与的学习方式，需要良好的学习环境作为强有力保障。而班级良好的学习氛围，也会带动所有孩子沉浸其中，使其受到感染，从而有利于班级的“深度学习”。

这就要求班主任想方设法营造良好的班级环境与氛围。比如，通过“深度学习”理论的学习让孩子们认识到班级课堂纪律的重要性，一起讨论“深度学习”需要的理想课堂和理想自习课，和孩子们重新约定课堂纪律。

特别要明确小组讨论交流与安静学习的关系，防止小组讨论交流破坏安静的课堂纪律。为此，班级要约定小组讨论交流的指定时间，规范小组讨论的形式。通过努力，形成“静能生慧、动能启智、动静结合”的良好学习氛围。

总之，“深度学习”是一种高要求的学习方式，需要家长、老师和孩子一起努力才可能实现。“深度学习”是一种科学的学习方法，有着特定的规律和途径，只有根据其特点开展活动，才可能取得良好的效果。

节日背景下初中班级德育活动的隐忧与突破

落实立德树人根本任务，是教育工作的方向和目标。对班级来说，学科德育与班级德育活动是落实德育任务的主要形式。班级德育活动是有目的、有组织、有计划开展的教育活动，一般情况下由班主任在学校指导下组织进行。

近些年，在班级德育活动中，利用“节日文化”组织“节日主题”班级活动业已成为德育的重要途径和常态，但在活动开展的过程中，如何结合学生身心发展规律和节日特点，发挥该类活动最大作用，还需要进一步研究和探讨。

一、节日文化是德育活动的宝贵资源

在我们的生活中，节日通过历史传承，通过社会提倡，成为极具文化内涵的承载特殊价值意义的时令符号。节日反映经济状况、生活习惯，体现社情民意、国情亲情，彰显民族精神、气节、情感、礼仪等，构成了中华民族深厚的文化底蕴。

传统节日是中华民族悠久历史文化的重要组成部分，而“劳动节”“儿童节”等非传统节日又是时代精神的体现，是对传统文化的有益补充，是当下人们精神生活中的重要节点和内容，也是学校教育中宝贵的德育资源。

总之，节日文化崇尚“人与自然和谐相处”，崇尚“感恩怀人”，崇尚“家国情怀”，崇尚“温馨圆满”，这些价值观念潜移默化地影响人的成长。如果以“节日文化”为主题，设计、组织、开展丰富多彩的班级德育活动，将对孩子们的精神塑造、人格培养起到积极作用。

春节，我利用孩子们回老家和家人团聚的机会，组织“寻根问祖·查家谱·知家训”活动，让他们发现家人平凡生活中的不凡之举，发现身边的榜样，感受、传承良好家风，从而激励他们积极向上，获得内驱力。

中秋节，我组织孩子们“给中秋节的团圆宴做个菜”，让孩子们学会新技能，增强劳动意识，同时通过劳动来理解父母，从而感恩父母，感受亲情，感受节日温馨。

由于节日是真实存在的社会活动，孩子们耳濡目染，不由自主会沉浸其中，有真实的感知和丰富的体验，所以结合节日开展的德育活动往往效果良佳。

二、节日背景下初中班级德育活动存在的隐忧和问题

节日背景下的班级德育活动主题固定、指向清晰，的确为班级德育提供了有效的设计方向和内容。但随着活动的开展，我们也发现了一些问题。

（一）活动随意性强，少有系统设计

由于节日文化指向明确、教育意义深厚，所以教育行政部门、学校大都会在很多节日举办相关的活动，很多班主任便处于被动状态，在有关节日的德育活动中，毫无主动性、计划性，完全听从学校安排和布置。还有部分班主任，看到同事做什么、怎么做，自己便做什么、学着做。

目前，初中班级此类活动的开展，经常出现无序化状态，活动的内容和时间都呈现出被动性、随意性。山东大学郑敬斌教授指出：“德育课程内容在系统化衔接实践中还存在着内容断裂缺失、简单重复、层次倒置、断层脱节等一系列问题。”这一问题在节日背景下初中班级德育活动中同样存在。

所以，取决于学校安排与班主任临时起意的班级活动不成体系，也就很难形成科学有效的德育态势。

（二）学生立场没有得到彰显

活动是德育的重要途径，也应该是学生主体性生成和落实的载体。

新课程立足学生主动学习主动发展，而德育活动也应如此。

但目前节日背景下初中班级德育活动大多是上级制定、学校布置，班主任在落实的过程中完全没有考虑学生实际情况，完全按照文件或通知进行。即使是自己班级的活动，也大多是班主任自己设计组织，主观性极强。

仔细想来，以上的活动内容和形式均为成人立场。而实践证明，忽略学生需求和感受，不以学生实际情况为依据的德育活动无疑是低效的。

例如，劳动节组织“学一项家务新技能”活动，学生积极性很差。后来我做了调查，很多孩子说：“我们都要中考了，学习重要还是做家务重要?”如果在设计活动前了解到这样的情况，我就可以先组织一个辩论会来讨论这个问题，让学生明确劳动意义后再“学一项家务新技能”，活动的效果就会提升。

（三）活动形式雷同，创新不够

对于节日背景下的初中班级德育活动设计，不少老师存在刻板印象。比如说到“过冬至”，就是“包饺子”；谈起“母亲节”，就是“让洗脚”。

心理学研究表明，人的心理倾向于关注新鲜的、刺激的事物，不喜欢做重复单调的事情。青少年更是这样。初中孩子正处于寻求新鲜和刺激的年龄，也正处于“自我意识高涨”的“叛逆期”，他们本来就不喜欢说教，如果让他们参加单调枯燥的活动，效果自然不好。

母亲节要求孩子给妈妈洗脚，孩子之所以没有兴趣，很多时候并不是不懂感恩，而是觉得每到这个节日就让洗脚，没有新意。再比如，劳动节让“学做菜”，到了春节还是让“学做菜”，不同节日的活动雷同也让孩子兴趣丧失。

（四）节日独特的教育价值没有被充分挖掘

一般情况下，不同节日的文化和价值，是没有重复的。也就是说，每一个节日都有其独特的文化价值和意义。作为德育工作者，就需要充分挖掘每个节日的德育意义，使其教育价值最大化。但教育现实中的节日文化，往往被浅层次理解、模糊性判断。

例如“三八妇女节”，很多人将节日意义狭窄地理解为“感谢妈妈”，组织“给妈妈献花”“给妈妈洗脚”等活动。但如果仅仅组织这样的活动，那“三八妇女节”与“母亲节”有什么区别?

例如“冬至节”，很多班主任都会组织孩子“包饺子”，让孩子们享受美食带来的快乐和大家庭的温暖。其实，“冬至”也是一个重要的节气，也是中国民间传统祭祖、缅怀先人的节日。如果理解了这样的意义，当然就可以组织不同的活动，让孩子们从不同方面受到教育。

（五）德育效果评价缺失

美国著名教育评价学专家斯塔弗宾说：“评价的目的不在证明，而在改进。”评价在学科教学中的地位毋庸置疑，同理，对于德育也一样。加强德育效果评价，对于德育过程的优化、调控与价值提升，具有关键性作用。

当然，所有的德育活动都需要评价，但节日背景下初中班级德育活动尤为需要。因为人们习惯于“节日快乐”，习惯于节日的时候降低对所有人的道德要求，更不用说较为精确地评价活动中的表现了。

如果没有评价，活动设计者就不会发现活动的问题和待改进之处，下次组织活动还是原样照搬，活动就不会更科学更有效。

如果没有评价，活动参与者就不会发现自己的问题和不足，从而失去改进的机会，也就失去了进步的可能。

三、如何让节日背景下的初中班级德育活动更有效

（一）将节日本体价值与教育现实需求相结合，节日德育活动独特化

众所周知，不同节日彰显的价值和意义是不一样的，而孩子在成长过程中也需要多种教育主题影响，需要多种优势品格影响。所以，在节日背景下的德育活动，要充分挖掘节日的独特价值和意义，结合学生的

成长和道德认知规律、现实需求，设计独特的德育活动。

如“三八妇女节”，该节日的初始意义是“争取女权”，当然，随着社会发展，“男女平权”理念深入人心，已成为常态和必然。但是，在孩子成长过程中，“性别意识”“异性交往”应成为社交礼仪教育和健康成长的关键课程，而这个节日正好可以成为该项教育的良好契机，成为一个时间上的关键节点。这是其他节日所不能替代的。

诚然，在“三八妇女节”让孩子们认识母亲的伟大，表达对母亲的爱意本无可厚非，毕竟“感恩教育”“母爱教育”也是我们德育内容中的重点。但是，我们还有“母亲节”，还有很多关于“感恩”的教育契机，“母爱教育”都可以得到很好实施。而“性别差异”“异性交往”的教育契机和节点较少，在这个意义上讲，“三八妇女节”有着较为稀缺的教育资源和非常宝贵的教育价值和意义，应该得到重视，据此设计出独特的活动。

（二）着眼教育现实需求和活动系统性，节日德育活动序列化

从人的社会化全过程来看，道德教育是一个从“感性认知”（知），到“情感认同”（情），到“亲身践行”（行），到“理性反思”（思），最后形成道德自觉的过程。也就是说，德育过程应该具有进阶性。初中阶段不同的年级，孩子呈现出来的身心特点也不一样，随着年龄的增长，孩子逐渐成熟。而初中的三年，每一个节日要过三次，所以，节日德育活动设计要考虑孩子实际情况，形成序列化。

还举“三八妇女节”的例子。根据上述理论，我分别设计了三次活动。

七年级的这个节日，我设计了“探寻节日起源，重新认识自己（女生）”活动。我让孩子们查阅有关“三八妇女节”的资料，写一篇《我眼中的“女神节”》文章，然后全班交流。设计这个活动，旨在让孩子了解节日起源，从而有“性别角色觉醒和认知”。

八年级，组织“好男孩好女孩标准制定”活动，要求大家根据班级同学的行为举止思考“我心目中优秀男孩、优秀女孩的标准”，分组讨论交流，全班投票，确定班级“好男孩好女孩标准”。

九年级，我组织了辩题为“女士优先与男女平等是否矛盾”的班级辩论赛。

这三个活动从认知出发，经“情”和“行”，到社会角色的“理性反思”，形成了符合德育逻辑的序列活动。

（三）发挥学生主体性，节日德育活动多样化

以学生为主体的德育，要考虑学生的认知程度、身心发展特点等因素，须站在学生视角设计和组织活动，也可让学生自己设计活动。

“五一劳动节”组织孩子家务劳动。原来我的设计是，规定好每周具体的家务劳动内容，让孩子按照计划落实。但当我在跟班长布置任务时，她说：“家务劳动内容能不能由我们自己定。”后来，我们进行小组讨论，每个小组决定自己整个学期每周的家务劳动任务。

心理学研究表明：我选择，我负责。由于劳动任务是自己确定的，所以，孩子们家务劳动的积极性很高。

“六一儿童节”，我想组织一次“告别童年，憧憬未来”活动。活动中有“写下对未来憧憬”的环节，需要孩子们写作。但我又想到在德育活动中的写作太多，孩子们可能不喜欢，效果就不会好。正好，一个孩子给我推荐了他很喜欢的网上很火的视频《我不想做这样的人》。我想，青春期的孩子对视频感兴趣，对流行元素感兴趣，于是我把这个环节改成了“写一段话，全班拍视频《我不想成为这样的人》”。事实证明，这个环节的活动大受欢迎。

（四）勇于尝试，节日德育活动评价多元化

没有评价，就不能够通过反馈帮助孩子进步，无法知道德育目标的达成情况。当然，德育活动评价是既复杂又困难的一项评价，是需要研究的一个宏大课题。

今年是杭州亚运会举办之年，3月5日“学雷锋日”，我设计了“学雷锋，迎亚运，提倡议”活动，要求孩子们学写倡议书，利用周末向广大市民朋友发放倡议书，来宣传和弘扬雷锋精神，为杭州亚运会的召开做贡献。通过活动，锻炼孩子们的写作能力、社交能力，增强孩子们认识社会、服务社会的意识。

在活动中，我设计了评价量表，要求在活动积极性、写作认真度、发放倡议书的行为表现方面进行打分。要求学生自我测评，同时也要求家长给孩子打分。除了打分，还要求家长和孩子就活动中的亮点和建议给予评价，并征求了学生和家长对活动本身的意见和建议。

这样的评价，定量与定性相结合，既有结果性评价，也有过程性评价，评价主体有家长，也有孩子自己。评价主体、评价方式、评价内容多元化。这样的评价方式受到了学生和家长的欢迎。

活动结束后，很多孩子在交流家长给自己的打分，兴趣浓厚。有家长说："给孩子的表扬和建议非常有效，会让孩子扬长补短，对孩子的健康成长很有帮助。"而我也从评价中发现了活动设计的亮点和改进空间。

图书在版编目（CIP）数据

看不见的教育 / 李小军著. -- 杭州 : 浙江教育出版社, 2023.6(2024.4重印)
ISBN 978-7-5722-5905-0

Ⅰ. ①看… Ⅱ. ①李… Ⅲ. ①教育—文集 Ⅳ. ①G4-53

中国国家版本馆CIP数据核字(2023)第095029号

看不见的教育

KANBUJIAN DE JIAOYU

李小军 著

出版发行 浙江教育出版社
(杭州市天目山路40号 电话:0571-85170300-80928)
责任编辑 石雨佳
美术编辑 韩 波
责任校对 蔡 耘
责任印务 陆 江
装帧设计 吴思璐
排 版 杭州兴邦电子印务有限公司
印 刷 浙江新华数码印务有限公司
开 本 710mm×1000mm 1/16
印 张 21.5
插 页 3
字 数 299 000
版 次 2023年6月第1版
印 次 2024年4月第2次印刷
标准书号 ISBN 978-7-5722-5905-0
定 价 72.00元